國家社科基金重大項目《荆楚全書》編纂成果

荊楚文庫

經濟文集

〔元〕李士瞻 著

王齊洲 點校

一山文集

〔元〕李繼本 著

王齊洲 谷文彬 點校

荊楚文庫編纂出版委員會
湖北人民出版社

荆楚文庫

經濟文集
JING JI WEN JI
一山文集
YI SHAN WEN JI

圖書在版編目（CIP）數據

經濟文集／〔元〕李士瞻著；王齊洲點校．一山文集／〔元〕李繼本著；王齊洲 谷文彬點校．
武漢：湖北人民出版社，2019.9
ISBN 978-7-216-09722-2
Ⅰ．①經… ②一…
Ⅱ．①李…②李…③王…④谷…
Ⅲ．文集－中國－元代
Ⅳ．Z424.7
中國版本圖書館CIP數據核字（2019）第065509號

責任編輯：朱小丹　劉婉玲　鄭如琴
整體設計：范漢成　曾顯惠　思　蒙
美術編輯：董　昀
責任校對：范承勇
責任印製：王鐵兵
出版發行：湖北人民出版社（中國·武漢）
地址：武漢市雄楚大道268號
電話：(027)87679656　郵政編碼：430070
録排：武漢正風天下文化發展有限公司
印刷：湖北新華印務有限公司
開本：720mm×1000mm　1/16
印張：22　插頁：2
字數：306千字
版次：2019年9月第1版　2019年9月第1次印刷
定價：102.00元

ISBN 978-7-216-09722-2

出版説明

湖北乃九省通衢，北學南學交會融通之地，文明昌盛，歷代文獻豐厚。守望傳統，編纂荆楚文獻，湖北淵源有自。清同治年間設立官書局，以整理鄉邦文獻爲旨趣。光緒年間張之洞督鄂後，以崇文書局推進典籍集成，湖北鄉賢身體力行之，編纂《湖北文徵》，集元明清三代湖北先哲遺作，收兩千七百餘作者文八千餘篇，洋洋六百萬言。盧氏兄弟輯録湖北先賢之作而成《湖北先正遺書》。至當代，武漢多所大學、圖書館在鄉邦典籍整理方面亦多所用力。爲傳承和弘揚優秀傳統文化，湖北省委、省政府决定編纂大型歷史文獻叢書《荆楚文庫》。

《荆楚文庫》以“搶救、保護、整理、出版”湖北文獻爲宗旨，分三編集藏。

甲、文獻編。收録歷代鄂籍人士著述，長期寓居湖北人士著述，省外人士探究湖北著述。包括傳世文獻、出土文獻和民間文獻。

乙、方志編。收録歷代省志、府縣志等。

丙、研究編。收録今人研究評述荆楚人物、史地、風物的學術著作和工具書及圖册。

文獻編、方志編録籍以 1949 年爲下限。

研究編簡體横排，文獻編繁體横排，方志編影印或點校出版。

《荆楚文庫》編纂出版委員會

2015 年 11 月

總目録

荆楚文库

經濟文集

〔元〕李士瞻 著　王齊洲 點校

校點説明

李士瞻（1313—1367），字彦聞。先世居河南南陽新野，後徙居漢上（今湖北荆門）。曾祖父之敬、祖父文亮、父壽椿，均居荆門，是爲荆門人，符合《荆楚文庫》收入標準。士瞻生於元仁宗皇慶二年（1313）二月一日，幼英敏好學，頗有文名。古代文人進身主要靠科舉，而元朝初年雖有科舉之議，也有制度設計，但因各種原因未予實行。元仁宗延祐元年（1314）舉行鄉試，延祐二年（1315）舉行會試，科舉纔得以全面恢復。元惠宗（順帝）時，因丞相伯顔擅權，執意廢除科舉，故至元二年(1336)和至元五年（1339）兩届科考未能舉行。至元六年(1340)伯顔黜死，十二月始恢復科舉，仍然每三年一届。按制，凡在大都有恒産且居住有年者，聽就本路科舉考試。士瞻至正初來大都，以布衣遊公卿間，朝中大臣以王佐許之。度支監卿柳嘉薦爲知印，歷十九月，考滿，任將仕郎。於是士瞻以大興府東安州安次（今河北廊坊安次）籍參試，中至正十年（1350）庚寅科舉人、至正十一年（1351）辛卯科進士，署萬億廣源庫知事，歷二十四月。中書辟充右司掾，歷刑部主事，升員外郎、樞密院經歷，出僉山南憲。入爲吏部侍郎，遷户部行永平總管府事，升本部尚書。出督福建海漕，以功就拜福建行省中書左丞。召入參議中書事，進參知政事。一年，入翰林，爲學士，階升榮禄大夫、知制誥、同修國史、知經筵事。遷遼陽行中書左丞。再入爲中書參政，改樞密副使，拜翰林學士承旨、知制誥、兼修國史，進封楚國公。未幾，以病卒，時至正二十七年（1367）十一月二十七日，享年五十五歲。葬於大興府大興縣（今北京大興）臘八之原。配何氏，累封楚國夫人。子男四人：長守成，後名延興，字繼本，以字行，中至正十七年（1357）

丁酉科進士；次守恒，遼陽行樞密斷事官經歷；次守峴，太尉掾史；次守岷，國子生員。《元史》未爲立傳，僅《順宗本紀》載“至正二十二年，樞密副使李士瞻上書極言時政，凡二十事”，並具列其目。

士瞻平生著述留存不多，《經濟文集》六卷爲其曾孫李伸編輯，曾孫李侃，玄孫德恢、德仁校訂。所收詩文始於其爲右司掾時，而迄於奉使閩中，故《元史》所載時政疏不在集中。名爲《經濟文集》，意謂集中詩文多爲國計民生而作，是經世濟民之作。《四庫全書》集部收入此集，《總目提要》以爲集中“所載往來簡札至七十餘通，幾居全集之半，雖多屬一時酬答之作，而當時朝政之姑息、兵事之乖方、藩臣之跋扈，多可藉以考見。其彌縫匡救、委曲周旋、拳拳憂國之忱，亦不在所上時政疏下。《元史》於順帝時事最稱疏略，存此一集，深足爲考證之助，正不徒重其文章矣”。所論頗爲中肯。如卷三《上中書左丞相》，即對當時泉州亦思巴奚兵亂一事多有所補，便是證明。

《經濟文集》有《四庫全書》本，爲浙江鮑氏家藏本。有沔陽盧氏慎始基齋《湖北先正遺書》本，此本乃借江安傅氏雙鑒樓舊鈔本影印。有明正統九年（1444）刊本，今藏南京圖書館。又，明吉安知府張廷璽曾將《經濟文集》與士瞻子延興《一山文集》合刊爲《濟美集》，今未見。本書以《四庫全書》文淵閣本爲底本（校記中稱原本），參校《湖北先正遺書》本。《湖北先正遺書》本雖多有缺字和錯字，但也有少量《四庫全書》文淵閣本誤而《湖北先正遺書》本正確的文字，更有《四庫全書》文淵閣本所缺之篇目，如卷首李伸《經濟序》、卷五《贈戴氏序》，今依《湖北先正遺書》本補全。凡兩本差異處，均出校記。

目　録

李伸序[1]

家君舊傳先曾祖翰林承旨楚國公所著文集[2]，題曰經濟。蓋當時大夫稱美其才德足以經邦而濟世也，故以之而名其文焉。然其平生所爲詩文，所上章奏，至爲不一，烽火之餘，僅存什一於千百中耳。今去先曾祖之没垂百年矣，家君收其遺文於家，不異萬金之重也。頃者伸取而讀之，其簡間爲蠹朽，其字多致缺，惴惴焉以不能久傳是惧。輒用謄其舊本，而重爲新帙，各分其類，於以昭先世之德業，於以俾後人之繼承也。曾祖之姓名載於《元史》，述於行狀，兹故不赘。

正統九年歲次甲子後七年之吉，曾孫伸頓首百拜謹書。

【校記】

〔1〕原本無此序，據《湖北先正遺書》本補。

〔2〕承，《湖北先正遺書》本作“丞”，誤。

卷　一

書

上中書丞相書爲右司省掾時辦濟寧省官作

蓋聞賞罰者國家之大柄，是非者人心之至公。賞罰無章，雖堯舜不能以爲治，况後世乎！是非混殽，雖智者不能以有爲，况庸人乎！我國家自太祖皇帝肇基朔方，世祖皇帝奄有區夏[1]，皆未始有尺地專城之藉。一旦乘斯民雲霓之望，乃能揮霍八極，席捲中原，一舉而殲殘金，再舉而躓南宋，一時將相大臣，又能丕闡皇猷，聿宣至化，遂使海内之人争效臣妾，豪傑之士奔走慕義，翕然如雲龍風虎之相從者，此無他，賞罰明而是非公故也。承平以來，百年於兹，禮樂教化，日益不明，紀綱法度，日益廢弛，上下之間，玩歲愒日，率以爲常，恬不爲怪。一旦盜賊猝起，茫若無措，總兵者惟事虚聲，秉鈞者務存姑息，其失律喪師者，未聞顯戮一人，玩兵養寇者，未聞明誅一將。是以不數年間，使中原雲擾，海内鼎沸，山東、河北，莽爲丘墟，千里王畿，舉皆騷動，而終未見尺寸之效者。此無他，賞罰不明而是非不公故也。近者天子以兩丞相爲元老舊臣，命總萬幾，今日之事，政宜開誠布公，振作綱紀，明示賞罰，號令天下，使六軍之衆，鼓舞踊躍，忠義之氣，振彩揚精，一新天下之耳目，以盡掃前日之宿弊。庶幾盜賊可平，四海可定，中興之事業，可計日而待也。今巨寇在邇，敗軍滿前，其雷霆之威邈乎無聞[2]，而姑息之風愈勝前日，但聞今日取一招，明日送刑部，切爲閤下惑焉。今姑以一節近事言之。如哈喇巴圖爾等所犯〔3〕，最爲容易處置者，乃至遷延到今，未有定論。中外之人，謂聖君賢相作事猶且若此，安得不觖望乎？《傳》曰："賞不踰時，罰必當罪。"斯言是矣！何則？蓋哈喇巴圖爾官雖知院〔4〕，其職則總兵也。右丞阿克塔齊〔5〕、參政賈惟貞名雖省官〔6〕，其職則供給也。在律，主將所犯，宜處重刑；供給所招，應得杖流。今哈喇巴圖爾雖有特敕免死之文，不過聖上寬仁，少延其死耳。然法者，祖宗之所授，天下之名器也，雖天子不能以自私。是故舜爲天子，臯陶爲士，瞽瞍殺人，彼爲舜者，惟知竊負而逃耳。漢薄昭，太后之母弟也，昭有罪，文帝終不忍貸之以死焉。夫虞舜，大聖人也；漢文，賢主也。而其所爲若是，誠以恩不足以掩義，私不可以廢公。古者制敕一下，事有弗順於人而礙於理者，在百官有司猶且三復還奏，不即奉詔。未聞宰相秉國之鈞職，當繩愆糾繆，而徒以承顔順旨爲事者也。必不得已，其總兵官既已特敕免死，則分省官正應坐以本罪〔7〕。如此，則輕重纔適其均。後世猶懼爲公道之玷，安可使冠履倒置，輕重失倫，以啓將來紛然之議乎？況濟寧密邇賊壘，竊恐此聲一聞〔8〕，將必使賊人有窺測朝廷之淺深，以懈惰諸軍之心者，誠非國家之福也。丞相聰明絶人，識見高遠〔9〕，則此三人之罪，宜公是非，以厭天下之望，不宜依違兩端，以滋人心之惑。此所謂關治道之大者，宰相之事也。若夫規規於簿書之末，瑣瑣於錢穀之務，而昧夫經國之要，不圖爲長久之計者，此非僕之所敢知也。僕一介草茅，濫叨掾屬，顧唯職在簿書，叨司法守，固不敢偷容取合，以賣法誤國；亦不敢畏避詭隨，以陷閣下於不義。此不忠之甚者，非曰弗能，寔所弗忍，伏惟閣下亮之。進退惟命，干冒威嚴，不勝戰慄之至。

【校記】

〔1〕"我國家"句，《湖北先正遺書》本作"我國家有太祖皇帝，奄有區夏"，有缺誤。

〔2〕雷霆之威，《湖北先正遺書》本作"雷霆之戒"，誤。

〔3〕哈喇巴圖爾，《湖北先正遺書》本作“哈剌八都兒”。

〔4〕“哈喇”句，《湖北先正遺書》本作“哈剌八都官兒雖知院”，有誤。

〔5〕阿克塔齊，《湖北先正遺書》本作“阿塔赤”。

〔6〕賈惟貞，《湖北先正遺書》本作“賈唯貞”。

〔7〕正應，《湖北先正遺書》本作“止應”。

〔8〕竊恐，《湖北先正遺書》本作“切恐”。

〔9〕識見高遠，《湖北先正遺書》本作“識見高明遠”，“明”爲衍文。

上中書總兵書爲刑部主事時軍前作〔1〕

夫用兵之要，貴於察敵情，量彼我，審緩急之宜而用之。不務出此，雖有管、葛之智，韓、白之能，僕未見其可也。請姑以目前之勢論之。今賊人之形，出没難知，我軍覊縻，動爲所制，此政兵家所謂形人而我無形〔2〕，則我專而敵分。我專爲一，敵分爲十〔3〕，是以十攻其一也，則我衆而敵寡。今我勢反分，賊反專，我形易知，敵形難測，此所以彼勢日張，我力日屈，而疲於奔命者也。然賊前日攻陷濟南、德陵之時，使能舉全齊之衆，乘破竹之勢，諭拙速之機，擣我無備，鼓譟長驅，則勝敗存亡，未可知也。彼迺計不出此，方且圖爲固蔕自全之慮〔4〕，此賊之失計，我軍得志之時也。釋此不慮，且復徵調遠兵，近救目前之急，此賊前日之失計，未必不爲今日之得計也。今日賊必度我援兵俱駐西南〔5〕，其直沽之兵雖設守備，尚且巢壘未堅〔6〕，類皆無足畏者。止謂真定以北，涿州以南，必有備禦，而又以努都爾噶太尉、伊蘇知院等軍〔7〕，俱係敗衄之兵〔8〕，志喪氣餒，雖散屯於御河、单家橋等處，其鋒已挫，皆無足恃也〔9〕。况又有陵州、長蘆、青州之寇以綴其後，不敢動摇〔10〕。此賊所以深知我之虚實、我之形迹，而但取京師東南一角，水陸並進，首尾相啣，有直向長安之意，其志豈小小哉！所以東西二路，多設疑兵，多張聲勢，以撓我救援之師，此寔批亢擣虚之意也〔11〕。何則？蓋賊兵之進，必分爲三路。其一路畏直沽分院在後，慮有腹背受敵之患，必先發海舶數百艘，往來海口并永平等處，以爲東道之疑兵，綴我直沽之軍馬，則我軍之左臂不敢動矣。其一路畏今哈喇布哈副樞及平章之軍馬[12]，有横衝邀遏之患，故今但出霸州之背，直抵後衛右衛，交横侵掠，以爲西道之疑兵，綴我霸州、涿州之軍馬[13]，則我軍之右臂不敢動矣。布置既定，其大寇必取水路，沿靖海而下，以出直沽之右，而達河西務以及通州，取陸路自東安州而上，以出青、潤之背而望京邑，日使驅迫之民喧鬨於前，巨寇之衆鼓譟於後，比及諸道勤王之師至，而京師旋募之兵出，則大事去矣。愚前所謂宜審緩急之勢而用之者，此也。且朝廷但知平章之兵一出，將大有所倚仗，謂其必能捨緩就急，隨機應敵，遂爾不遑遠略，儻或因循如此，豈不深爲誤事也哉？况各處居民，驚惶四散，曾無定志。王畿州縣，悉皆空城，有司不才，誰肯死守？且邦家之本，在於百姓，王畿州縣，所以藩屏京師者也。今百姓之流離如此，州縣之不完如此，有司之不守又如此，此誠危急存亡之秋，不可不慎也[14]。僕竊爲今日計，其目有六：

一者，平章宜統本部軍馬，於固安、霸州上下[15]，權且深溝高壘，多設疑兵。於青、潤、後衛、右衛左右，晝夜廣張旗幟烽火，以疑賊心。賊雖能深入我境，然其心不能不懷疑懼。我軍當乘其窠穴未定，急發精騎攻之，少挫其鋭，使賊無必向之志。急調副樞哈喇布哈軍馬[16]，直趨青州，擣賊不意，則進有擒敵必尅之勢，退無牽連掣肘之患矣。

二者，調發諸道援兵，地遠一時必不能到。又丞相台哈布哈軍馬[17]，控制大河以北，京師西南諸郡，不爲不重，若大營一前，則彰德、衛輝必爲曹、濮之寇所有[18]，是山東全齊之地不獨失之於前，而河北諸郡又復失之於後。且海濱距河東西，綿亘二千餘里，舉齊、魯、衛之地以抗燕、趙，豈不危哉？宜急咨達朝廷，大發府庫并各投下所有珍玩財貨，就大都内外募選驍勇之士，計旬日可得十餘萬。再別選精鋭騎兵，計見在可得五萬。使馬步錯進，作三運而行。一運姑存護京師，二運姑存備非常，三運急引當前敵。仍分爲二道，且徐徐而發，視緩急如何，以圖大舉。一道出自涿州，向固安、霸州[19]，以斷賊之左肩。一道出自通州，向河西、靖海，以斷賊之右肩。其東西則連引直沽分院與平章、副樞軍馬，相爲犄角，則賊之前鋒挫衄已甚，而京師無虞矣。

三者，宜急催請太尉、伊蘇知院收集各枝軍馬[20]，除撥軍守禦单家橋等處以捍陵州之賊，其餘精兵，急令各官統領直趨青州，以助副樞之兵，出賊腹背，截賊歸路，使賊進無所前，退無所據。則已驕之賊兵，不虞我師之衝擊，將如猛虎跳跌，必有自斃之勢。兵法乘勞，此其時也。

四者，近郊之攻既寧，則始可以舉我全勝之師，議討濟南、益都之賊。蓋兵貴我爲主而敵爲客。今主客之勢既分，便當行遠取近攻之策[21]。分調我之大軍，自陵州、長蘆、青州、河間而下，以攻賊之北面。次調左丞察罕特穆爾軍馬[22]，自黄河而下，以攻賊之南面。又次調國珍、王瑄、顧稷等軍馬，自莒、密、穆陵關而上，以擣賊之東面。又次調丞相台哈布哈、楊孟等軍馬[23]，自濟寧、東昌而進，以衝賊之西面。分布既定，速令各軍分揀精鋭之兵[24]，立爲二，一居陣前，一居營後。在内則東起靖海，西至東昌，以備曹灞[25]；在外則南連淮海，北接濟寧，以狗河北。各軍所駐之營星羅碁布[26]，使烽堠相連，聲勢相接。每於要害之地，必立大營，深溝高磊，練兵訓農[27]。居陣前者，則選精鋭，以從征討；居營後者，則選老弱，專事農作[28]。近畿州縣守令之不才者，必严法制以黜之；才堪任使者，不拘於資格以用之。使所在多方招集，與民團練，修城濬池，與民死守[29]，耕桑課農，毋失其時。如此，則民無轉輸之勞[30]，軍無匱乏之患，邦本既寧，藩屏亦固。彼三齊之孱寇，直猶釜中之魚，苟延殘息耳，夫何虞哉？近日乃欲調左丞察罕特穆爾、副樞哈喇布哈等兵來屯涿州[31]，捍禦京師，謂之耀兵則不武，謂之勤王則不力[32]。何則？蓋此等義兵，雖精悍有餘[33]，而持重不足。况遠來之兵，不習水土，人懷鄉井，各無奮心[34]，於事何濟？又百姓但聞遠兵一来，已有驚悸内潰之势，此近日耳目之所見聞[35]。傳曰："大軍所在，荆棘生焉。"亦其势然也[36]。

五者，朝廷急宜側身修行以回天心，振作綱紀以答人望，專併總兵以一軍權，徹去遥制以責成效，汰冗官以給軍食，節浮費濫賞以助國用，庶幾天怒回於上，人怨銷於下，士氣鼓舞，而人思自奮矣。

六者，宜作急住罷京東南分司農衙門，併入有司。其一切概有已種、未墾係官田地，或召諸色人民，或募流移百姓[37]，或驗口數，或驗丁力，隨宜取便，撥付佃種。已熟之地，比依常例，權且增倍徵收。未墾之地，照依常例，止令二十取一[38]。仍傳諭此等百姓[39]，隨宜就便團結，非惟少固民心，抑且有助國用。即日三春將盡[40]，隴無人耕，土無宿種，失此不救，則時不再來。興喪安危，在兹一舉。

凡此數事，皆今日之急務。所懼者，姑見是害[41]，優游不斷。若能決而行之，則不必上煩睿駕親征，而天下之勢已可以逆料之矣。橫槊之暇，特賜觀覽，甚之轉而上聞[42]，則愚者千慮，必有一得[43]，閣下其毋以爲嫌而略之。且閣下平日智術出於衆人，名聲揚於中外，而又博通前覽，練達時宜，而況適丁此難，負兹重寄，亟宜虛己授人[44]，廣攬英豪，恢弘遠略，毋爲嫌疑所憚，毋爲小節所拘，識時觀變，鋭意決爲，將見指日可以建不世之功，樹不拔之業，播休烈於歌聲，勒駿勛於金石，豈獨俾方叔、召虎專美於前哉！某日者叅侍掾屬，過蒙知獎，今兹實當從事，敢不剖心悉慮，以答萬一。第愧病在枕席，未獲跪誦。昨辱寵命，倍切驚惶。夫尊爵重禄，所以網羅俊彦，優禮有功。無功冒授，是謂貪榮。切恐軍士聞之，必有離心解體者，甚可懼也。僕雖不才，寔所不敢。今將所賜札付一道，謹同此納上，非敢爲是矯情以干譽也，亦宜也。伏望鈞慈，俯垂矜亮，宗社幸甚！生民幸甚！

【校記】

〔1〕題序，《湖北先正遺書》本無“時”字。

〔2〕此政，《湖北先正遺書》本作“此正”。

〔3〕敵分爲十，《湖北先正遺書》本缺“十”字。

〔4〕圖爲固蒂，《湖北先正遺書》本作“固爲固蒂”。

〔5〕“今日”句，《湖北先正遺書》本缺“必”字。

〔6〕“尚且”句，《湖北先正遺書》本缺“且”字。

〔7〕努都爾噶太尉、伊蘇知院，《湖北先正遺書》本作“太尉、也知院”。

〔8〕“俱係”句，《湖北先正遺書》本缺“屻”字。

〔9〕皆無足恃也，《湖北先正遺書》本作“皆無足持也”。

〔10〕不敢動摇，《湖北先正遺書》本作“不敢動”。

〔11〕批亢擣虚，《湖北先正遺書》本作“批元擣虚”。

〔12〕〔16〕哈喇布哈，《湖北先正遺書》本作“哈剌不花”。

〔13〕“故今但”句，《湖北先正遺書》本作“故今但出灞州、涿州之軍馬”。

〔14〕不可不慎也，《湖北先正遺書》本作“不可不懼也”。

〔15〕霸州，《湖北先正遺書》本作“灞州”。

〔17〕〔23〕台哈布哈，《湖北先正遺書》本作“太不花”。

〔18〕曹、濮之寇，《湖北先正遺書》本無“寇”字。

〔19〕霸州，《湖北先正遺書》本作“灞州”。

〔20〕伊蘇，《湖北先正遺書》本作“也速”。

〔21〕遠取進攻，《湖北先正遺書》本作“遠交近攻”。

〔22〕察罕特穆爾，《湖北先正遺書》本作“察罕帖木兒”。

〔24〕“速令”句，《湖北先正遺書》本作“速令各軍分揀選選精鋭老弱”。

〔25〕“西至”二句，《湖北先正遺書》本作“西至黄河，以達河南”。

〔26〕“各軍”句，《湖北先正遺書》本作“東西南北結爲連珠營寨”。

〔27〕“每於”四句，用《湖北先正遺書》本。原本爲“每於要害之地，加謹巡視，御衆以寛，練兵則嚴”，上下文氣不暢。

〔28〕“居陣前”六句，用《湖北先正遺書》本。原本作“居陣前者，則選精鋭以從，庶能一以當十。其餘羸弱，專事農作”，上下文氣不暢。

〔29〕“近畿”八句，用《湖北先正遺書》本。原本作“近畿州縣守令之不才者，以及丞尉佐貳之不堪任使者，不拘於資格以用之，使所在董率無或因循怠惰，修城濬池，與民死守”，語義含混。

〔30〕則民無，原本作“則糧無”，據《湖北先正遺書》本改。

〔31〕察罕特莫爾、哈喇布哈，《湖北先正遺書》本作“察罕帖木兒”“哈剌不花”。

〔32〕不力，《湖北先正遺書》本作“難恃”。

〔33〕“蓋此”二句，用《湖北先正遺書》本。原本作“竊觀特穆爾、布哈等僄疾有餘”，文氣不暢。

〔34〕“况遠”三句,《湖北先正遺書》本作“况遠來之兵，一旦使之久駐於此，其氣必挫”。

〔35〕“百姓”三句，用《湖北先正遺書》本。原本作“百姓但聞遠兵一至，驛騷驚動，鷄犬不寧，皆駭於耳目之所見聞”。

〔36〕“亦其勢”句，用《湖北先正遺書》本。原本作“寧可不慮歟”。

〔37〕流移,《湖北先正遺書》本作“流離”。

〔38〕二十取一,《湖北先正遺書》本作“三分取一”。

〔39〕傳諭,《湖北先正遺書》本作“收集”。

〔40〕即日,《湖北先正遺書》本作“即目”。

〔41〕姑見是害,《湖北先正遺書》本作“姑息是害”。

〔42〕甚之,《湖北先正遺書》本作“且乞”。

〔43〕必有一得,《湖北先正遺書》本作“百有一得”

〔44〕虚己授人，《湖北先正遺書》本“授”作“受”；“己”二本均作“已”，誤。

與察罕平章書

前因使者中嘗録夫麴生秘方[1]，計徹左右。此大有佳處，不敢不爲公獻之也。陝州之别，甚悉雅喻。僕於此行，凡遇耳聞目擊之際，多所宜處。當時鄙意，政謂不即奔走上告，必致處置乖方。人非聖賢，何能盡肯低首俛聽[2]，以安臣節？比到京師，不圖業已輒先施行，勢難中止。又以走也出使無效，遂無置喙之地。此固不能無少失處[3]。然考其初意，不過欲暫那三晋之地，少安彼軍之心。彼軍既離，則雲中一帶自可輸之京師，以實國本[4]。而山西之糧，既路遠一時難運，其勢亦當少緩。根本稍定[5]，然後合兩軍之衆，併力東南，則門庭之寇，庶可指日而靖[6]。何意使轍未還，遽致自相魚肉，暴横如此，良可慨也。愚者誠不足論[7]，公爲當今賢者，天下之寶，安得不爲天下惜之？大抵臣子之於君父[8]，惟求其所當盡[9]，不責於人，然後天下之爲君臣父子者，由是而定。彼其反怨日深，則是非日起，是使瞽瞍終無厎豫之期，申生終無待烹之理。此非見道分明，所養素定，何以臻此？三代而上，孝莫如舜，忠莫如周公。古今天下，此兩人之外，固不多見。自是而下，其能處富貴而不移，當常處而不惑，卓然無所繫累，一出乎千萬人志慮之表，亘古今不可議擬者[10]，近代惟郭汾陽爲然耳。汾陽公事業冠當世，聲名垂後來，用舍進退，皆庶幾乎聖賢中庸之道[11]。僕前謂後之殷監無出於是，當時閣下亦嘗笑而許之。今乃背馳，若秦人與越人然[12]。夫以閣下之識見如此，忠義如此，事功又如此，乃至使人不相信遽如此，然則將何時何人而可信乎？謂閣下之志在公耶？則閣下之事業，乃天下之事業也；閣下之土疆，乃國家之土疆也：於閣下何與焉！謂閣下之志在私耶？彼以桓、文之義舉，猶不足以服當時、信後世，況欲如曹將軍、桓司馬之爲哉！僕知閣下之志，有不在是矣。閣下處衆人之中[13]，獲天下之盛名，四方諸侯，環堵而側目者，一以公爲盛衰。自冬徂春，兩軍交惡，謗書迭積，至煩天子遣宰周公之使，至今兵不解而使不返焉，其跡則類乎拒命[14]，其心則近乎要君。自是以來，閣下之名聲遂不能不損於前日。吾恐《春秋》之責，不在彼而在公矣。天下苟有桓、文之君，倡義而呼之，閣下其能堪耶？且入幕之人，未必皆居州，安知無郗生之徒以伺君之隙乎？麾下之佐，又安知無田神功之輩，以叛君之命乎？閣下聰明過人，料事如算[15]，凡此數事，宜在所慮矣。慮弗及斯，寧不爲之寒心哉！方今山東之寇，相繼狐疑[16]；淮、魯之孽，久持觀望。公不以此時提兵東向，克終前業，方且效兩虎交鬥，擁兵相持，此所謂謹其小而遺其大，快私憾而棄公義，安得不見笑於藺相如乎！且夕將有酈生之徒，奮袂中起，掉長舌而下之，則閣下之能事解矣，天下之人，其以公爲何如人耶？且易失者幾會，難得者事功，時乎時乎不再來，僕爲閣下惑焉。彼黄口之子，久當自斃[17]，烏足以爲公敵哉！某平昔於閣下，無袍綈之交[18]，徒以舊歲河南一見，有半面之雅，而辱公知待之厚，迨今念念其存[19]，故不避言深之忌，而妄意陳之，雖獲罪左右無憾也。宿藏墨一長笏，聊致左右。惶恐惶恐。

【校記】

〔1〕“前因”句，《湖北先正遺書》本作“前因使者中嘗録去麴生秘方”。

〔2〕盡肯，《湖北先正遺書》本作“書肯”，誤；俛，《湖北先正遺書》本作“俯”。

〔3〕無少失處，《湖北先正遺書》本缺“失”字。

〔4〕以實國本，《湖北先正遺書》本缺“實”字。

〔5〕根本稍定，《湖北先正遺書》本缺“本稍”二字。

〔6〕庶可指日而靖，《湖北先正遺書》本缺“靖”字。

〔7〕“愚者”句，《湖北先正遺書》本缺“誠”字。

〔8〕“大抵”句，《湖北先正遺書》本缺“抵”“於”二字。

〔9〕求其所當盡，《湖北先正遺書》本缺“所”字。

〔10〕擬議，原本作“議擬”，據《湖北先正遺書》本改。

〔11〕“皆庶幾”句，《湖北先正遺書》本無“聖賢”二字。

〔12〕“若秦人”句，原本“秦”作“泰”，據《湖北先正遺書》本改；《湖北先正遺書》本無“與”字。

〔13〕衆人，《湖北先正遺書》本作“萬人”。

〔14〕類乎，《湖北先正遺書》本作“類於”。

〔15〕料事如算，《湖北先正遺書》本作“料事算如”。

〔16〕相繼狐疑，《湖北先正遺書》本作“相繼授受”。

〔17〕久當自斃，《湖北先正遺書》本作“久當自斃焉”。

〔18〕袍綈，《湖北先正遺書》本作“綈袍”。

〔19〕“迨今”句，《湖北先正遺書》本作“迨今悠悠具存”。

與泉南左丞書

小生近自朝廷而來，到此未久，以公事紛糾，未得往諭德音，豈勝悵惋〔1〕。主上眷念藩臣，賜以尚醖，恩寵有加，德至渥矣。今遣從事官某頒下，逮可領也〔2〕。夫泉南爲郡，控帶番、廣，海舶之所集，珍貨之所聚，視七路尤爲要衝〔3〕。比年以來，四方多故，道路梗塞，加以閩省去天萬里，僻在海隅，故朝命之及，不能常繼。閣下以雄傑之才，爲國家右族，攄忠效勞，保守無虞。聖天子德度寬仁，皇太子春秋鼎盛，賢宰相定策廟堂，論功行賞，嘉賚萬方，不吝爵賞，以勸忠義。是用輟臺階之位，錫符章之寵，以待閣下，其恩亦不輕矣。三代封建諸侯，歲貢方物，以覲天子。齊桓責楚不貢包茅，《春秋》偉之。况我元車書混同，尺土一民，無非所有。公能體諸侯歲貢之心，效齊桓責楚之義，罄竭衷悃，以報國家，何往不可？况今中原底平，江南欵附，獻俘奏凱，無日無之。乾坤再造，日月重明，太平之基，近在目下。公不以此時勉圖報效，努力脩名，他日太平，雖有長才，將無所施矣。某被命來閩，惟鹽一事，課額所出，貴處頗多。近知閣下已行陸續起運，不勝忻喜。然凡百利益，更煩從宜處畫，比及年終運到，尤爲萬荷。其一切脚價，並依常例撥還。此外，彼中但有堪貢之物，如青段之類，煩爲出銀買過，即便照價酬納，亦無不可。明年首夏風便，使吾舟先兩浙之運，早達直沽[4]，上慰宸衷之望，則閣下之功當居第一矣。朝廷公論，豈無謂乎？

【校記】

〔1〕悵惋，《湖北先正遺書》本作“惋悵”。

〔2〕逮，《湖北先正遺書》本作“達”。

〔3〕“視七路”句，《湖北先正遺書》本無“尤”字。

〔4〕早達直沽，《湖北先正遺書》本作“早達直活”，誤。

與普大夫書

近辱教音，既審鈞候萬福，而勤拳之情，上爲國家，下爲故舊，又無一弗至，其爲感荷，奚罄名言。僕自戊戌春首誤爲良公所引，叨贊機權[1]。當時承别之際，荷閣下諄諄之諭，逮今言猶在耳。佩服拳拳，日慎一日。所以虚譽日隆，謬膺峻用者，皆前日相愛之賜也。區區本非識時之英，誤塵公選，玆者之來，惟懼弗克。然私心亦時復自喜，幸得與左右聯事，頗謂有鈞陶之托[2]。到此之日，不圖軒從已先往，此雖士君子出處之常，其如方面何？其如故舊何？近者仰奉綸音，欽賚御酒，賜馬賞功，勸勞甚謂。願得旌節少留，俟子實公至日，許以起任，爲方面之計。聖天子明見萬里之外，賢宰相洞曉人情，謂公聞此舉，必不肯苟然自安。所以急發使者，宣諭德音，良爲是耳。豈意風汛愆期[3]，率負聖意，走之獲罪萬萬曷言。本擬親拜下風，一吐衷曲，但到後每事頗費料理，今雖粗舉大略，然次第未覩成緒。又承尊命，許以勿往。特遣從事某，欽奉前項頒賜禮物，及本省公文，前詣行府。伏丐欽領，爲千萬荷，凡百進止，惟命是裁。人旋，幸乞賜教。原理僉憲，與僕爲鄉曲，交契骨肉，平日氣節、學問、政事[4]，不待言説。近日由番、廣冒險間關而來，伶仃一身，其復仇雪耻之念，同青天白日，良可喜也。今詣麾下，必有以處之。檢校唐仁，三十年父子交通之舊，忠厚老成，朋友中無與爲角[5]，異姓骨肉也。往昔雖蒙與進，然迄今無成，流落海表，尤爲可憐。今差建寧立碑，來此又不得一見。碑亦瑣事也，聞鐫刻已見次第，旦夕欲發一帖呼之，幸分付早還爲荷。是言也，毋乃多乎。特爾格皮條並哈達罕一付[6]，聊表鄙懷拳拳之思，伏丐笑納。

【校記】

〔1〕叨贊機權，《湖北先正遺書》本作“叨贊機務”。

〔2〕鈞陶，《湖北先正遺書》本作“蘇夫”。

〔3〕“豈意”句，《湖北先正遺書》本缺“汛”。

〔4〕政事，《湖北先正遺書》本作“政書”，誤。

〔5〕朋友，《湖北先正遺書》本作“朋布”。

〔6〕特爾格皮條並哈達罕，《湖北先正遺書》本作“帖哥皮條并罕答海”。

與燕平章書

疇昔叨厠簿書之末，幸得攀奉左右，朝夕侍教，與進良多。爾後不承顏色[1]，倏忽數年。今秋江南人來，具審動定之詳，宣布德雅，爲方面增重，有光朝廷倚注之隆，可謂利器有别矣。八閩爲海表孤藩[2]，勢尤嚴緊，非得雄才重望[3]，何以繫軍民之心哉！國家之意，固有在也。區區不才，謬膺器使，受命之後，日夜懷慙。幸得遇平章故人，相與共事，私心政自不能不喜耳。但海洋中風汛所誤[4]，以十一月十四日方達福州，中間艱阻，不可名言。又兼善臺端久往延平[5]，省中諸公皆皇皇無措，日來惟望旌節早降而已[6]。今因員外郎華善禮請之便[7]，聊爲先容咨文就此付上[8]，御酒、賜馬已托尚書徹爾托里領去[9]，伏丐鈞照。

【校記】

〔1〕顔色，《湖北先正遺書》本作“顔來”，誤。
〔2〕“八閩”句，《湖北先正遺書》本作“八閩爲海外孤藩”。
〔3〕“非得”句，《湖北先正遺書》本無“得”字。
〔4〕風汛所誤，《湖北先正遺書》本作“風所誤”。
〔5〕又兼，《湖北先正遺書》本二字缺。
〔6〕“日來”句，《湖北先正遺書》本缺“旌節早”三字。
〔7〕華善，《湖北先正遺書》本作“忽先”。
〔8〕“聊爲”句，《湖北先正遺書》本缺“就此”二字。
〔9〕徹爾托里，《湖北先正遺書》本作“徹通理”。

再與普大夫書

昨遣小頑往頒恩禮[1]，且奉禮狀左右，稽留之罪，所不能辭。近日特員外、大都郎中繼至[2]，具悉鈞候起居多福，甚慰懷想。非意之干，良可深笑，何煩相恤也。但前日留鎮之文，若使驟然早下，則閣下進退，必有牽制之累，終於隱密，則是倚閣君命，非愛人以德之意也。且子實公消息尚遠，軒蠹又未出境，如近日之事，足爲殷鑒，不得不致慮耳。妄意延、邵等路，係行鹽地面。欲煩左右留情，就彼指揮諸鎮，少爲鹽事之助，豈徒足以應命塞責，其於事功不亦大有所補耶？以故專遣焦掾士温賫文前去禀候，伏望鈞裁曲賜寬恕而已。僕爲此事，頗費心力，今雖創置數局通商，變易大段，根本虛少。泉州之場，近固有一二到來，然船運極爲艱澀[3]。上路雖皆發鹽之地，尚慮未悉邇來彼中事情，若止就此株守而待[4]，又恐失於拘泥，良爲誤事。熟思再三，未得其策。兹就去人所在，掛榜召募客商。若客商流通，則諸貨自集[5]。隨後又擬分遣官屬，次第轉運而上。咨煩諸鎮，不限方物[6]，共成其事。多方周旋，將千慮必有一得。但鄙人孤立無與，兼之才識寡陋，須藉鈞算爲之號令鼓舞，則談笑之間，必可立覩其效[7]。況都省亦有札付本道[8]，憲司添力之文，大夫端揆諸司控制四省，即名義俱正，誰敢弗從？顧肯仰體上心，則無不了之事。某受命以來，日夜憂惕，自以君相軫念兹事，擬將朝夕發至。不圖到此，爐蓋先往，可謂缺所望矣。言發衷情，不覺過多，豈勝悚息。

【校記】

〔1〕昨遣小頑，《湖北先正遺書》本缺“遣小”二字。

〔2〕近日特員外，《湖北先正遺書》本缺“特員”二字。

〔3〕船運，《湖北先正遺書》本缺“運”字。

〔4〕“尚慮”二句，《湖北先正遺書》本缺“情”“若”二字。

〔5〕諸貨，《湖北先正遺書》本缺“貨”字。

〔6〕不限方物，《湖北先正遺書》本缺“方”字。

〔7〕必可立覩，《湖北先正遺書》本作“必有立覩”。

〔8〕“況都省”句，《湖北先正遺書》本無“亦有”二字。

與汀州陳參政書

走與足下處南北之間，平生風氣不相接，顏色不相識。到此之日，忠義之譽，日益聞所未聞。如登太華，忽見秋隼；如理盆盎，忽遇罍洗。以謂於今不復見古人者[1]，乃今復見之，私心安得不樂然一快哉！吾黨承國家百餘年太平雨露之恩[2]，其所教育，其所栽培，千萬人之内，豈無一人焉？亂離以來，舉天下節義之士，固不爲少。崛乎而起草萊者，非驕將悍夫，則庸人豎子。毅然爲豪杰之稱者，屈指數公而已。足下天資高，見道明，不憚死亡，爲一方捍禦，爲國家殺賊，不邀功，不責報，恬然安其下，非端亮忠義之士，其能若是乎？雖然，夫爲臣能如周公忠矣，而君子猶論其過[3]；爲子能如曾子孝矣，而孟氏尚言其可。而今而後，公能益勉其所不及，益行其所未至[4]，則周公其人也，曾參其人也，何古人之多讓哉[5]！即今明良在廷，將相輯睦，獻俘奏欵，無日無之，行賞論功，嘉賚四海。所以遣某來此[6]，督辦鹽貨，易換方物，以備勞來之費。凡爲臣爲子，政宜奔走效勞，少慰君親之望，尚懼已晚[7]，忍坐視不究[8]，付之默默而已耶[9]？但走也才識疏短，不能人百其身，政當與諸君子共成事功，分任其責，亦善善之意也。治下所轄之地，多行鹽産物去處。又閣下平日作事，擬於古人。走故以忠義相托，欲煩周旋之耳。朝廷公論，於賢者良獨爲欠，是在吾輩而已。玆專經歷某，將賫微禮，前詣左右，亮之亮之。

【校記】

〔1〕見古人者，《湖北先正遺書》本作“古見今者”，誤。

〔2〕國家百餘年太平雨露之恩，《湖北先正遺書》本作“國家百年雨露之餘恩”。

〔3〕“而君子”句，《湖北先正遺書》本作“而君子猶論其爲有過”。

〔4〕益行其，《湖北先正遺書》本作“並行其”。

〔5〕“何古”句，《湖北先正遺書》本作“何古之人多讓哉”。

〔6〕遣某來此，《湖北先正遺書》本作“遣其來此”

〔7〕尚懼已晚，《湖北先正遺書》本作“尚懼晚”。

〔8〕不究，《湖北先正遺書》本作“不救”。

〔9〕默默，《湖北先正遺書》本作“嘿嘿”。

答普大夫書

喇實鼐鎮撫至自行館[1]，猥辱惠書及厚貺，良拜嘉也。走以不才，重承介念，曷以堪此。近者遣人奉狀執事者[2]，冀爲借重之助，中心雅無他也。迫人於險，羊叔子不忍爲之，豈復有鴆人李某耶？望賜心亮，則所幸至矣。兒輩在麾左，過辱鍾愛，望遣之早回可也。言語不次，萬乞亮督[3]。履端伊邇[4]，伏丐善加愛護，以迓泰來之慶。人旋，因以謝不敏。區區奉狀，不宣。

【校記】

〔1〕喇實鼐，《湖北先正遺書》本作“刺速納”。

〔2〕遣人，《湖北先正遺書》本作“焦行”。

〔3〕萬乞，《湖北先正遺書》本作“望乞”。

〔4〕伊邇，《湖北先正遺書》本作“伊尔”。

再與燕平章書

年前華先員外行便[1]，嘗奉興居狀，海汛叵測[2]，不審曾徹左右否？日來心旌摇摇[3]，無念弗至。近者人來，遽審軒從已在中途，計可不日而達，私心所喜，實爲無量。此間鹽事，極費心力。初到之日，舊存具已支費[4]，在倉無干引之數。大夫既先赴任，其他皆非切己疼熱之人。而執事又卒未到，區區只得違冒衆怒，自爲區畫。逮今稍見一二之緒，但恐風汛難延，事干上慮，兹因人便，先此奉候。餘冀早降，共成兹事，曷勝幸也。使舟垂臨[5]，又當專人遠迓。區區奉狀，不宣。

【校記】

〔1〕華先，《湖北先正遺書》本作“忽先”。

〔2〕叵測，《湖北先正遺書》本作“巨測”。

〔3〕心旌，《湖北先正遺書》本作“心旋”。

〔4〕具已支費，《湖北先正遺書》本作“且已支費”

〔5〕使舟垂臨，《湖北先正遺書》本作“使使舟垂臨”。

與邵武魏参政書

僕平生無他所長，惟於忠孝之人，喜親炙而樂道之。以謂所就者小，所關者大。雖聖賢與人，良不是過，况夫立勛名以顯其親，安得不謂之大孝乎？足下以中州人寄跡海嶠[1]，承一方擾攘，奮身草萊，殺賊靖難，不愛一死，以報國家，其立志已偉。既而不幸敗績，母子俱陷，乃能夤緣賊中[2]，不受偽署，周旋脱難，寧捨親以就大義，不忠而能之乎？義聲一聞，卒使賊人感動，終送母氏以歸足下，不孝而能之乎？只此二事，賢於諸公遠甚。去年，予自海上來，每聞衆人言及斯事，未嘗不擊賞之[3]，可謂後世有王陵矣。邇者大明當天，群邪竄伏[4]，太平之基，尅日而復。國家不吝重賞，以勞賚諸軍，故遣予來此，督鹽易物，以助賞賚。公平日大節過人，甚欲嘉與同志，樂成其事，亦《春秋》善善之意也。今專提舉某運去鹽一千引[5]，作二次起攢，不限米糧金銀諸物，但可以充内府之用，一聽相公從長規措派賣而已。具數節次賣訖，見數陸續解送，而來歸日，第功上達。此則區區之事，公論所在，定不誣也。微禮表忱，幸乞情亮，不一。

【校記】

〔1〕寄跡海嶠，《湖北先正遺書》本作“寄跡海跡海嶠”，疑衍。

〔2〕夤緣，原本作“夤緑”，誤。據《湖北先正遺書》本改。

〔3〕“未嘗”句，《湖北先正遺書》本無“之”字。

〔4〕群邪，《湖北先正遺書》本作“郡邪”，誤。

〔5〕專提，《湖北先正遺書》本作“耑提”。

與建寧阮参政書

士贍頓首[1]，欲馳狀奉候，一布上德，少伸朝廷慰藉之意。遞中遽辱遣幕屬介問，書貺兼厚，愧先施矣。走與足下邈然南北，而忠義之聞，不覺冥冥而相契過於平生，雖不睹芝眉，猶真見也。朝廷大賚諸方，太平新造，政君子竭身死事之日，建勛立業之秋。走當承乏被命，惟懼弗堪，欲煩賢者助我不及，贊成其事，或亦可以因事建功，一表衷腸，以破覆盆之暗，宜無不可。咫尺北上，安敢不一一第此功能首爲公道之陳邪？今專檢校某來[2]，使某通發鹽一千五百引，船運前去，不限方物銀段，一惟足下從長規畫。而去官留否，亦在所處也。作事貴乘機會，是所望耳[3]。閩中去天特遠，於閣下公論，頗自欠缺[4]，是在區區爲之也。部下其他軍功，望具手抹而來，或別有所貢之需，當與同舟而往。微薄之禮，聊致左右，情亮是幸。諸餘不能一一。

【校記】

〔1〕士瞻頓首，《湖北先正遺書》本作“上道比首”。

〔2〕檢校某來，《湖北先正遺書》本無“來”字。

〔3〕是所望耳，《湖北先正遺書》本作“士所望耳”。

〔4〕頗自欠缺，《湖北先正遺書》本作“頗是欠缺”。

與周淑亮書[1]

計八年前奉違執事者，今想慕風采，宛然如復一日。前日辱書下問，故人之懷，何可多得也。鄙人疏懶，不能先施，爲愧甚矣。履端方始，體況何如？計車從趨，期未晚也[2]。鹽事方殷，其成尚未有涯。顧惟才淺，極費心力，會須賁然早來，胥與共成兹績，歸日第功而上，亦盛事也。走以承乏，謬膺器任，偶叨前列，無益公私，曷勝慚悚。不既。

【校記】

〔1〕周淑亮，《湖北先正遺書》本作“周叔亮”。

〔2〕期未晚也，《湖北先正遺書》本作“期未爲晚也”。

與延平趙僉院書

年前陳照磨還，已具卑悃。近日華理問回[1]，傳致雅喻，感悉無量。老耄平日無他才能，至於待人接物，未嘗有一語之妄。足下氣節英爽，亦曷能受人之欺？咫尺之間，恨不得一見傾倒，安能以此一事，過欲相疑，猶使人鬱悒而不展耶？彼此當肝膽相照可也。所發鹽一千引，今已遣張宣使子固、都事子長押前去，令交割見數回還。必欲用者，姑留焦士温在彼聽候亦可。其事一惟賢者從長規畫。得銀爲上，布帛次之，早得先期完滿，可無憂矣[2]。福州係置絲處所[3]，非仗四遠諸商[4]，何以盡得發落？望賜通加照略，俾上下流通，無少凝阻，必大有遂願之期。尤望知契，一切作成之也。今專從事某奉去白銀若干[5]，聊表區區之情，切希亮含[6]。其他在去人口覆，未中千萬保愛。不宣。

【校記】

〔1〕華理問回，《湖北先正遺書》本作“忽理問回”。

〔2〕“早得”二句，《湖北先正遺書》本作“早得先期早備，不無憂矣”。

〔3〕置絲，《湖北先正遺書》本作“置總”。

〔4〕四遠諸商，《湖北先正遺書》本作“四方商”。

〔5〕今專，《湖北先正遺書》本作“今耑”。

〔6〕亮含，《湖北先正遺書》本作“亮言”。

再與普大夫書

華理問、張都事至，傳道盛意，敢不拜嘉。壽帕之賜，足見懸情，何以堪此？是蓋閣下平日聰敏過人，所以綜理周密，豈易以庸人俗子同日語哉！節前值時事擾擾，不得專一介行李往叙節意，動爲高明所先[1]，感愧曷已！兹專從事某馳狀奉候，兼謝不敏，聊具柔毛魯酒微禮，以表區區之忱。此外不能作詩爲壽，專上壽帕一角[2]，爲後天之祀[3]，亦獻芹之念也。惶惶恐恐。比軒纛西上，又當作歌，走呈左右，以壯行色。鹽事依命發去，但彼處及建寧皆客旅必經之地，而此間置局，乃大節所係，若復少有所阻，彼得此失，必致乖隔。遠望薄加一指揮勸導之力，使上下客旅流通無礙，則能事諧矣。諸葛頗廉敏諳練，此事悉經其手，一日不可離散，以此復[4]。雅斯哈候子實至[5]，一如所命，不致誤也。區區奉狀，不宣。

【校記】

〔1〕動爲，《湖北先正遺書》本作"勛爲"，誤。

〔2〕專上，《湖北先正遺書》本作"耑上"。

〔3〕爲後天之祀，《湖北先正遺書》本作"爲浚天之祝"。

〔4〕"一日"句，《湖北先正遺書》本作"一日不可離，敢以此復"。

〔5〕"雅斯"句，《湖北先正遺書》本作"亦思哈候子寔至"。

與泉州左丞相書

區區到此兩月有餘，既不蒙遣一价來問，差去之人，久無一言回報，不知何所阻也？過節以來，倏爾又將一月，彼處鹽貨，雖已陸續起運，然屈指不及百分之一。縱然儘力攢運，比及春暮，運得幾何[1]？閣下果有真實報國之心，必須乘時多方，以爲猶慮不及。其見運之鹽，便盡數到來，一半作官，一半脚價。其脚價之鹽，又須就此變易，已是襯貼大課[2]。而又於還官之外，中間所得一半而已。以此校之，必作畫餅。則閣下平日報效之心，有名無實，誠爲文具，是豈臣子所爲哉？予今爲閣下計，莫若將見運五萬之數，盡寔作官。其脚價之費權且就彼代過，候正數齊足，却將餘鹽補償，諒無不可。此外，更望多出勘合執照，發來總省招商，就場支撥，尤爲便益。其餘舊數，仍煩就彼爲買段子諸物，先且打發船汛赴都，則閣下亦得以安枕而卧。如此，抑豈不可以見閣下先公後私之心，皎然如青天白日者乎？不然，則人將得以指議之矣。愛人以德，乃君子之事[3]，走誠不妄，敢爲閣下言之，毋煩星夜遣人來道可也。不宣。

【校記】

〔1〕運得幾何，《湖北先正遺書》本作“渾得幾何”，誤。

〔2〕大課，《湖北先正遺書》本作“六課”。

〔3〕君子之事，《湖北先正遺書》本作“君子之德”。

卷　二

書

與延平趙僉院書

犬子近日回，傳道雅意，及陳德高照磨繼至，又領惠書厚禮，并辱許以分辦鹽事[1]。公務私情，一舉兩得，感佩曷已。去秋乘差之際，此間方面及各鎮功賞，力尤可以提説者[2]，無不與之周旋。況公以中州右族，每於屠縣尹家人魏三處頗聞其詳，所以校之他人，特盡鄙懷之私。又以足下氣節英爽，非庸夫愚子所可同語[3]。僕雖未識其面，聞其名亦可以想見其爲人矣。及昨到此，毀譽交並，與前所聞，判然兩途，中心雖不能驟爲所惑，然亦未免不能驚怪。大丈夫志行落落，恒不爲時輩所容，理固則然。加以居常怏怏[4]，不得一展千里之足，受制於庸皂之手，此韓子所謂“凡物不得其平則鳴”，其公之謂耳。雖然，明者不以淺智自私，賢者不以小忿自快。廓江海之量以納細流，忘彼我之跡容之度内，將見毀言日鑠，譽聲益彰。是前日之毀譽，猶蜉蝣撼大樹[5]，安能爲公輕重哉！方今明良在廷，將相輯睦，威靈氣焰，照耀天地，論功行賞，有萬里之明。僕所以披露肝膽[6]，願得與諸君子分建事功，共圖忠義，以報王室，聯勛方虎之後，夫豈不毅然大丈夫哉！亦豈不爲他日世契之好哉！相愛及此，不覺叨叨，惶恐惶恐[7]。陳生來言，具悉盛意。鹽數如命，旦夕運至，勉爲他鎮倡之。不傷財，不擾民，不限方物，先事預備，得趂春運，滿載而歸，上慰宸衷之望，是所願也。脚價所費，不敢多愛，惟閣下從長區畫而已。旦夕尚容别遣官屬[8]，少致微禮，以謝不敏。其麾下將佐，凡有所囑，詳具手抹而來，當一一爲意也。區區不宣。

【校記】

〔1〕分辦，《湖北先正遺書》本作“分辨”，誤。

〔2〕尤，《湖北先正遺書》本作“凡”。

〔3〕愚子，原本作“餘子”，據《湖北先正遺書》本改。

〔4〕怏怏，《湖北先正遺書》本作“快快”，誤。

〔5〕撼大樹，《湖北先正遺書》本作“城大樹”，誤。

〔6〕“僕所以”句，《湖北先正遺書》本無“所”字。

〔7〕惶恐惶恐，《湖北先正遺書》本作“惶惶恐恐”，誤。

〔8〕遣官屬，《湖北先正遺書》本作“遺官屬”，誤。

與平陽周同僉書

自古立功之士，有同一世或終身不得一相見者。及其志慕之相期，氣節之相與，盡忠死孝之心若出一律，雖古今人無異也。年前於當宁諸公處，粗聆足下一二之示[1]。比過閩粵，遂得大有所聞。夫以平陽蕞爾之州[2]，僻處海嶠，無雄藩巨鎮之倚，無葭莩螘子之援，阸於虎狼之吻，提白徒之兵，效死弗去，歷數年之久，與諸方相抗，非惟不敢近，至不敢垂涎而睥睨焉，其志亦可憐矣。平居無事，又常欲效野人之芹，搜索纖芥之有，以遺君上，居江湖而憂朝廷[3]，不賢而能若是乎？且浙東、西連地數千里，連城數百郡，未聞有一人如公者。非特不能如公，至有甘爲臣僕而不羞，樂爲服勤而不憚，及有從而指示鄉導，悖逆朝廷者，奚犬豕奴隸若哉[4]！主上嘉公賢勞，賜以殊禮，别遣使者，前往頒諭，旦夕須至，必有其説。走以承乏，誤叨奉使。夫尚書寔天子喉舌之寄，喉舌之職，咨謀是周。到此之日，凡得兩人焉，而足下其一也。其一人恬静寡欲，特出君子之右，非膚言可狀，良不易得。其他諸公，並有所長，亦皆在所採録。要之，俱豪杰之士耳。王師大舉，所向無前，已有指日戡定之兆。國家傾帑藏以勞諸軍，故遣喉舌之官，專督鹽貨，以易諸物，備賞賚之助。近已多公之能，銘在心肺，敢不樂與同志分樹修名，上報當代，下垂將來乎？閩郡實首綿所産之地[5]，今專令親主簿陳某、候官縣主簿何某，齎文并奉狀左右，煩爲借銀代買粗細首綿二萬疋，粗者居半[6]，細者次之，染色者又次之。如數買畢，仍煩差官管押同來，當照元數撥還可也。敢不具名申達，以報公之德耶？僕不食言，冀足下亮之亮之。如欲專价赴都[7]，或外有委屬之事，當同艅相上，亦幸事也。微礼表忱，慎勿多辞。不宣。

【校記】

〔1〕示，《湖北先正遺書》本作“佀”。

〔2〕蕞爾，《湖北先正遺書》本作“叢爾”，誤。

〔3〕居，原本作“者”，誤，據《湖北先正遺書》本改。

〔4〕“奚犬”句，《湖北先正遺書》本作“奚犬承奴隸若是哉”。

〔5〕“閩郡”句，《湖北先正遺書》本“閩”作“貴”，無“所産”二字。

〔6〕粗，《湖北先正遺書》本作“壯”。

〔7〕專，《湖北先正遺書》本作“耑”。

與泉州左丞相書

二十三日府判來，承華翰及厚貺，何以克堪。走奉朝命而來，理宜遣禮勞問，反辱先施，爲愧多矣。新正審鈞候起居百福，不勝欣慰。書中諭及閣下自備脚力，運鹽一萬引，但同知長押之數，到今不滿二千。今次時奉彼處新舊鹽課，該數十餘萬引[1]，若止擬攢運一萬，比至南臺，又押一半[2]，中間百不及一。此事係國家正課，不過煩閣下添借氣力，運載到來而已。然其餘未盡之數極多，足可酬還脚價。若左丞實有報國之心，莫若照依分省元報五萬之數，先時一半儘官存留，一半慢慢準還脚價。如此，庶幾公私兩便，不誤風汛，足顯報效出自本心，不爲文具。

回還之日，當從實一一開寫，具報朝廷，豈不美哉？若惟視爲己有[3]，徒持空言[4]，失誤事機，是損從前之美名也[5]。此外更乞多發執照，勘前總省名商，詣彼支撥引鹽，亦足以爲攢運之助。又，區區另外自顧脚力，煩賽参政差官起運官鹽一萬引，就賫提舉司執照，赴場支撥。專望閣下早早發付前來[6]，以備换爲妙。惟冀閣下從長思之。不宣。

【校記】

〔1〕十餘萬，原本作“千餘萬”，據《湖北先正遺書》本改。

〔2〕押，《湖北先正遺書》本作“抽”。

〔3〕“若惟”句，《湖北先正遺書》本作“不惟視爲己有”。

〔4〕持，《湖北先正遺書》本作“恃”。

〔5〕“是損”句，《湖北先正遺書》本作“落後從事前之美名也”，有誤。

〔6〕專望，《湖北先正遺書》本作“達望”。

與燕平章書

近望旌節之臨，中心如渴，所以不憚煩瑣，連狀奉聞。鄙忱所契，當徹神明，必有能達之者。鹽事僭越，薄有分毫之緒，然心焦力殫已止此。旦夕惟伺賁臨，冀必少得眠食而已。此念不晚當復得一遂也。城内及諸鎮，逮今帖然，無煩介意。無根之言，左右恐不能免，當一切屏之度外。但所審在初，一存大體，芒角之嫌，悉無所累。先使上下安恬，然後次第而舉，則何事之有？近者泉州之鹽，已有定議，只此亦儘可以作成區區此行矣。貴舟一到河下，當星夜出郭遠迎，儘有其説，不敢不盡舊日参侍之好也。晤對有期，尚冀順時調攝式副倚任之隆。不宣。

與泉州左丞相書

胡員外便中又嘗附書，計不晚當到[1]。近日伯杭宣使泉南還，具道雅意，知感知感。柰風汛在即〔2〕，光陰不待，若非先事預圖，趂時急辦，倘機會一失，中間雖費無限之心，徒爲文具。區區今者自行措備脚力，顧到舟隻，煩賽参政委人管押，前去彼處起運一萬引。到日，望早支撥前來爲妙。其泉州見運之鹽，尤望星夜催攢。即日實到之數，前後不滿千餘，然一半作官，一半給付脚價。又候賣還脚價，然後回載，不惟公私兩誤，抑且大課侵襯，一時難以發落。務望閣下審量從長爲意〔3〕，將前運五萬之數，就彼代備脚價，從實先儘官數，攢運一半到來，换易諸物，餘鹽存下，緩緩補還船户。如此，庶爲得濟〔4〕，不誤事機。此外，更望就彼多出勘合執照，作急發來總省，以憑公文去支爲便益〔5〕。凡此數節，悉望閣下裁度，早遂報效之願，是所望也。前差從事人等，發付早回幸荷。今因海内知交修誠〔6〕，申候未中〔7〕，切冀善加保愛。不宣。

【校記】

〔1〕當到，《湖北先正遺書》本作“當道”，誤。

〔2〕即，《湖北先正遺書》本作“既”，誤。

〔3〕“務望”句，《湖北先正遺書》本作“達望閣下怎生從長爲意”

〔4〕庶爲，《湖北先正遺書》本作“庶幾爲”。

〔5〕公文，《湖北先正遺書》本作“招商”。

〔6〕海内知交修誠，《湖北先正遺書》本作“海内知回”。

〔7〕申候未中，《湖北先正遺書》本作“聊此奉候未中”。

答興化分省沙参政書

去冬離京時，彦明、師曾輩切切托僕致懇。到此，不圖節鉞移鎮莆田，咫尺之間，不得一覩芝眉，良用憮然。然逼歲伯益侍郎來，遂得一罄所聞，令人酸鼻。晚節受此磨折，不知何以堪之也。公餘景嚮，無念曾釋。俟子實公旦夕至，當得爲意，非敢食言。近於傅西軒處獲見小帖，足見相愛。年前承書，兼辱厚貺，敢不拜嘉。第以彼中多故，遂稽裁謝。

今專傳宣使持狀，並禮花銀五兩，聊致區區之懷。未中切希燭亮。不宣。

與絧之應奉書

逼歲伯益父子至，辱書下問，且悉以疏懶見怪，衷心不敢不服。當時政以公私叢冗，又以尊執知故人來此，可謂特出望外，必遠來相勞。詎意世故不偶，及致乖角如此，誠爲罪人。走與令先府君一門父子，自謂相爲知已，當時祭文俱存，神明昭昭也。去秋離都，頻到台廷〔1〕，屢召令季，百方纔得一面〔2〕，臨行之言，逮今令人墮淚。昨囑巴延照磨〔3〕，已發書阮參政〔4〕，差往崇安，催督伊蘇收拾行裝〔5〕，計必與偕還，然後爲可。彼中紛擾，必不能爲懷，不知賢者何以克堪也？區區不勝馳慕，便翔毋吝教楮，以慰懸懸。未由晤對，尚冀順時節哀自愛。不宣。

【校記】

〔1〕廷，《湖北先正遺書》本作“庭”。

〔2〕一面，《湖北先正遺書》本作“一方”。

〔3〕巴延，《湖北先正遺書》本作“伯顏”。

〔4〕阮，《湖北先正遺書》本作“院”，誤。

〔5〕伊蘇，《湖北先正遺書》本作“也先”。

與汀州陳參政書

來使近至，辱書暨嘉貺，却之不恭，留之增悚，何以堪也。賢者當兹擾攘之日〔1〕，與勍敵相角，乃復留意我輩，感愧多矣。前遣額森特穆爾經歷致書左右〔2〕，謾以鹽筴一事嘉與足下，同脩報稱。及見書旨，令人懷慙。此意甚篤，敢不拜教。夫頒爵授賞，本方面體朝廷勸功之意，乃至堅辭力却，再三無已，美則美矣，毋寧不近人情乎？不近人情，則人難繼矣，此豈聖賢中庸之道耶[3]？近者，主上發使勞憫於足下[4]，豈得自謂無知[5]？第丈夫出處，當使名義俱正，名不正則事不成。而麾下將佐，豈得保其一一如公之心哉？其速受之，以安衆人之心，可也。子固都司，文學故人也，到日必有其説。回即見教爲幸[6]。未中，冀萬萬爲軍民持重。不宣。

【校記】

〔1〕“賢者”句，《湖北先正遺書》本無“兹”字。

〔2〕額森特穆爾，《湖北先正遺書》本作“也先帖木兒”。

〔3〕中庸，《湖北先正遺書》本作“申庸”，誤。

〔4〕勞憫，《湖北先正遺書》本作“勞問”。

〔5〕自謂，《湖北先正遺書》本作“中謂”。

〔6〕爲幸，《湖北先正遺書》本作“爲惟”。

與安坦參政書

張照磨近日還，遽領嘉貺及雅諭，具悉感意，何以堪此！春初計履用清健，良慰遠懷。走到此如坐深井，事冗如毛，遂致缺狀上問，爲愧多矣。壯行之期，敢不拜教，臨時當得再約也。走也材劣任重，尚未有涯，凡百幸相見教。不宣。

與元帥朱明叔書

予到閫後，甚悉台名之稔，計足下必一來相見，縱不自來，必煩使者過問。既而寂然，不曉何謂也。多故以來，四方之人非陷身爲寇，必倡義殺賊，非此二者，必陰懷顧望[1]，有幸灾之心[2]。此神明所不容，豪傑所不齒[3]，復安在所論哉！大凡爲人臣子，當先明逆順之義，審强弱之權而已。夫逆順弗明，不足以言忠；强弱弗審，不足以言智。失是二者[4]，而欲與衆抗衡，是動諸方之兵也，其能堪之耶？其不能堪之耶[5]？予聞古田爲賢者桑梓之地，雲仍相接[6]，家世清白，耕田鑿井，爲時齊民，承國家雨露之恩[7]，何忍不復追念，乃至睽離自處，不相臣屬，其亦可悲也已！予叨天子命，職在宣布，誠欲足下忻然内從，盡去無益之蓄，以就有道之正，不使虚生斯世，復覩太平之天，於賢者慮至熟矣[8]，至忠矣，幸毋疑而忽之可也。今專治中福童運鹽四百引，煩相發落，冀亦足以表足下報效之心，實君子愛人以德之意也。白金五兩，聊致酒殽之慰，達可領也。不宣。

【校記】

〔1〕陰懷顧望，《湖北先正遺書》本無"顧"字。

〔2〕幸灾之心，《湖北先正遺書》本上有"一"字，衍。

〔3〕"豪傑"句，《湖北先正遺書》本無"傑"字。

〔4〕二者，《湖北先正遺書》本作"二肴"，誤。

〔5〕"其不能"句，《湖北先正遺書》本無"不"字。

〔6〕雲仍相接，《湖北先正遺書》本缺"仍"字。

〔7〕"承國家"句，《湖北先正遺書》本無"家"字。

〔8〕於，《湖北先正遺書》本作"子"。

與汀州陳參政書

近因人旋疊以狀復左右，其爲傾慕，無任懸懸。頃聞江右陷賊之人[1]，懷公威德，争先款附，捷書踵至，良爲稀有。平章沙公以參政沁布阿咱爾乃父向由忠義[2]，著名章貢，思念其父必属意其子[3]，爰命集兵聚糧，取道於汀，相期與公戮力，共圖恢復。前遣提舉黄肅計議，已荷金諾。兹專掾屬馬立讓再伸前好，萬望執事上念國家方面之重，思建太平勛業，慨然肯從，使得歃血與盟，則焚舟之捷，豈獨孟明專美於前哉！况平章公爲人開朗，加以便宜行事，賞功酧勞，在所不吝，執事其毋惑焉。咫尺風帆北指，復命有日，敢不以執事之忠義爲當路告乎？未間切祈以時加愛。不備。

【校記】

〔1〕賊,《湖北先正遺書》本作“城”。

〔2〕沁布阿咱爾,《湖北先正遺書》本作“全齊庵撒里”。

〔3〕屬意其子,《湖北先正遺書》本無“其”字。

與阮伯剛參政書

前唐士元還,始能備道聞望之詳,喜欲傾耳諦聽,不覺亹亹忘疲。惜乎其不得相與對床風雨,傾倒於一夕之頃也。春來計履用安恬,兼荷連領教言[1],曷勝傾慰。日來風信遽臨,歸興如燎,人情伊阻,事未有涯,不知足下亦嘗念及否也?近見書中無一言掛之齒頰,其然乎?其不然也?鄙之初意懇托至堅,而肝膽相契,神明可知,足下必能悉此區區之懷也。況朝廷之事,尤吾黨所當爲者,奚待多言?但恐船運到晚,有乖盛意之望。然肯置之方寸中,何愁不了之事,第煩左右一轉手之勞耳。兹專鄒元凱奉到烏帽一頂,折禮白銀十兩,并陳總管角弓一張,賈元帥雙背弓一張,少伸慰藉之勤,并乞慨然分任爲幸[2]。前運七百五十引,想規措已畢。近見脩敬宗來言,聞已差人先此解納,今尚未到。兹就朱子元等再運七百五十引,糞貨粳糯米糧諸物。外差鄒元凱照磨別運横收鹽三百引,煩爲織造進上呈様段疋,并買細布、茶芽等項,爲報效先容之地。此亦人情所不能免者,悉望屈意而周旋之。竊惟賢者以一方豪傑[3],度越諸公遠甚,故予敢以心膂相告,幸毋以憚煩爲嫌可也。果有附貢之物,并所欲言者,千萬毋惜教音。不一。

【校記】

〔1〕教言,《湖北先正遺書》本作“教裁”。

〔2〕分任,《湖北先正遺書》本作“分領”。

〔3〕竊惟,《湖北先正遺書》本作“切惟”。

與趙允昇僉院書

新春以來，疊辱惠書，凡事推稟而行[1]，甚感甚感！余亦不敢自愛，輒用赤心相告，豈敢陷人不義？賴賢友聰明，肯下心俛聽，其遠大之就，當未易量也。遞中政欲偹狀差人，聊具菲禮，以伸慰藉。廿五日，忽承王照磨至，兼領華牋及禮意之厚，何以堪此。但前之所受，義所當然；今之所遺，佀爲重復。夫禮貴適當[2]，匆在厚薄[3]，苟於義未備，是爲黷貨[4]。予雖不材[5]，安敢奉命？尚冀亮之爲千萬[6]，幸少懇。前以朝廷鹽事相托，荷慨然，第以溪水不便，到日頗遲。伏聞麾下先此規劃已久，想不食言。鄙之初意，相托至堅，一切惟命是處。但風訊已臨，歸心如灼。今專鄒元凱照磨催稟[7]，兼致勞謝之敬，達望笑而留之，不勝多幸。已賣之物，尤望日下起解前來，比五月初，準擬發程也。其餘具在前言[8]，併以此復。人至，亟圖示報。匆匆不能悉。

【校記】

〔1〕稟，原本作“票”，誤。據《湖北先正遺書》本改。

〔2〕貴，《湖北先正遺書》本作“遺”。

〔3〕匆，《湖北先正遺書》本作“弗”。

〔4〕黷貨，《湖北先正遺書》本作“瀆”，無“貨”字。

〔5〕不材，《湖北先正遺書》本作“不才”。

〔6〕尚冀亮之，《湖北先正遺書》本無“亮”字。

〔7〕專，《湖北先正遺書》本作“耑”。

〔8〕其馀，《湖北先正遺書》本作“諸餘”。

與魏彦名參政書

前遣楊提舉奉書及勞禮，冀達左右。暨運鹽五百引[1]，煩爲發落，易换物貨米糧以表共事之心，想能具曉鄙意也。余叨奉朝旨來閩，天子托以喉舌之寄，諮謀度詢，職之所繫，有非一端。然不蒙發遣一价來問，其然？豈其然哉！今專鄒照磨前詣催辦[2]，兼致角弓一張，以表鄙意懸懸之私，幸冀亮之。仍望慨然措辦完備，早爲起解前來，庶功效有歸。比五月初得遂回期之願，幸也。未中千萬慎重。不一。

【校記】

〔1〕五百，《湖北先正遺書》本作“五伯”。

〔2〕專，《湖北先正遺書》本作“耑”。

與劉思忠僉憲書

人來自建陽者，皆樂道部使者盛名之盛，賢於暴公子遠矣。近脩敬宗至，審日來貴體愆和，已臻勿藥，其爲喜慰，未易形容。走以鹽事縈心，日就衰朽，人情乖阻，事未有涯，風信伊邇，歸興浩然。端望接臨之下，添力慫恿[1]，早遂克諧之願，式副朝廷責望之隆，不既多乎！王儀保解，便中付下爲感。未間千萬加愛。不宣。

【校記】

〔1〕慫恿，《湖北先正遺書》本作“從臾”。

與彦周憲使誠之士安憲僉元哲幕府書

走以客歲到閩，值公務紛糾，遂稽奉候。遞中遽辱惠書，兼領禮貺之厚，愧先施矣。日會伯防，具悉雅意勤拳，就審履况交勝，喜慰無量。區區以庸劣晚進，猥叨承乏，任大體重，日夕憂惶，思所以教載俛助不及，冀有賴於斯文，而山川阻脩，無由趨謁[1]，病痛既多，就正斯缺，爲愧深矣。諸君子寄跡隣壤，不得不抒内蘊以報國家[2]，此心此念，天將有以從之者。江右實當代聲名文物所在之地[3]，太平伊邇，行當見之，安敢不爲諸執事之賀乎？爲我愛者，冀煩奬勉諸公，早成鹽事也。因風敬不敏。不宣。

【校記】

〔1〕趨謁，《湖北先正遺書》本作“親炙”。

〔2〕不得不抒内藴，《湖北先正遺書》本作“不得一展素藴”。

〔3〕當代聲名，《湖北先正遺書》本作“歷世衣冠”。

與阮參政書

日來連得公數書，甚慰懷想。但鹽事未見成緒，差去人又皆落落無謂，甚可怪也。鄙意托公甚深，凡百悉望無嫌無疑，一惟從長規措。此間久已二次減價，務求官民兩便，期貨早得到手，不誤回程，此區區之意耳。以足下相知，想能具曉也。此間坐守，度日如年，憂勞積慮，如鋒攢體，足下亦嘗念之否乎？關外之慮甚加，已嘗慫恿江右官屬[1]，不日西行，行當會見，必有其策。來使馬管勾一病幾危，近方少愈，旦夕回還。朱掾子元頗解事，可與言論。年前作一書，備述公去秋建上功績，多所分辦[2]，良不易得。柰本省當要頗持雷同之論，以故不能盡如所慮。無稽之論，萬無此事，流言止於智者可也。予嘗留之，聽候運鹽，以織造上位段疋之事委之。柰其事頗費周折，因其遷延到今[3]。旦夕朱掾與鄒照磨坐押前去，達望力與作成，莫大幸也。後運鹽七百五十引，已令照磨潘遂良另項管押，計不晚當達，幸乞情亮。具由尚容元凱同朱掾到日詳陳，及有纖須之禮，以表區區也。不一。

【校記】

〔1〕慫恿，《湖北先正遺書》本作“從臾”。

〔2〕分辦，《湖北先正遺書》本作“分辨”。

〔3〕遷延,《湖北先正遺書》本作“迂延”。

與阮參政書

高宣使近旋，謹已奉狀裁答區區之懷，計閣下洞見肺腑也。日來景仰，益用懸懸，而神明攸相[1]，介兹多慶，良深抃慰。頃以鹽事日見憂迫，而前後之運，道塗艱滯，不得卒遂所懷。而先運到後，計荷發落，然迨兹未沐回報。若止以常法，惟待客旅一節變换，恐終緩不及事。須煩多方派賣，捨緩就急，仍減價直，以便民商。人心既順[2]，則事必易集。幸毋胥動群言，不相信托而誤大事，可也。外煩織造御用段疋一事，亦須先此派散機户，比鹽到日，庶得兩濟。此報效中第一事也，尤望慨然樂成之。幸甚幸甚！鄒元凱行，謹附烏紗单帽一頂，白金拾兩，馳狀奉謝，惶恐惶恐！其詳去人能覆。未中情亮。不宣。

【校記】

〔1〕神明攸相,《湖北先正遺書》本無“明”字。

〔2〕人心,《湖北先正遺書》本作“人人”。

與趙僉院書

王照磨來，辱書既嘉貺，禮意勤渠，感愧交集。而區區之懷，已於照磨狀中諄諄甚切[1]，計能復也。日來具審，横槊之暇，履新多福，甚慰懸懸。鹽事告勞，有煩神用，感羨良深。兹專鄒元凱照磨[2]，聊具烏紗单帽一笠，白金十兩，冀伸勞藉之好。慨然是留，不勝幸也。前後所托鹽數，并魏參政所發之鹽，悉望作急催趂而來，身先諸鎮，是所願也。其詳之囑，前已告陳照磨，今元凱能悉也。

【校記】

〔1〕照磨,《湖北先正遺書》本作“王生”；甚切,《湖北先正遺書》本作

“其切”。

〔2〕專，《湖北先正遺書》本作“耑”。

與章右丞書

客歲承令季來，兼領書貺，感愧交并。繼後連辱問候，知以軍儲告急，即與區處，折而爲二。走亦俯念方面，别惠百引，已付來者領去，想能具悉鄙意也。日來江右音問絡繹相繼而來，前士庶之陷賊中者，望官軍如雲霓。日久坐視，遂孤來蘇之望，而重罹塗炭，亦可憐也。諸公皆江右名族，事皆在彼，乘機取勝，實惟其時。走叨使在此，已嘗僭妄慫恿主將引領西上[1]，竚聽捷音耳。所貴者師克在和，各盡己分，不責於人，則事無不濟。深願足下亮之，而已少懇。有王恂者，前兵部郎中王幼達之子也。伊父昔由廷選江西，不幸去世，就彼丘葬。其子前年因往取骸骨[2]，流落在閩。人誰無親，而其人若此，亦可念也。今因閣下揚兵江上，天其眷佑我師，行將直擣南昌，殲厥渠魁，以復故土，俾此子得以蠅附驥末，以遂孝誠之感，實生死而骨肉也。然必先令參一宣使，預先借數月氣力而去，不勝之幸。斯言毋乃多乎？至祝。薄有角弓一張，聊表微忱，笑留是幸。未中冀萬萬爲軍民持重。不宣。

【校記】

〔1〕慫恿，《湖北先正遺書》本作“從臾”。

〔2〕骸骨，原本作“體骨”，誤。據《湖北先正遺書》本改。

與普大夫書

久不奉狀，已墮踈懶之罪，然此心無日不勞寤寐也[1]。事冗如毛，無緑得似往年，一倚左右，爲銀山鐵壁，坐收漁人之功，是用慊慊耳。蘭都事來，備道盛意之厚，上爲國家，下爲故舊，曷勝傾慰。政兹洶洶中，舊態復作，蘭生遽至，可以破蛟雷矣。風信密邇，憂思如焚，緬思其事，若少煩指揮之力，便可一鼓而成其獎勸之功，未易以言説而既也。知感知感！大夫平日志慮清明，氣節英爽，近日江右捷報，所謂吉人天相者也。可賀可賀！未涯披奉，伏丐以國家柱石自愛。不宣。

【校記】

〔1〕“然此心”句，《湖北先正遺書》本作“然必日逐孤立弗與”。

與阮參政書

鄒照磨去後十二日，蘭都事至，具悉盛意，一破憸説。雖王事賢勞，多所煩慮，然臣子之分，亦所宜然。君子愛人以德，良用是耳。江右之事，捷音踵來，關界無虞，亦自可喜，此豈不可見天意悔禍之時乎！乘時立功，猶懼已晚，哲人君子，安得不炳於幾先耶？本分之内，當不加毫髮。前者人所傳劉僉院之事〔1〕，甚非所宜，損令名，虧雅道，切爲公等惜之。走前此於部下諸校立功之事，已不一言而足，乃獨不肯見信，豈尚以我非羊叔子耶？恨不得與足下一見，盡剖胸中之見而告之。前後鹽貨及所織段樣，尤煩介注，先期而預備之，蚤賜發下〔2〕，以備打角，爲幸多矣。恃愛敢告，幸以情恕。不宣。

【校記】

〔1〕劉僉院，《湖北先正遺書》本無“院”字。

〔2〕蚤，《湖北先正遺書》本作“早”。

與陳子奇院判書

近因鄒照磨附去角弓，聊表賢勞，鹽事介煩，良用懷減。蘭都事近至，首審貴職高遷，甚副公論。但以地遠事牽，不及爲賀，良用憮然。

聞足下及復辭謝，足見恬退之心。隨奉大夫之命，俾復厥職，處置甚得其當。况鹽事總在一路，幸以朝廷重事爲念可也。前後運鹽到彼，遲疾不同。望與阮大參同力派賣，早得完備，起解前來，先期打角，不誤風信，吾之願也。不一。

與趙允昇僉院書

鄒元凱去後十二日，蘭都事經至，所領鹽事，深荷介意，不日解下，踴躍過望，甚慰懸懸。丈夫作事慷慨，信有徵矣。走雖無緣一面，而吾友之心則洞見矣。但慮建寧阮公處發鹽太多，近知其爲人頗欠爽快，恐爲所誤。貴治之下，若可以發落，則彼路後運七百五十引内，經過延平時，望就斟酌撥留五百引，曲賜成全。押運詹主簿等如或不信，當出信示之。若得秔糯米糧，亦可壓船之用，價直減削，諸物添搭，一從其便而已。所謂得隴望蜀，吾之謂也。然事不得已者，是當與好男子告之耳。此行得一相見尤妙，不然，當備悉作一書可也。楮短情長，言不能既，悵然悵然！

與程伯川都司巴爾斯檢校書[1]

差後經兩月間，不發一信相報。近見周叔亮之言，益增憂惱。十二日蘭彦芳至，獲到來呈，方悉其事。若果艱難，何不早早見報？直至後運一千引續發去後，乃説此樣之話，謬哉謬哉！此事阮公若肯真心自爲，則何有不了之事？此間在城并支郡，俱各減價派賣，諸物依舊添搭，不限秔糯米糧及百物之貨，商民欣然。而從事已克集彼中着落在地富户及僧寺軍民，不限米粮，多方派辦[2]，諒亦不甚費力。鹽既減價，則民必自便也。又隨後所運，恐卒難變易，莫若再煩趙僉院爲賣五伯引，就詹主簿所運數内撥付本官爲妙。我另有書煩托本官，蓋本官大段爽利人也，必不見阻。臣子報效，當先儘君父，雖割己以報國家[3]，亦非過分之事。

我雖不材[4]，朝庭之上磊落而敢言者，人所共知。況此部將校功跡，在吾輩還時有以明之耳[5]。人若不肯相信，誠可憐也。此言達之斯人，亦無不可。此差已曉尊意，毋勞喋喋。不一。

【校記】

〔1〕巴爾斯，《湖北先正遺書》本作“明里沙”。

〔2〕辦，《湖北先正遺書》本作“辨”，誤。

〔3〕割己，兩本均作“割已”，據文意改。

〔4〕不材，《湖北先正遺書》本作“不才”。

〔5〕吾輩，《湖北先正遺書》本作“我輩”。

與周宗道僉院書[1]

前月去人，何主簿書呈，甚悉雅意，良慰懸懸。適彼中值意外之虞，所以特煩神用。近見恩監憲，知已解圍破敵[2]，神明乎相蓋有在矣[3]。物貨想已措劃完備[4]，然風訊在邇[5]，未見發來，不能不致念也。今專理問所知事劉夔[6]，馳狀奉問，兼賫白金十兩，聊表慰藉之意。所欲言者，去人能詳。費過價值，物至即還，不勞致慮。前書所稱，玆不外示。不宣。御史孔公前不及另狀，同此拜敬。

【校記】

〔1〕周，《湖北先正遺書》本作“同”。

〔2〕知已，原本作“知己”，據《湖北先正遺書》本改。

〔3〕乎，《湖北先正遺書》本作“字”。

〔4〕劃，《湖北先正遺書》本作“畫”。

〔5〕訊，《湖北先正遺書》本作“汛”。

〔6〕專，《湖北先正遺書》本作“耑”。

與泉州馬總管書

二月間得書，甚知爲鹽事用意，政兹差人管押蕭絛間，遇彼中事變，遂爾寢閣，後報已裝之數，卒成畫餅。變後多知足下累發呈省府，請官鎮守，此可明足下之心。然其事在前人，罪不可一二計，而同知所運之數，雖有公私一半之名，抑大段虧官害事，有名無實。足下平日以報效自任，今既上無所拘，下無牽掣，正竭忠奉國之日。彼中六分鹽課，風訊既誤[1]，彼此卒急，俱難變賣。祇須就彼規措從權，變派諸色緞疋[2]、布帛、香貨、胡椒等物，先行抵對，代辦作數，趂四月内解赴福州，通行打角，另項起運入京。餘鹽就彼顧船，運至直沽[3]。此當職提調之事，必容明白告知，便當奉命而行，以圖臣子報稱之禮。外有歷年市舶皆合供上之物，另當作一措劃[4]。如此，庶以表足下之心，一掃前日之失。旦夕到朝廷，當一一爲公明之耳。今差提舉孫敬持書並白銀十兩、棕帽一頂[5]，聊表遠意。公文至，可詳也。不一。

【校記】

〔1〕訊，《湖北先正遺書》本作“汛”。

〔2〕緞疋，《湖北先正遺書》本作“段疋”。

〔3〕運，《湖北先正遺書》作“連”，誤。

〔4〕劃，《湖北先正遺書》本作“畫”。

〔5〕持書，《湖北先正遺書》本作“特書”，誤。

與朱明叔書

病中諦觀來書，具曉公意。然其詞頗倨，其氣頗厲，胸中必有不得其平者，其志亦可憐已。古之賢人君子惟獨不然，其責己也重以周，其待人也輕以約，未嘗見有深排力詆，必欲校彼此之是非如足下云云者，其亦未之思耳。世之論大舜之孝者，爲不見其親之非，所以底豫；論申生之恭者，爲不知其己之是[1]，所以就烹。《詩》曰：“式相好矣，毋相猶矣[2]。”《傳》曰：“寧人負我，無我負人。”皆所以明先施之當盡，戒責人之不報己也[3]。足下世承國家雨露之恩，其《詩》《書》之教，漸濡在心，大順之理明並日星[4]，一旦乘時多故，彼山川之神靈，祖宗之責望，一皆在於足下。其所以保鄉里而衛境土，非足下之多，實足下之宜也。朝廷念公忠勤，高官崇爵，不吝報賞，顧安得無一所謂知者耶？當職膺喉舌之寄，叨奉明命，奉使來閩，公耳目之職，以盡周愛之道[5]，惟恐弗逮。凡休戚之所干，利害之所係，藩方功過之歸即[6]，墨阿大夫之毁譽，是皆使臣之事也。公獨不聞所以待諸公之意者乎？若夫惑簧言[7]，亂是非，此奸人賊子之不爲，而謂當職爲之乎？予莅此閲數月矣，不聞遣一介相報，以通上下之情，待朝廷之禮，固若是耶？由此言之，足下前之所爲，未必盡是；今之所陳，未必盡非。不思反己[8]，而惟務尤人，難矣。余平日無過人之長，彼以一念忠厚，於人不敢妄有增損，要必欲引人於善耳。足下當亮其無他，可也。前以鹽事相煩，政欲表公一念勤劬[9]，不此之察，廼欲以價直相稟[10]，可謂不相信矣。低昂高下，一惟所處，不足深較。來貺甚嘉，姑留以安來者，續容裁答也[11]。不宣。

【校記】

〔1〕己，兩本均作“已”，誤，據文意改。

〔2〕毋，《湖北先正遺書》本作“無”。

〔3〕己，兩本均作“已”，誤，據文意改。

〔4〕大順，《湖北先正遺書》本作“卸順”。

〔5〕周愛，《湖北先正遺書》本作“周爰”。

〔6〕歸即，《湖北先正遺書》本作“真即”。

〔7〕惑簧言，《湖北先正遺書》本作“簧惑言”，誤。

〔8〕己，《湖北先正遺書》本作“已”，誤。

〔9〕政，《湖北先正遺書》本作“正”；勤劬，《湖北先正遺書》本作“勤

渠”，誤。

〔10〕 廼，《湖北先正遺書》本作“乃”。

〔11〕“續容”句，《湖北先正遺書》本下有“氣”字，疑衍。

答龔景修參政書

嚮辱惠書[1]，兼拜嘉貺，良用感荷。公以一方故家流裔，《詩》《書》禮樂之教，漸漬彌深，乘時多艱，乃能發財結客，倡義而舉，不以成敗改節，得之行人之譽，已不一言而足。忝朝廷清明，察見萬里之外，其所以待公，未爲無知矣。今天意悔禍[2]，人事灼知，政臣子竭忠樹功之日也[3]。以足下之心之才，何所不到？凡所可爲，當努力爲之，毋爲坐畫[4]，徒讓他人也。走到此閱數月矣，耳目所及，政自不少[5]，部下將校之文，旋當明之耳。病中無由展答，姑致區區，以謝不敏。不宣。

【校記】

〔1〕 辱，《湖北先正遺書》本作“尋”。

〔2〕 禍，《湖北先正遺書》本作“過”。

〔3〕〔5〕 政，《湖北先正遺書》本作“正”。

〔4〕 畫，《湖北先正遺書》本作“盡”。

答魏彦名參政書

向爲鹽事，嘗遣楊提舉持書及微禮以通侍者。後知臨發時爲都事催行，所以中道而止[1]。近日承陳鎮撫、李掾來，備領華緘暨厚貺，良拜嘉也。政兹念間，廿六日遽又見惠書信，甚荷介情，可謂知所先矣。區區之情，已見前書，非有媢人之術也，公當亮之。耳目所周，廼使臣之職[2]，政自不能不爾[3]。部下功績，已囑來者，當爲周旋耳。風期伊邇，是米是銀，蚤爲解下爲感。不一。

【校記】

〔1〕“後知”兩句，《湖北先正遺書》本作“後知中道而止所以□（缺字）發邦吉都事催行”。

〔2〕廼，《湖北先正遺書》本作“乃”。

〔3〕政，《湖北先正遺書》本作“正”；爾，《湖北先正遺書》本作“耳”。

與趙允昇書

歲前後連領書貺，違離之後，益見不忘。豈老謬平日待人頗自真實〔1〕，一言相加，即動朋友，此外不足辨也。交遊之中，英爽如公者絶少，其所欠闕處，計亦不無。使僕得挈而引之於朝廷之上，相處數年，回視今日，聞見必多，智慮必廣。一經變故〔2〕，將信老謬之言爲不妄也。他日吾子孫碑後述平日定友姓名〔3〕，必曰某與某也。比區區北行，尚望撥冗一來相别耳〔4〕。王照磨來，歷數公回日即發路印并一切錢糧之事，悉歸有司〔5〕。果若是，是能相信矣。又聞於追舊銀之外也，以海運糧事專委吾仲實良友，已行多方規措，何其先人而樂爲之如是哉！人謂趙延平平昔施與而不吝，信乎其倜儻過人遠甚，僕安得不喜而不寐乎！兹專照磨張普先此馳告〔6〕，獨於公不復叨叨相囑也。王宣使鹽事係小節，只須回以文答之。近見公書，類多不平之氣，何其包荒也？再三捧誦〔7〕，其志多在阮耳。僕有一書與本官觀海鈔上，閣下其視之否〔8〕？阮君平日待公甚篤〔9〕，不幸近故家累，頗輸吾輩之念〔10〕，賻吊之禮，多多益善可也。未中加愛，上爲國家，下爲朋友，舉毋負所望爲荷。不宣。

【校記】

〔1〕“豈老”句，《湖北先正遺書》本缺“待人”二字。

〔2〕變故,《湖北先正遺書》本作“變化”。

〔3〕姓名,《湖北先正遺書》本作“之名”。

〔4〕耳,原本作“日”,誤。據《湖北先正遺書》本改。

〔5〕有司,原本作“之司”,誤。據《湖北先正遺書》本改。

〔6〕専,《湖北先正遺書》本作“耑”;张普,《湖北先正遺書》本作“张晋”。

〔7〕再三捧誦,《湖北先正遺書》本無“再三捧”三字。

〔8〕“閣下”句,《湖北先正遺書》本無“否”字。

〔9〕阮君,《湖北先正遺書》本作“恩德卿”。

〔10〕輸,《湖北先正遺書》本作“軫”。

卷　三

書

與魏彦明

客歲承便，不一奉狀。正初遽辱書，誨知奬過實，而下貺之厚，敢不拜嘉。第入省以來，地位頗涉嫌疑。甆器謹以領訖，其餘之物，難以虚拘，良拂深意，罪復何説。春來省鈞候安榮，足慰鄙私。公事上告，幸希諦聽。走之不才，人所知也。國家不愛公論，誤叨器使，鹽糧兩事，俱辱見委，任大責重，如涉淵冰，不與諸君共圖，事將焉濟？鹽事雖粗已經營，所至之處，猶賴贊成。今兹粮運，實出本心，玉音伊邇，奚忍坐視？其文既責本省，專督在予閣下[1]，雖出守藩維，其於同寅，事即一體。臣子報稱，凡所得爲，人莫不争先而奔走之。芹，微物也，野夫賤叟之獻，而君子猶嘉其志。有旨見需，理宜應命，於名則正，於事尤宜。以平昔閣下忠勇之念，國家待閣下之心，必當與吾黨分任其事可也。兹專照磨張普先狀[2]，續容遣吾郎中還與閣下圖之也。事畢，或差人參從北上，亦惟尊命。春初自愛，式副願望之私。不宣。

【校記】

〔1〕〔2〕專，《湖北先正遺書》本作“耑”。

與賈景復

新年連辱書及羊酒之貺，受之多矣。公相遠處關維，既膺榮拜，禮當一賀，尚愧缺然。而老謬承乏誤用，政爾懷慚，敢望記録。雖已黽勉就事，尚懼才劣[1]，無能報稱。諸君子素懷忠勇，朝廷之上凡所見需，必能與僕同志。况今歲海運糧事，出常制之外，聖心如此，凡我臣子，忍能不一動念乎？然報效之事，不計有無，不計多寡，但能隨力量而應之，不負君上之念，斯亦可矣。事屬本省，并委區區。公治雖遠，職同省臣也[2]。公地雖陋，方物則有也。二者宜在所當擇矣。前鹽不晚即至，毋煩介念。茲専照磨張普先狀奉告[3]，續當委陳都事與公贊助之。未中，不宣。

【校記】

〔1〕懼，《湖北先正遺書》本作“思”。

〔2〕職同省臣也，《湖北先正遺書》本缺“職”字。

〔3〕専，《湖北先正遺書》本作“耑”。

與普大夫

士瞻區區本以才劣事殷[1]，其於事上之禮，頗覺疏慢，雖芹狀勤懇[2]，猶不能撥冗一裁，罪復何説。夫人本非兼人之長，一旦舉而加之衆人之上，施之於事，便有此等之患。苟非大人君子，度量包荒，何可多堪也？春來，伏審鈞候體履，久就安榮，吉人天祐，理所宜然，健羡無已。卑省於水西僦一寓所[3]，冀得軒蓋蚤遂下臨之願，問之行人，或尚未卜。夫以五六年違離之心，迨茲未副，天乎？何其相靳如此也！茲専都事張貞[4]，謹奉白金二百兩，爲新正納慶之薦。伏望下記前日之舊，笑而容之，千萬幸也。少懇員外張琦，係都下張君舉之子，伊家父子歲久，其爲人也頗自敦慎，但命運不偶，近有不獲上人之意，今除延平同知，恐不能堪。如賜見憐，作一從事而去，甚妙。恃愛敢爾叨叨[5]，首祈孚照。冒瀆威嚴，不勝悚懼。不備。

【校記】

〔1〕士瞻，《湖北先正遺書》本作“日來”；殷，《湖北先正遺書》本缺。

〔2〕雖芹狀勤懇，《湖北先正遺書》本作“雖片狀勤懇”。

〔3〕水西，《湖北先正遺書》本作“水面”。

〔4〕專，《湖北先正遺書》本作“耑”。

〔5〕恃愛，《湖北先正遺書》本作“持爱”。

上中書左丞相

去冬十二月初旬，病中，海上人回，伏惟鈞候神相萬福，朝廷景運，遐邇枯朽，舉賀更生，下官小吏，敢不爲宗社之慶也。顧惟士瞻何功何能，復辱大用，驚喜過望，未易言究。使者繼傳鈞意，如覩顏采[1]，一門父子，俱荷帡幪[2]，感激之至，不知何以報聖德之萬一也。但小兒守成，於事迂疏，不堪使令，一旦誤事，必有得罪於公道者，恐他日見累，臨訴晚也。死罪死罪！竊念士瞻自參侍以來[3]，特沐陶鎔生全之賜[4]，每出平常。前歲重叨器使，將命來閩，蚤夜以思，惟恐負朝廷責委之重，累丞相知人之明，惟圖竭力以求報稱而已。豈意到閩之日，官無統紀，人情事務，動如摶沙。士瞻深思任大責重，不敢拘以無文，遂弗自揆，越分規措[5]。幸賴君相之庇，比之常年，頗遂萬一。正圖開洋，不意變生倉卒，内外閉塞，城中鼎沸，哭聲轟天，死者八九。余自荷以使者之職[6]，叨司耳目之寄，安忍坐視，以貽朝廷之憂。乃仗聖天子威靈，開誠心，仗大義，諭以利害福禍之原，庶幾異類惡醜帖耳俛聽，未嘗敢以無禮相加，遣人馳書軍中，往來開示[7]。至七月十六日，士瞻方率耆宿士民出城，親見大軍議之，解其事。議定，又復入城，以安百姓。甫至八月十五日，方盡誘醜登船，隨時軍衆四合，一掃而空。其首惡餘黨，逃至泉南，尋復剿絶無遺。是皆宗社之靈、君相之福之所致也。雖見拘留，未至辱命。彼時縱使不然[8]，惟有一死報國家而已，安敢以身自惜，爲使命羞乎！幸喜身留物達，少慰忠忱。豈意朝廷見憐，復授重爵，賜以生還，可謂恩踰常制矣。犬馬之報，誓已銘刻。今歲鹽貨已行布置，糧運亦然。第士瞻自九月來[9]，暑毒攻發，一病兩月，幾至於死。雖已扶病供職，然攢運頗慮不前，衷心如負芒刺。上賴大庇，必不負所望也。三月中，當先發一百船赴都呈報。今因本省員外王斌公便，率易奉聞，萬乞原亮。王生先爲搆兵事，往來多負艱險，忠敏可任，伏賜矜憐。冒瀆尊嚴，不勝戰慄瞻戀之至。謹奉狀，不備。

【校記】

〔1〕顔采，《湖北先正遺書》本作“顔朱”。

〔2〕荷，《湖北先正遺書》本作“有”。

〔3〕竊，《湖北先正遺書》本作“切”；參侍，《湖北先正遺書》本作“參待”。

〔4〕生全，《湖北先正遺書》本作“生前”。

〔5〕措，《湖北先正遺書》本作“指”。

〔6〕自荷，《湖北先正遺書》本作“日走”。

〔7〕示，《湖北先正遺書》本作“諭”。

〔8〕彼時縱使，《湖北先正遺書》本作“彼時從使”。

〔9〕第，《湖北先正遺書》本作“弟”，誤。

與周宗道

客歲彼此交問，書章宛然[1]，如見顔色，其爲勤拳相愛之意，何可多得也。歲中辱惠旨酒，而張生來復道盛意。今歲朝廷雖因道原都司未回[2]，缺使省顧，其意豈有他哉！伏審令弟相公繼膺樞要，而閣下翩然便欲引去，此固士君子中心之幸。然以國家倚注方殷，若謂少遂息肩，則未爲不可；若必高蹈遠引，將天下之事即付之忘言，豈予等所宜望哉[3]？老謬誤爲器使，多所懷慚。來者具言與區區分任[4]，以助成之，拜嘉多矣。兹發鹽三百引[5]，就責本人張天昇裝運前去[6]，收買首綿，一半付之本人，一半煩公經營。到日，悉望蚤爲料理而來可也。外附入粟補官榜文，幸多方勸誘之。物來文至，一如所望，此誠裒多益寡之一端也[7]，亮之亮之。秋鹽羊背皮二枚[8]，胡桃四百顆，少爲賢昆仲之獻，容納是荷。

【校記】

〔1〕問，《湖北先正遺書》本作“枉”。

〔2〕因，《湖北先正遺書》本作“回”，誤。

〔3〕予，《湖北先正遺書》本作“子”。

〔4〕與，《湖北先正遺書》本作“以”。

〔5〕發，《湖北先正遺書》本作“撥”。

〔6〕天，《湖北先正遺書》本作“大”。

〔7〕裒，《湖北先正遺書》本作“捂”。

〔8〕二枚，《湖北先正遺書》本缺“枚”字。

與仲實監郡

日來辱書，及稔台候政聲之詳，咸足見慰。如吾友之才，吾輩不能用，廼爲趙延平所奪，有負公論矣。近聞允昇以印歸路[1]，錢糧悉付之有司，俾公得專主其事[2]，可謂兩賢相也。如此待公，苟有過舉，安肯陷趙公哉[3]？今歲糧與國家事，凡可以相報者，俾得聞知，是僕之望也[4]。令嗣今歲赴北之行如何？宜蚤有以見教[5]。額森特穆爾之家[6]，素所知者，予固常常而周之[7]，不能繼是則可慮者。今遣之從事吾允昇，幸周旋收之，使伊母子得全衣食之養，同受感也。至叩，不宣。

【校記】

〔1〕印,《湖北先正遺書》本缺。

〔2〕專,《湖北先正遺書》本作“耑”。

〔3〕安肯,《湖北先正遺書》本作“安得肯”。

〔4〕“俾得”二句,《湖北先正遺書》本作“自是子得以僕之望也”。

〔5〕蚤,《湖北先正遺書》本作“早”。

〔6〕額森特穆爾,《湖北先正遺書》本作“也先帖木耳”。

〔7〕予,《湖北先正遺書》本作“子”。

與普大夫

仰恃情愛,近以微禮僭瀆尊俎之間[1],獎諭過實[2],比旋,惟有懷感而已。走素乏他長,而十年之間,忝處劇要,閱人頗自不少,然得以盡吐胸中戇直之藴,不忍復以崖岸相嫌者,日來惟大夫一人而已。惜其無緣陪侍左右,切效執事者之勤,用是爲慊慊耳。昨覩丰觀精神[3],計旦夕必有賜環之兆[4],天其或者遂得副下情之願乎?彦方僉憲,乃愛結姻,足見故舊不遺之雅,復辱命以主席,過愛多矣。第此論之前,聞已與高吏有文定之約,然望作一主張,全兩家之心,不致怨望,諒亦無難矣。斯言也,毋乃多乎?都事王文璧去歲嘗從事於僕,頗負勤勞,歷涉海洋,上貢於京,得此一除,良不易得。偶以流言見忤執事,其勢不可一朝而處。大夫平昔好引拔善類,桃李布列於門墻者,觸目皆是。昨又荷許以從事赴臺,幸賜一語,先令到任,是生死而骨肉也。裕伯之請,不敢叨叨,專狀奉聞。仰干孚照,不備。

【校記】

〔1〕近以,《湖北先正遺書》本無“尊”字。

〔2〕論,《湖北先正遺書》本作“譽”。

〔3〕丰觀,《湖北先正遺書》本作“手觀”,疑誤。

〔4〕賜環，《湖北先正遺書》本作“賜還”。

與庫元臣平章[1]

曩自陜右攀奉顔彩，已知英鋭遠邁之氣，度越一時豪傑遠甚。及車從來京，復接言論，愈起敬慕之私。自是厥後，聞先丞相威德昭布，而降欵附服者[2]，交馳於濟、兖之間，此皆閣下翊贊之力也[3]。不意丞相奄弃榮養，中外聞之者，莫不痛心疾首，況僕忝在交游之末哉！僕自奉命來閩，以事之不虞，留滯於今。去冬貢使回，復奉明詔，而有閫垣之擢。顧予何人，焉能負荷！切惟閣下間世之英，年富才贍，能繩祖武，良有古名將之風，故使益都之地，勢如破竹，丞相之死，猶不死也。朝廷重念賢父子之功，錫以茅土之封，授以君國之任。如閣下者，上能爲宗社計，下能爲生靈計，昭昭忠孝，豈在先丞相之下哉！敬羡敬羡！今差員外王斌，致奠於先丞相之前，並持卮酒之敬于左右[4]，故敢以聞。並録去年舟中一詩見意，萬冀孚照。

【校記】

〔1〕庫，《湖北先正遺書》本作“闊”。

〔2〕降欵，《湖北先正遺書》本作“降疑”，誤。

〔3〕皆，《湖北先正遺書》本作“昏”，誤。

〔4〕並持，《湖北先正遺書》本作“侍待”。

與趙僉院書

十五日照磨來，承書及嘉論，甚慰懸懸。愚前所以不避苦口，每事切切相告者，以足下英爽過人，可以爲友，而足下每事亦相聽信。不意近日一着[1]，又復躁妄[2]，豈尚不能深信我輩中心耶？世道不古，成人少而敗人多，愚爲此事謀之熟矣，斷斷不可。賢智之人[3]，已極敬信，不日而往，大夫書内已詳言矣，幸望屈意相保可也。鹽貨聞久畢，犬子至，悉望打發而來。赴都有人相隨，當分付同舟。凡有所托，更冀毋外。照磨就彼差押所辦物到後，僕當就之轉押赴任也[4]。未中[5]，不一。

【校記】

〔1〕近，《湖北先正遺書》本作“今”。

〔2〕躁，《湖北先正遺書》本作“蹘”。

〔3〕賢智，《湖北先正遺書》本作“賢哉”。

〔4〕“僕當”句，《湖北先正遺書》本缺“任也”。

〔5〕未中，《湖北先正遺書》本缺“未”字。

與燕平章書

年前後凡數奉狀左右，無一見答。從審軒纛遠臨，急發豚犬及從來官屬分道迎迓[1]，盡皆蹉跌。都事程忠近由連江還[2]，備道盛意，曷勝企慰。區區疇昔叨侍執事者後，比之他人，頗謂故舊。今又承乏同事，情固可知。迺至不荷一价，相與衷曲[3]，毋乃誤乎？夫天下之事，當順人情。人情既安，事理斯在。近日之事，本自易爲，思之太過，遂生他釁[4]。如十八日卒然一變，便見玉石俱焚之乖。走也不敢自愛，上爲朝廷，中爲方面，下爲故舊，遂力與之周旋，僅得少康。然洶洶之勢，特未加薪火耳。不然，幾敗乃公事，則咎將誰歸乎？是日，省官相約至正己亭[5]，圓議其事[6]。走因披露肝膽，立陳禍福，曉以成敗之機，勉圖康濟之道。諸公皆執常談，必欲强公一來赴任。某揆之人情[7]，度之事理，以爲嫌隙既生，勢難終合[8]，而此輩又復堅欲一見而決，然後凡百調用，惟命是聽，其於事理，亦頗復優長。走爲天子之使，又與閣下皆被命之人，若復少延數日，機會一失，禍將大作，無復可救。更慮外中普公之術，内受左右之構，則萬萬之悔，豈能及耶？於是先遣都事程忠偕文郎中前去，告稟會次相見日期，拱俟回報[9]。至日，走願屈王人之尊，偕左丞率領賽參免胄即行。閣下亦須降方面之重，慨然枉駕[10]，前至湯嶺，俯就一會。其一切疑似之跡，即當屏絶。所望開誠心，布公道，期於同盟於好而已。此間一應民壯，已皆散遣。彼方一切丁義，便可發還。毋彼此逗遛，互相疑猜，以妨害大事也。若然，應使此輩之心就安[11]，閣下之志亦得，上不貽九重之憂，下不重一方之困。彼既帖然而遊[12]，閣下即賁然而來，雖葵丘之盟，不是過也。然則排難解紛，吾徒嘗切慕仲連之高，今當不讓矣。呵呵！事定，即發去使蚤還[13]，一破積日之疑，其於大事，不亦濟乎？丈夫作事，正須如此而已。至日，仍煩約請泰父先生同來湯嶺爲好[14]。臨書不勝懇切之至。不宣。

【校記】

〔1〕從来，《湖北先正遺書》本作“從事”。

〔2〕程忠，《湖北先正遺書》本作“陳忠”，誤。

〔3〕衷曲，原本缺“衷”字，據《湖北先正遺書》本補。

〔4〕遂生他釁，《湖北先正遺書》本缺“生”字。

〔5〕正己，兩本“己”均作“已”，據文意改。

〔6〕圓，《湖北先正遺書》本作“門”。

〔7〕某，《湖北先正遺書》本無此字。

〔8〕勢，《湖北先正遺書》本作“世”。

〔9〕俟，《湖北先正遺書》本作“候”。

〔10〕枉，《湖北先正遺書》本作“往”。

〔11〕應使，《湖北先正遺書》本作“庶使”。

〔12〕遊，《湖北先正遺書》本作“逝”。

〔13〕蚤，《湖北先正遺書》本作“早”。

〔14〕仍煩約請，《湖北先正遺書》本作“仍煩請約請”，衍“請”字。

與普大夫書

近值事體轇轕，遂以患戇，竟忤台嚴[1]，得罪左右，已萬萬矣。走也平日以拙直見聞，凡義所當言者，不敢不盡忠告之益。況疇昔辱知如大夫者，未可以一二論。故今不避狂妄，寧犯閣下之怒者，以直報德，良謂是耳。切惟閣下今日處具瞻之地，身先端揆，進退出處，尤宜在所審處。事當先人而爲之〔2〕，其是非黑白，當一切付之公論，夫豈不綽綽有餘裕哉？不可爲左右所誤，自取無窮之悔也。來時見令兄有春院使，亦嘗囑僕爲言，是故親厚之意也。犯分上干，曷勝增悚！白紵二端，聊致區區。侍見未還，惟萬萬珍重。謹奉狀以復，不宣。

【校記】

〔1〕患戇，《湖北先正遺書》本作“愚戇”。

〔2〕事，《湖北先正遺書》本作“士”，誤。

答章益謙右丞書

邇者連辱兩書，喜有江右之捷，而康生反正之念，首先閣下。此雖國家之福，而先大夫之威靈，亦可見人心不忘矣。軍需之助，敢不勉奉教音。第見昔者發落殆盡，開洋者又爲烏尾所撓，旦夕運至，餘當應命也。厚貺之惠，重承雅意。因國珍郎中行，聊此奉候。未中，千萬爲國民壽重。不宣。

與建寧阮伯剛參政書

近因人便，連奉興居狀，不一而足，區區相愛之意，固如是也。前日抗論臺端之言，公與仲良御史可謂鐵中之錚錚者。凡事如此，何所議耶〔1〕！鹽貨想久完璧〔2〕，但月日相迫，望一切收裝通行，作數解付下來，另作一項打角。謹容具公盛名，轉而上達也。其所以相報者，如此而已。然今歲必有相從進獻之人，路吏朱明，博囉特穆爾府判欲令此人過海〔3〕，以探伊叔尚書。煩就作一差，跟隨去官而行可也〔4〕。府判累書，多道閣下顧盼之厚，但其家親老僕衆而貧，前煩借助氣力，爲取伊母。恐事冗不暇爲念，故復叨叨干聒[5]，幸望留情也。將别，不盡所欲言，曷勝怏怏[6]。不一。

【校記】

〔1〕議，《湖北先正遺書》本作“謬”。

〔2〕璧，《湖北先正遺書》本作“壁”，誤。

〔3〕博囉特穆爾，《湖北先正遺書》本作“孛羅帖木兒”，“字”應爲“孛”誤。

〔4〕跟隨，《湖北先正遺書》本作“根”。

〔5〕聒，《湖北先正遺書》本作“晤”。

〔6〕怏怏，《湖北先正遺書》本作“快快”，誤。

與鄧仲良御史書

月前辱華緘，以事冗未即裁答，良用憮然。日聞近日抗論一節，遠近稱是，雖僕亦在下風矣。丈夫作事，政須如此而已[1]。走與執事違别數年，日覩前書，猶能記玉淵在座之雅。今來海角，密邇相去，又無緣一遂所言，益增愧悚。行將還矣，必有所欲相告之言者，幸毋吝指示一二可也。未中，不一。

【校記】

〔1〕政，《湖北先正遺書》本作“正”。

與燕平章書

頃見事體紛糾未解，嘗以仲連之事自效，故不避忌諱，兩奉狀左右，取怒執事者，日用爲懼[1]，後欲復一言而未敢。遞中遽辱書誨，及禮意之厚，良深感愧。近日之事，偶會諸公一時處置乖張，比及調攝[2]，至此凡百，極費心力。幸而聽調之後，亦須待其收拾而行，豈宜躁急多疑，不能爲須臾作一忍乎？且丈夫作事，貴乎明决而痛快[3]。今人許人以諾，猶懼失信，閣下以碩德重望[4]，而任大責重如此，安至視天下之事，直欲自相輕侮如兒戲乎？且閣下豈不聞，見在當路諸公，孰有慨然披襟爲料理者？小子日抱杞人之憂，屢嘗僭分催之，至不憚難色[5]，果孰爲耶？今一切行裝之具，猶未齊備，而四方疑貳之聲，又日甚一日，既非開誠布公之道[6]，又非駕馭英豪之術，乃欲使人一旦釋然無憾，不亦戛戛乎難哉！所謂將利之而復害之，甚非仁人君子之道[7]。僕知閣下之心，斷不爲矣。今此輩行意已決，十二日走已與之同盟[8]，擇此月二十日準理起程。走復許以挈省憲官屬枉駕送過西峽渡口，而達望一一掃前日之疑[9]，盡去左右之蔽。即日便當分遣將帥，間通道路[10]，絶關隘之堠，發往來之使，以通情好之美，式副倚注之重，爲方面之惠[11]，豈不爲莫大之幸乎！姑俟此事稍畢，尋以二十二日開洋長行，復命朝廷之上，則區區與閣下之能事畢矣。近爲此變，鹽貨之誤，不啻數千。當時得此，豈非爲國家之助乎？不肖曩爲此事僭越，今又爲此事干分[12]。愚不自揆，妄意至此，不知其不可也，冒犯之罪[13]，容即會時當得肉袒而謝[14]。伏惟閣下亮其無他，可也。今專理問邁珠持狀告禀[15]，所有啓事文書[16]，煩請作一署押。人情公道，皆所宜然，幸毋多讓，是所賴也[17]。外有一一瑣瑣之請[18]，另具手本，付之去官，皆前日預事之人也，千萬垂情而玉成之。區區奉狀謙謝，不宣。

【校記】

〔1〕懼，《湖北先正遺書》本作“歉”。

〔2〕比及，《湖北先正遺書》本作“未及”。

〔3〕痛快，《湖北先正遺書》本作“痛决”，誤。

〔4〕重望，《湖北先正遺書》本作“素望”。

〔5〕至，《湖北先正遺書》本作“了”，誤。

〔6〕之道，《湖北先正遺書》本無“道”字。

〔7〕甚非，《湖北先正遺書》本無“甚”字。

〔8〕二，《湖北先正遺書》本作“一”。

〔9〕“而達”句，《湖北先正遺書》本作“而還達望一掃前日之疑”。

〔10〕間，《湖北先正遺書》本作“開”。

〔11〕之惠，《湖北先正遺書》本缺“惠”字。

〔12〕干分，《湖北先正遺書》本作“于分”，疑誤。

〔13〕冒犯，《湖北先正遺書》本作“胃犯”，誤。

〔14〕祖，《湖北先正遺書》本作“祖”，誤。

〔15〕邁珠，《湖北先正遺書》本作“買柱”。

〔16〕啓事文書，《湖北先正遺書》本作“共事文字”。

〔17〕賴，《湖北先正遺書》本作“願”。

〔18〕請，《湖北先正遺書》本作“情”。

與魏参政書

頃間遽領來諭[1]，足知高見不凡。大抵師出無名，非徒事功無濟，而汙辱之悔，萬萬無及。天兵大振南北，江右所在效順，接境雖尚有一二梗化之人[2]，然章公既已提兵深入，公等政宜同心戮力策應，以圖復存[3]，安可捨目下之急，而欲爲他人復仇雪怨乎？當職在此開導俱已，遵向便宜之命已行，不日興化分省，非意之疑，當一切屏絶，各安乃職可也。楊提舉貨物，達望尅日發下，毋爲泛泛之論也。還期伊邇，晤言末由[4]，千萬情亮。不一。

【校記】

〔1〕頃，《湖北先正遺書》本作“仰”，誤。

〔2〕尚，《湖北先正遺書》本作“上”。

〔3〕復存，《湖北先正遺書》本作“恢復”。

〔4〕末，《湖北先正遺書》本作“未”。

與燕平章書

吴椽近日來，辱書及厚意，領略開誦，感佩不一。已嘗遣理問邁珠持狀爲謝[1]，適值十五日事變，站道艱阻，遂弗果行，曷勝怏怏。前所調分省軍馬[2]，准擬二十一日起行，本省已遣郎中大都馳報。望以方面生靈爲念，暫將諸路軍兵少爲止，當示以一線生路，待其全往，寔一方之幸也。況今風汛在即[3]，歸心如燎，上路物貨，因此一阻，逮今未至。若此事少寧，即當揚飄北指[4]，其於報效，不亦大乎？所有共事咨文，旦夕俟旌節至日，煩請一署[5]，幸勿多辭也。區區奉狀，不宣。

【校記】

〔1〕邁珠，《湖北先正遺書》本作“買柱”。

〔2〕所調，《湖北先正遺書》本作“卉調”。

〔3〕汛，《湖北先正遺書》本作“訊”。

〔4〕颿，《湖北先正遺書》本作“飄”。

〔5〕署，《湖北先正遺書》本作“著”。

偕本道憲司與平章書

鄂勒琿大使等去後[1]，計積日之忿，必能一朝而釋，不意終於弗瘖，此則使人之過耳。政兹鬱鬱中，二十八日午後，忽承郎中大都至[2]，備道閣下衷曲，首露開悔之念，令人不覺悲感。大凡人不能無過，而貴改過，今而居此，方面之福也。當時亟於走狀左右，使令人交忤[3]，遂成坐視，獲罪奚言？聖天子軫念遠方生民休戚之繫[4]，謂前所托，類非其人，舉而付之閣下。閣下以碩德厚望[5]，雅膺是選，而八郡軍民之望，不啻如大旱之於雲霓，赤子之於父母，煦嫗相親之念，已非一日。今乃爲一癰一瘡之嫌[6]，弗顧千金之體，妄加鍼灸[7]，卒使四肢俱病，元氣從而不起，亦可傷也。且古者《司馬法》，冬夏不興師。今非有大故必拯之患[8]，一旦於青黄不接之際，遽出無名之師，爲人復仇雪恥，彼此自相魚肉，使遠近小民驚皇失據，驅之鋒鏑之下，無故而死。旬日之間，暴尸盈野，傾城之内，咽喉閉塞，徵求榷拷[9]，門巷一律。富者畏罪而亡身，貧者饑餓而應卒，至有闔門數口自縊自毒而死者[10]，屋相接而尸相軋也。其哀號之聲，徹於天地，荼毒之慘，甚於鼎鑊。官吏側足而度日[11]，諸軍誓死而不辭。是致怨日益深，仇日益固。僕切不省何嫌何爲，而必欲如是哉？其忍心亦已甚矣[12]！况今歲鹽課，走與閣下皆一時被命之人，非惟不加意，又從而害之，大臣報國，果若此哉？兹者風汛過期[13]，軍勢不已，日使使者顛連若喪家之犬。古之君子，投鼠而必忌器，今乃玉石俱焚而不恤。夫以閣下之賢之仁，處心設慮猶如此，其抑不可曉矣！目前之事[14]，果有重於國家供上之急耶[15]？向遣大都等去時，政爲報分省起程日期。當時此部軍馬，非有明奉限次，然去意已決。不知何爲不能爲一時須臾之忍，而躁進若此，是不思之甚也！設使去日果有遲延之罪[16]，然亦不至驟相攻突[17]。僕等切爲閣下慮，爲方面慮，爲生靈慮。伏望屈垂寬宥之度，暫爲解嚴，分止各枝軍馬，或上駐延平，或退歸連江[18]，寬以限程，濟以舟楫，資以糧餉，仍遣已調官屬扈送出境，一釋前日之怨，而成全其美，豈不爲仁人君子盛德哉？况本部兵馬，即係一枝官軍，不過爲前人所縱[19]，部下之人少失鈐束耳[20]。國家名分，豈宜妄假於人？今既授以分省之名，即係有功將士也。非有素嫌大怨，何爲而必致之死地乎？所願弘江海之量，回生物之仁，明示大信，慨然而從，上免朝廷邊鎮之憂，下慰閩人來蘇之望，不勝幸甚！兹專某某馳狀以聞，伏惟亮察，人回以教我。不宣。

【校記】

〔1〕鄂勒琿，《湖北先正遺書》本作“阿魯渾”。

〔2〕大都至，《湖北先正遺書》本缺“都”字。

〔3〕“使令”句，《湖北先正遺書》本作“偶以人交忤”。

〔4〕軫，《湖北先正遺書》本作“重”。

〔5〕厚，《湖北先正遺書》本作“舊”。

〔6〕癤，《湖北先正遺書》本作“節”，誤。

〔7〕炙，《湖北先正遺書》本作“矣”，誤。

〔8〕拯，《湖北先正遺書》本作“極”，誤。

〔9〕椎拷，《湖北先正遺書》本作“推拷”。

〔10〕數口自縊，《湖北先正遺書》本無“自”字。

〔11〕側，《湖北先正遺書》本作“倒”，誤。

〔12〕其，《湖北先正遺書》本作“甚”，誤。

〔13〕風汛，《湖北先正遺書》本作“風訊”。

〔14〕目前，《湖北先正遺書》本作“日前”。

〔15〕重於國家，《湖北先正遺書》本無“於國”二字。

〔16〕遲延，《湖北先正遺書》本作“遲速”，誤。

〔17〕攻突，《湖北先正遺書》本作“供突”，誤。

〔18〕退，原本作“追”，據《湖北先正遺書》本改。

〔19〕前人，《湖北先正遺書》本作“前又”，誤。

〔20〕鈐，《湖北先正遺書》本作“鈴”，誤。

與有嗣監卿書

近以議兵事，出至楊岐[1]，借居數日，專恣之罪，莫可云逃。然見其居必思其人，追念風采，曷釋然也。十七日辱書見諭，益深懷仰。前日之禍，大是異事，僕生五十年，未始前聞也。僕之僭分，已出不揣，惟國家之福[2]，方面之幸，今日之事，特偶然耳。士大夫遇事，得爲即爲。而使臣之職，尤耳目所寄，上不使遺君父之憂而已。衆人之見，蓋薄俗之態也，不足道！不足道！便宜之請，未聞其說，恐或者之妄耳。僕留滯如坐針席，不審一來枉顧否也？不一。

【校記】

〔1〕楊岐，《湖北先正遺書》本作“陽岐”。

〔2〕惟，《湖北先正遺書》本作“賴”。

與左司列位書

四月，因華善都事已嘗粗奉起居[1]，計閤下輩必遷用無常，所以不敢另狀相候，此則區區疏懶之罪也。

【校記】

〔1〕華善，《湖北先正遺書》本作“和尚”。

與阮伯剛書

理問并吴載來，得書暨解銀兩，領略開誦，知感知感。就審履用安榮，良慰懷渴。近日似聞稍有相貳之言，果若是，公過矣。吾聞君子待人以誠，愛人以德。走於賢者，平昔無纖芥之嫌，顧安得有此紛紛不安之論哉？其行事之得失，與夫内外之是非，反而究之，理當自諭[1]，其實夫固未易以此遽損也。羊叔子不忍鴆人，五尺童子舉皆信之。爲朋友而不以忠告相勸，故設陷穽而使人蹈之，此不仁之甚者，子謂走之爲耶？相從無日矣，獨能久久相繼如今日者乎？不足念！不足念！屬縣行移一節，曹司之過，吾即與究正，其他當陸續爲公處之也。凡吾官商鹽到彼，深望閣下作而成之。海運糧事，亦分所當報者。二事，公其垂意焉。果然，特長者折枝之事耳。紈扇一，聊爲區區。印造書籍及所刊《易説》，幸毋誤可也。

【校記】

〔1〕自諭，《湖北先正遺書》本作“其諭”，誤。

與江淛達丞相書

曩在京師，沉處下僚，無緣攀接清光[1]，而景慕之私，素念所存。自是偶以承乏誤用，不能一日安處，益遠上問，而衷心嚮仰[2]，顧復倍之。前歲來閩，賴國家之福，閣下之庇也，少遂犬馬之報。不意兵亂見留，嘗頗爲分理，周旋黽勉，幸得轉危爲安，亦偶然之故耳。似聞行路之人，虛聲載道，何以堪此？切惟閣下稟正大之氣，持衡秉鈞，光昭前烈。蕞爾小子，蒙德有年，何能得遂奔走於執事，以聽教載之益？近使者自淛來，過辱存問，喜悦交集。去冬嘗附貢士王僎赴都會試，僭易申呈，計塵典謁。士瞻遠藉大庇見謀，北旋良便，謹此奉狀，不勝悚慄。不宣。

【校記】

〔1〕攀接，《湖北先正遺書》本作“扳接”。

〔2〕嚮仰，《湖北先正遺書》本作“嚮念仰”。

與泉州馬總管書

頃值彼中事變之後，悄無一語相通。近爲鹽事，特專孫提舉持書并勞問之禮前去[1]，想徹麾下。此奉旨大事，幸望努力爲之，不可後也。故人之子劉豫，朝廷允授同安簿，治下屬邑也。余與伊父子相交，三十年之舊。母子流落在此，無由振拔，而其人質美氣清，抱負非凡，他日必可遠到。今黽勉赴任，凡百望與進而青目之，爲幸多矣。孫提舉到彼，當從便早還[2]，就具備細手抹來報，可也。不一。

【校記】

〔1〕特專，《湖北先正遺書》本作“時耑”。

〔2〕便，《湖北先正遺書》本作“臾”。

與龔參政書

近日照磨還，已奉興居，計徹麾下。區區之情，見之前書，兹不復贅。辰下計履况臻勝，良用羡慰。光澤去關外密邇，係通鹽之路[1]。月前差縣尹陳文貞運載三百引，前去上路發賣。近聞此鹽不到延平[2]，未得發賣。今專管勾馬士良惱煩閣下[3]，仰念朝廷，共圖報稱，尤臣子之先務也。此鹽到彼[4]，預爲照數代措銀兩，先此解納，却煩差人就彼取鹽，以償其費，庶幾一舉兩得。走之所望，寔在於此。回日第功而上，豈不足以表一時共事之心乎？足下平日意氣過人，多有所稱譽，况兹之事，必能樂從。今奉白金十兩，爲折禮之用。專狀以聞，且以謝不敏。不宣。

【校記】

〔1〕係通鹽，《湖北先正遺書》本缺“通”字。

〔2〕不到，《湖北先正遺書》本作“才到”。

〔3〕專，《湖北先正遺書》本作“耑”。

〔4〕此，《湖北先正遺書》本作“比”。

與普大夫書

三辱惠書，兼領嘉貺，而亹亹之誨，具曉其由[1]。夫天下之事貴有機會。機會時至，置此不爲，是謂不勇。機會既失，而欲争訟[2]，是謂不智。加之事有重輕，勢有緩急。不審重輕，不量緩急[3]，群疑滿腹，徑情直行，以取禍敗，是謂妄誕。凡此三事，灼然易見。以大夫之聰明英爽，所謂錚錚而佼佼者[4]，謂慮非及此[5]，僕誠未之信也。僕請得以歷言之，千萬恕其狂斐。去歲六月之變亂，比之今日，得無甚乎[6]？拘留御史，比之殺害省屬，果孰重乎？以事言，則朝廷重而方面輕；以勢言，則去歲急而今日緩。閣下何不爲之於前日，而必欲爲之於今日乎？何爲捨其重與急，而必欲謹其輕與緩乎？初意左右之人，必有爲之説者，曰“舉大事者不顧小忌”。然則舉目前福城之内，凡朝廷之使命，國家之大課，一投足之内，必將有所不利，是豈小忌也哉[7]？《傳》曰“投鼠而必忌器”，此善喻也。閣下安得不顧致意此事乎？來書所謂忿兵，果宜相交也哉？且師宜義動，猶懼無成，兵既忿興，其將安濟？以閣下之賢之明，當在所必慮者[8]，而諄諄下問[9]，可謂求聽於聾矣。然排難解紛，必有其法；法之所施，必有其漸。走之爲計，亦既審矣，但子實所處，亦頗乖拙[10]，所以使人宛轉周旋，極費心力。近日未嘗呼其人，面與衷曲，良深開導，已頓然領略[11]。諒此策必行，可不煩餘力而解矣。閣下當凝然静守，俾部下之衆一去躁妄之動[12]，則指日之内，必有以魯仲連之事奔走相告者[13]。此亦區區之所當任也。今已披襟，而無難矣。多齋日將準行[14]，毋煩致念。走於閣下相知最久，天下之寶，自當爲天下惜之，閣下其忍能不諦聽而熟計之乎？恃愛僭干[15]，不覺叨叨，悚息悚息。區區奉狀，不宣。

【校記】

〔1〕具，《湖北先正遺書》本作“其”，誤。

〔2〕争，《湖北先正遺書》本作“追”。

〔3〕量，《湖北先正遺書》本作“最”，誤。

〔4〕佼佼，《湖北先正遺書》本作“皎皎”。

〔5〕非，《湖北先正遺書》本作“弗”。

〔6〕無，《湖北先正遺書》本作“毋”。

〔7〕忌，《湖北先正遺書》本缺“利”，誤。

〔8〕慮者，《湖北先正遺書》本作“慮兹者”。

〔9〕而，《湖北先正遺書》本無此字。

〔10〕乖拙，《湖北先正遺書》本作“幸拙”，誤。

〔11〕領略，《湖北先正遺書》本缺“領”字。

〔12〕部下，《湖北先正遺書》本缺“部”字。

〔13〕奔走，《湖北先正遺書》本缺“奔”字。

〔14〕多齋日，《湖北先正遺書》本作“朵”。

〔15〕僭干，《湖北先正遺書》本作“僭於”，誤。

卷　　四

雜　　著

題王彦方小傳後

皇帝至正二十有一年秋九月，中書省臣奉詔命臣士瞻以户部尚書使閩中，董理鹽賦以進。明年夏五月，分授官屬，治裝戒航[1]，卜日將往。適會兵亂，留城中，竟弗果還。因周旋亂兵中，間三閲月，始得解内外之圍，城幸以全。至冬十月，遇疾作[2]，幾死。十一月，辱承乏本省左丞，俾專董前事。越三年春二月，南陽王彦方以南臺都事調江西僉憲，過閩，來與予會。一見傾寫，歡若平生。因語及："寇陷吴門時，某與今晋寧總管王君仲沔俱陷城中，幾二年，誘脅百至，終未嘗以一屈丐百死。幸天活我，今日得見諸君。"語畢，因嗚咽不自勝。後數日，僉憲君遣其吏王允章持承旨張君仲舉爲公所撰小傳[3]，暨諸公論説若干篇。展誦累日，於是益信彦方前日之説，真能不降志，不辱身，毅然以正自持者，豈小丈夫鄙陋者所爲哉！予嘗概論今之士大夫[4]，當平居無事時，皆能以道德功業自負，謂我處天下一綽綽無難[5]。其論古今人長短得失，悉如燭照數計，貌無尺寸之失[6]，横吐意氣，即凌轢諸物，直視死無難色，人亦多信之者。一遇不測，臨大難，則心喪膽落，魂魄俱褫，聲嘶嘶若弗續。遇賊迫脅，則拜伏俛首，感謝恐後，日夜惟下，涎乞呴呴，常如刀劍加頸上，臣妾狗馬顧爲之而不辭[7]。甚者又從而媒説其向導[8]，彼視其君父，弗啻如寇仇然[9]，將極意而反噬之，此豈啻禽畜奴隸若哉[10]？嗚呼！使其人聞吾彦方之風，其不羞而死者幾希矣！切惟本朝自立國以來，仁義忠孝之道，陶濡百年，士大夫以名節自立者，風滿天下。兵興十年餘，仗節死義之人固不爲少[11]，求其生不害於義，死無益於事，如吾彦方者，屈指曾不千百之什一而已[12]。間嘗讀史氏傳記，三代而下，士大夫能以名節自全者，多無如兩漢。兩漢名節之士，又無如黨錮爲最盛。黨錮之禍，雖因諸君子有激而然，然使劉氏得終四百年之運，卒曹賊之世而不敢取禪者，實滂、泰諸賢清議之力也。嗚呼！清議之不聞也久矣，朝廷之上，使一日無清議存焉，則天下之人，將貿貿焉莫知所從矣[13]，其何以爲國乎？或曰："王君之不降志辱身，固善矣，其如不能一死何？"予獨怪之曰："子惡知吾王君哉！昔者仲尼稱殷有三仁，去者、死者、爲奴者，皆得次第而並論之。使管仲必死，祇足以成匹夫之諒，其死果足云乎哉[14]？由是觀之，士大夫不幸而處乎此者，惟當顧義理之當否，不當計生死之是非。若不察夫義理之如何[15]，而徒以一死之爲快，此淺夫亡命無知而妄作者之所爲，君子無取焉。"予來閩近兩歲矣[16]，凡此之類，尤所喜聞而願採者。況職忝周爰之列，行將歸矣，他日以吾彦方之事，告諸太史氏云。

【校記】

〔1〕戒航，《湖北先正遺書》本作"成航"。

〔2〕疾，《湖北先正遺書》本作"疚"，誤。

〔3〕伸，《湖北先正遺書》本作"仲"。

〔4〕予，《湖北先正遺書》本作"手"，誤。

〔5〕綽綽，《湖北先正遺書》本作"緯緯"。

〔6〕"貌無"句，《湖北先正遺書》本作"藐無咫寸之失"。

〔7〕顧，《湖北先正遺書》本作"願"。

〔8〕甚者，《湖北先正遺書》本缺"媒"字。

〔9〕弗，《湖北先正遺書》本作"勿"。

〔10〕禽畜，《湖北先正遺書》本作"禽獸"。

〔11〕仗節，《湖北先正遺書》本作"伏節"。

〔12〕百，《湖北先正遺書》本作“伯”，誤。

〔13〕將貿貿焉，《湖北先正遺書》本無“焉”字。

〔14〕其，《湖北先正遺書》本作“耳”，誤。

〔15〕“若不”句，《湖北先正遺書》本作“雖然不察義理之何如”。

〔16〕予，《湖北先正遺書》本作“子”，誤。

題濟國張文忠公雲莊卷後〔1〕

大凡論聖賢君子之出處，當觀其心，不當觀其跡。心苟是，跡或不同，不害其爲君子。心苟非〔2〕，跡雖偶是，終不免爲小人〔3〕。濟國文忠公張先生〔4〕，稟天地正大之氣，學聖賢正大之學〔5〕，蘊之而爲道義，發之而爲文章，推之而爲政事功業，無一而非正大之寓也。故微而爲一縣，則一縣蒙其福；達而爲御史，則朝廷賴其尊；又大而登省臺，秉鈞贊化，執政事之柄，則治理以之而綱維。況其胸次開朗，志慮公忠，其見之設施注措者，宜乎其井然有條而弗紊。若先生者，果何如人乎？夫當至治間，英皇好以剛鋭神武御下，群臣一忤旨〔6〕，禍且弗測，在朝無小大，皆側足度日。適有建造燈山事者，其勢方峻，先生獨不避鼎鑊，抗章極諫，宰臣大人皆以爲危〔7〕，先生則處之裕如也。故章疏一上，卒能回天之力，霽雷霆之怒，而事賴以寢。至是，人始大服先生之忠，義先生之量〔8〕，將周、召而伊、傅之。先生則棄官長去，堅臥雲莊之谷，日相忘於山水間，遨遊詠歌，若將終身焉。吁！何其輕去就，急恬退，無一毫係累如此哉！蓋其中心之燭理明，慮事遠，不如此，他日必將有攖龍鱗以犯人主之怒者〔9〕，復求如今日，得乎？夫人臣不能炳幾先作，卒使人主有一旦誤殺直臣之名焉，不幾於賣直以要人之譽乎？其心蓋即孔子去魯之意也〔10〕。先生之於君，可謂忠愛之篤矣，豈真在乎山水之間耶？人知累詔不起，以爲先生高，余則謂先生之用心，蓋有不獲已焉者。故天曆之間〔11〕，既有西臺中丞之詔。時陝西大旱已五年矣，民饑痍死者不可枚舉〔12〕。先生一聞命，即幡然就道，了無難色。既至，乃大發倉賑饑〔13〕，救禱百全〔14〕，汲汲焉若不足。且捐己之財〔15〕，以濟不及。日夜仰天號泣，憂勞成疾，而卒以死。先生之於民，可謂憂慮之過矣，夫豈真有過高絶俗之事耶[16]？嗚呼！人欲求聖賢君子之用心，觀於先生斯可已。欲求先生之用心，觀於先生之出處斯可已。余來閩，解後其子江東僉憲引，示余《雲莊記》暨諸公之説，得備考其本末之詳，因題諸公卷後題。

【校記】

〔1〕〔4〕濟，《湖北先正遺書》本作“濱”。

〔2〕非，《湖北先正遺書》本作“不然”。

〔3〕“終不”句，《湖北先正遺書》本作“其爲才人”。

〔5〕聖賢，《湖北先正遺書》本無“聖”字。

〔6〕忤，《湖北先正遺書》本作“恃”，誤。

〔7〕大人，《湖北先正遺書》本作“人人”，誤。

〔8〕義，《湖北先正遺書》本作“嘉”字。

〔9〕攖，《湖北先正遺書》本作“嬰”。

〔10〕其心，《湖北先正遺書》本作“具心”，誤。

〔11〕“天曆”，原本作“大曆”，據《湖北先正遺書》本改。

〔12〕瘐死，《湖北先正遺書》本作“瘦死”。

〔13〕發倉，原本作“發食”，據《湖北先正遺書》本改。

〔14〕全，《湖北先正遺書》本作“至”。

〔15〕已，兩本均做“已”，誤。據文意改。

〔16〕夫，《湖北先正遺書》本作“又”。

題跋吴溥泉所藏哈瑪爾丞相書贈尚友二大字[1]

廉貞丞相未當國之先[2]，嘗侍宿衛[3]，最號親近。然已與士大夫相往來[4]，日親翰墨。一旦秉鈞持衡，即專精治道，求賢審官，躬吐握之勤，訖無虚日。此書蓋丞相未當國之前書也，筆法蒼古，意態藹然。溥泉郎中受知丞相最稔[5]，故爲書“尚友”二字以畀之。尚志不足而尚友，夫古之人焉。吁！丞相期公之意，遠矣哉！

【校記】

〔1〕哈瑪爾丞相，《湖北先正遺書》本作“哈麻丞相”。

〔2〕“廉貞”二字，《湖北先正遺書》本缺。

〔3〕宿衛，《湖北先正遺書》本作“宿衝”，誤。

〔4〕“然已”句，《湖北先正遺書》本缺“相往來”。

〔5〕郎中，《湖北先正遺書》本作“即中”，誤。

題安慶余闕廷心左丞死節説

唐經安史之亂，天下死事之臣，固不爲無人焉。然求其能爲國家憂深思遠[1]，不苟以死爲快者，惟張巡、許遠爲然耳。當時二人同守睢陽，以死自誓，需四方援兵以圖後舉者，誠以睢陽爲江淮保障，脱無睢陽，是無江淮也。此其忠君愛國之意，奚啻青天白日若哉！本朝自邇時[2]，盜賊蜂起，兵連禍結，十有餘年。而謀國馭兵之人，率皆昧於形勝，不能先事預圖，是致竊據土崩之勢，不數年而成。余公廷心以名卿碩儒，朝廷奪之哀，而俾鎮安慶。公亦以國家多難，寧釋親之喪，毅然一起，以從君上之命。到鎮之日，凡可以保城池、佑兆姓以捍賊寇者，無不殫智力而樂爲之。日與軍士庶民相親睦，一如父子，而人亦甘爲之用。故公死之日，帳中一時士大夫無苟安以向賊者。蓋公之用心，亦如巡、遠之保睢陽，誠謂安慶實當九江之保障，若失兹郡，是失江右也。公之設心處慮，又豈盡出巡、遠之下也哉？由是觀之，忠臣志士，當兹紛紇之際，屹然如中流砥柱，真足以回頽波而障狂瀾。不然，將滔滔不已，祇見其淪胥以亡耳[3]。嗚呼！巡、遠死，責在進明；廷心死，將責何人乎？予以晚進，且適當治裝之促，恨不得爲公不一而書之。因觀道夫説及泰父序，漫識於後。臨楮感激，不覺潸然。

【校記】

〔1〕思遠，《湖北先正遺書》本作“恩遠”。

〔2〕本朝，《湖北先正遺書》本作“本國”。

〔3〕耳，《湖北先正遺書》本作“且”，誤。

題閩憲僉索克濟政績卷[1]

福建隸八郡，汀爲最遠且僻。我朝仁政之被猶負，固時不率教，部使者或一年不能一至。比因四方多壘，土寇曹柳順遂竊據以叛[2]，迄今十餘年，諸屬縣邑悉爲逆境。若汀人陳君有定，負忠貞果敢之氣，崛起草莽，首提義旅，以從征討，誓不與賊曹俱生。於是保民勵卒，阨其要害，卒能擒賊以奠厥土，時至正二十二年壬寅也。初，閩海僉憲索君克濟嘗嘉其勞[3]，又以其地初當親歷，率其曹屬[4]，躬造其壘，面加勞勉，以其所罰金五百兩，爲犒師之費。陳之部佐，無小大皆感激思奮，故卒成陳君平汀之功。嗚呼！天下當多難之時，豪傑之士，其忠君親上之意，出於秉彝好德之素，若固無待於勸獎而後能[5]，然其任風紀之司者，舍是道何以哉？雖然，使爲將校者，人人能如陳君之向義，盜賊奚有不平哉？而職司風紀者，亦人人能如索君之躬任其責[6]，烏有將校之士不思感激，立功樹勛，以報國家者哉？彼其逡巡畏縮，不啻如首鼠之遇人；或視國家之事，一如秦人視越人之肥瘠，漫不知省者，果何如人哉？予適持節以使事至閩，目擊其善政，故樂爲之書，並爲將來者勸。

【校記】

〔1〕索克濟，《湖北先正遺書》本作“速和之”；政績，原本作“政續”，誤。據《湖北先正遺書》本改。

〔2〕土寇，《湖北先正遺書》本作“王寇”，誤。

〔3〕索君克濟，《湖北先正遺書》本作“速君和之”。

〔4〕其，《湖北先正遺書》本作“具”，誤。

〔5〕若，《湖北先正遺書》本作“者”，誤。
〔6〕索君，《湖北先正遺書》本作“速君”。

跋福州儒學提舉陳景忠所藏東坡公炤太師墨帖

坡翁以文章氣節高步一時，而書法之妙，當時無能盡識之者。獨山谷老人謂其“結束幽雅，意態高妙，如山人處士，灑然有出塵之想。雖武夫暴客遇之，亦當斂衽加敬，視魏、晋、隋、唐之善書者，殆未易以優劣論也”。今觀此帖，廼知山谷此言，是謂得夫三昧而具金剛眼者。下此，則辟利果爾。嗚呼！今距坡翁近四百餘年，恨不得一望其顏彩，而僅獲睹其手澤之存，尚惜其止千百之一二[1]。而公炤此帖[2]，風神俊逸，迥超尋常之見，而爲吾陳君忠收之，又安得不作君家之珎玩哉！夫景忠博學宗匠，文高乎衆人，而不得盡白於當時，將如坡翁之書，他日必有能識之者。景忠尚未老，必能有待[3]。三復此帖，爲之永慨。

【校記】

〔1〕止，《湖北先正遺書》本作“十”，誤。
〔2〕公炤，原本作“公照”，據《湖北先正遺書》本改。
〔3〕能，《湖北先正遺書》本作“得”。

跋傳西軒托克托大師所贈宣文閣本智永千文臨本卷[1]

今上皇帝視政之初，即燕寢之左開宣文閣，日延學士大夫臣其中，讀書講道，緝熙聖學，精求治理。游息之暇，尤好近翰墨，日必命儒臣之善於書者，摘取秘府所藏古今圖書[2]，及歷代名人法書，時賜評題。自是宸章大進，雖晋、唐人善者，有所不逮。一日，取隋僧智永《千文》墨蹟一本，上自臨摹。久之，遂命崇文太監至浙西，命太常臣周伯琦摹勒于石[3]，寘之閤内，謂之閤本《千文》。每有所賜，即於榻本識宣文閣寶其上[4]，而先太師丞相臣托克托首獲與焉[5]。臨川傅君允中，以布衣抱藝京師，受知丞相最稔。他日允中辭歸，丞相出此以贈。嗚呼！當宣文侍直之時，載筆供職之臣，非無其人焉，乃獨命臣伯琦而摹之，其眷顧之意至矣。當丞相持國枋時，美官珠玉之資[6]，非不可以富貴之焉，廼獨取此以爲贈，其嘉惠之念厚矣。今兵興十年餘，當時侍從之臣或相繼而逝，或身陷賊庭，與大夫士之辱在方鎮，及避跡江海者，又比比不能無焉。嗚呼！亦嘗有不忘我主上之恩者乎？亦嘗有念及先太師之意者乎？

【校記】

〔1〕〔5〕托克托，《湖北先正遺書》本作“脱脱”。

〔2〕書，《湖北先正遺書》本作“畫”。

〔3〕命，《湖北先正遺書》本無此字。

〔4〕即，《湖北先正遺書》本作“郎”。

〔6〕美官，《湖北先正遺書》本作“美宫”。

王仲弘卷

至正二十一年秋七月，余承乏地官尚書，叨奉明命[1]，以航萬里海，督閩中鹽賦以輸朝廷。來自其年七月，至則十一月十日也。始至，則即督省府，戒合屬，大選官曹，分局隸事，明示賞罰，嚴立考課。成算既授，峻命有程。日久自給書禮，播諭藩方，遣行人以布德意。暇日，凡官府之賓客，與夫南北大夫士之往來干謁者，並得進延於庭，訪究得失。由始至距今年三月[2]，已五閱月，其所與接欵而交談者，不知其幾何人矣。有所謂王生仲弘者，足不履於公府之門，言不接於左右之耳。一日，或有持生手卷請予文[3]，視之，則生嘗以儒生士子隱業於裝潢[4]，弗苟焉以食者也。今若諸公之論，則知生之爲人[5]，非古之所謂《伐檀》君子之流歟？甘隱賤藝，爲之不恥，又非古之所謂伶官賢者之儔歟？具是二者，賢於庸人遠甚。余既美生之爲人，而又嘉汀生晃之善於其喻[6]，故即其事而爲之説。

【校記】

〔1〕叨奉，《湖北先正遺書》本無“叨”字。

〔2〕距今年三月，《湖北先正遺書》本作“逮今年二月”，誤。

〔3〕予，《湖北先正遺書》本作“余”。

〔4〕裝潢，《湖北先正遺書》本作“裝演”，誤。

〔5〕人，《湖北先正遺書》本作“又”，誤。

〔6〕汀，《湖北先正遺書》本作“江”。

貢泰甫詩跋[1]

貢泰甫先生以文章政事追蹤先輩[2]。當先生敭歷中朝間，搢紳之士識與不識，皆知其抱經濟而爲國家大用也。十年前，走落落京師時，知先生之名最久。自以屬在下僚[3]，無暴名顯於士大夫間，徒負粗豪倔强之氣[4]，不肯往就一見。脱若見時，又恐待以衆人[5]，則没身不能雪恥。癸巳科，走也例以在官得挍藝南城[6]，適先生典文衡，院中發狂，有難犯之勢[7]，竟迕公議，斥走弗省。自是，益不敢托執事者爲先容。去年冬，走叨使來閩中，乃得日奉言笑。即其論議之諄諄，顔色之温温，從容慷慨，若金石相宣，山谷相應，無絲毫之造飾[8]，信乎其爲大人君子也，所謂狎愛敬畏，欲舍之而不可得者。於是覺前時負氣而弗肯就見者，追悔愧恨，已無及矣。今觀先生《晨起》《夜坐》二詩，若庾信所謂“珠玉在側，覺我形穢”[9]，醜婦效毛嬙、西子之顰，殆難取媚矣[10]。敬疏短跋，姑贅卷末。

【校記】

〔1〕文題《湖北先正遺書》本無。

〔2〕“貢泰甫”句,《湖北先正遺書》本無“先生”二字。

〔3〕屬,《湖北先正遺書》本作“祝”,誤。

〔4〕倔强,《湖北先正遺書》本作“崛强”。

〔5〕待,《湖北先正遺書》本作“持”,誤。

〔6〕挍,《湖北先正遺書》本作“校”。

〔7〕“有難”句,《湖北先正遺書》本作“難犯師弟子分”。

〔8〕絲毫之造飾,《湖北先正遺書》本作“毫絲之造餙”。

〔9〕所謂,《湖北先正遺書》本作“爲”。

〔10〕取媚,《湖北先正遺書》本作“點嫛”。

跋張子固都司詩軸後

走與子固忝同鄉井。計十年前,子固爲郎中書時,已巉巉樹頭,角於衆人之表[1]。予今偶寄海嶠,忽覩此軸此贈,益信其爲人矣。噫!人生功名,尤在晚節,太平伊邇,耆英之會,尚期未晚。不知子固以爲然否?

【校記】

〔1〕巉巉,《湖北先正遺書》本作“巉”。

跋關西楊焕然先生畫像贊

焕然先生當國初時,文章道德,爲第一流人物。柳塘歸隱,乃其素志,詎易以片言爲先生增重哉?世之人乃或誣以晚節托求神仙虚誕之談,其亦誤矣。今覩其孫,益知其祖。噫!源深流長,本固末茂,良有以哉!

卷　五

序

贈戴氏序[1]

浙水東七州，而永嘉最爲浙之名郡。其屬縣樂清，右所謂戴氏者，又爲是郡之名族也。戴氏昆季三人，長某，不幸早逝[2]；次國榮，近以功授千牛官；次國賓，嘗爲海道千户。其姪廷芳及其季廷玉，各以軍功擢官有差。其先世由趙宋氏以來，同堂而食、共財而處者，歷世最爲綿遠。邇歲以兵燹擾亂，海濱戒嚴，兄弟若子姓僉謀拆爨而處，由楚門而竹岡，凡三徙焉，或謂善謀矣。一門孝友天至忠厚之性，無所造飾。太夫人垂老在堂，年逾八十，其家無少長，非稟命莫敢輒行。嫂夫人方氏，是爲廷芳昆季之母，廷芳雖貴爲元帥，其婦之事姑，不啻若新婦之姑，來始孀居積年，諸叔仲非有大故毋敢輒見。閨門之間，誼雜之聲，終日未嘗一接於耳目，中外斬然也。輕財樂施，延敬賓客。客每一至，必鱗次而進，徧延於家，比美相尚，了無難色。求之王門中，伯仲一律。以故朝之名公鉅卿，與藩屏之達官文武，凡往來於此者，無不百方邀致，窮珍腴，達晝夜，期厭飫而後罷。去必問所欲費，歡然相祖送，左右取適，惟恐或後。至正十四年，先太師丞相下高郵時，國彬君嘗瀝肝膽，率子弟，携義旅，不憚海道，從事金革。舳艫之供，韃槖之需，皆所自給。屬太師罷兵解嚴，志遂弗竟。逮今海島之間，當時嘗與公頡頏者，怒目之忿猶不肯瞑。公之昆季，獨能忍垢含汙，深自悔匿，寧割己財以啖左右之用事者，中心若無所於芥蒂。雖懷怏怏之心，曾不見一毫形之眉睫，非善於用世者，疇能是哉？噫！揚子云："古之君子，不得志則龍蛇。"吾于戴氏伯仲見之矣。至二十一年秋九月，余以天子命奉使閩粤，其舟即戴氏舟也。同舟主人，則元帥之弟廷玉别駕也。以其年十月二十一日來泊甬，十一月朔日乃發，艤舟於海淀者前後凡十日，爲主人所延致者，又經兩信宿而退，其情、其樂、其飲饌之豐厚，無一不如前所述，真好禮而慕義者也。經略使伯顔不花公、景儀季公，皆科第中第一流人也，既以義旌其門。予也忝後斯文，居吴越而覩邹魯，安得不留詩留文，以播其名於好事君子。從余遊者某某中書、户部尚書李某。喜爲之序。

【校記】

〔1〕原本無此篇，據《湖北先正遺書》本補。

〔2〕逝，《湖北先正遺書》本作"游"，依文意改。

記

福建憲司題名記

國家之有憲臺，猶天之有北斗。斗爲天之喉舌，所以斡元氣、平四時而成歲功也。憲臺爲天子耳目，所以廣聰明、旌淑慝以清政本也。洪惟我世祖皇帝，文謨武烈，奄造區夏，立綱陳紀，九有攸同[1]。於是天下立御史臺三、風紀之司二十有二，而福建閩海道其一也。道有長、有副、有佐，及賓屬之置，員各有差[2]，綱維之意至矣。閩海去朝廷幾萬里，其土風之澆厖，山川之險惡，海醛市舶之所集，官殘吏蠹，膠固彌深。加以連年兵興，道路修梗，强梁跋扈之人依勢而敗度者，又比比。

聖天子宵旰懷憂，無遠弗届，思得剛方端亮之臣，爲斯道之長。既而廉訪使恩寧普君，以累任憲臺，由本省右丞首膺是選，增秩有加。制下之日，遠近竦慶。憲司舊有題名記二[3]，滿不可復紀。恩君謀諸僚佐，請更文諸别石[4]。予惟公署題名，蓋欲其彰既往，詔方來，俾人得指而議之，爲勸戒之助至公也。吁！可不慎哉！

【校記】

〔1〕九有攸同，《湖北先正遺書》本作“其有攸司”。

〔2〕員，《湖北先正遺書》本作“負”。

〔3〕二，《湖北先正遺書》本作“一”。

〔4〕請，《湖北先正遺書》本作“諸”，誤。

露布[1]

【校記】

〔1〕露布，《湖北先正遺書》本作“雜著”。

平山東露布

中書分兵部。蓋聞帝王之歷數在天，妄干者自戮；國家之版圖極地，竊據者必還。揆理勢則當然，徵事情則允驗。我太祖皇帝剪夷玄漠，肇造丕基[1]。我世祖皇帝包括夷夏，纘成大業。文物涵於九有，政聲被於八垂。雕題鑿齒之酋，駿奔銜璧；椎髮勞膚之長，躬走奉琛。曜緯含彩而宣祥[2]，峙融孕珎而發媚[3]。百工凝其懋績，兆姓合其厖風。更睿哲之迭興，致雍熙之累暢。迄乎聖上臨宇，道德益昌；重乎英儲體元，馨烈彌盛。規模卓越往懿，制作兼備前徽。惠渥而貢賦屢蠲，教隆而刑罰幾措。夫承泰則否變，抑反治則亂生。斯虞後弗遏於苗征，故夏君用脩於扈伐[4]。粤惟汝、潁，實開倡厲之階；誕眷江、淮，俄蔓聚逋之藪。毒焰轉熏函夏[5]，妖鋒旁靡幽荒。韓駿出蟒族孱孤，誘尸雜醜；劉秃起狗屠惡少，欺率群愚。憑阻我城隍，蹂躪我疆場。華宫蕩於焚燼，鉅府傾於剽資。父兄之膏髓濡矛，子弟之肝腸薦鼎。彝倫顛錯，善法斁隳。忠襄獻武王夙挺雄材[6]，素韜偉略。義旗始奠，里閭之豪傑雲從；威鉞載揚，海嶽之拳翹雨附。振銛利於許甸，奮勁健於錐畿。闔虎牢而掃温懷，超鶏阜而披挾孺[7]。卷彭衙之浩祲，刮太華之層氛[8]。周岐偃旆霄撞[9]，秦畤回戈夕擣[10]。移屯細柳，縱獵長楊。崤、函失險於建瓴[11]，豳、隴復平於鋪砥。摧勍姦於狐嶺，永乂晋區；掩餘孽於鴈門，遥寧代域。偏師度遼而襲潰，特介逾沔而受降。翻陳、蔡之舊封，扳梁、宋之都邑[12]。猾竪僅遁，疲氓獲存。三河之烽火既休，五原之羽書亦絶。遂分留以西撫，爰大舉以東征。將匝絳壇，列緹綃之千幙；士循黄道，聯氈罽之萬營。僚佐盡簡奇髦，賓舍咸標雋彦。旌旆蔽於白日，棘戚摩於丹霄。鞞鞶礌磈乎狻猊，鞂鞈嶙峋乎獬豸。連躍湛盧之劍[13]，柘號繁弱之弓。粟庾山驅，芻廥林動[14]。指嵩邙而直赴，涉瀍澗而斜趨。珠犀照井陘之輝，鐵馬刷邯鄲之影。樓船斷孟津電激，屋車亘牧野雷喧。嚴刁斗於鄴丘，震鉦鼙於湛苑。秉麾申號，獻冠之囊牘已來；坐握沈機[15]，納捷之蠟章尋至。環轅抱鹽溝之月，浮梁貫滑浦之虹。迎鏖於河，流血漂杵；逐背於汝，積尸隱干。凶魁膽讋而奉鄆求盟，獷類膝行而歸牂代贄[16]。祓周公衣冠之廟，汛孔文絲竹之堂。薄梟繹以探收，徇蒙龜以掩取。駐驂冥覽[17]，窺岱頂之金泥；解胄雅歌，考泗濱之石磬。飲溜而鼪鼯莫咋[18]，乘峪而猰貐奚跳。鈎陳衮組於沛南[19]，欃槍黯淪於歷下[20]。緝鄒、郯、滕、薛之境，踐莒、墨、膠、萊之墟。放於瑯琊臺，望鰲嶼以弭節；登乎興愚觀，挽鵬池以洗兵。獨視清藩，最居洪鎮。九雉因於神力，五龍賴於化工。黠負固而爲巢[21]，狡藏深而作窟。本非窮黷，示寬伐以昭綏[22]；終罔改悛，决亟嬰以困迫。壁淩煙而棊布，柵拂漢而箕張。或肖像於魚麗，或傚形於隼伏。伊降師之間處，肆邪黨之内通。其田豐、王士誠者，性獸則狶，行禽則獍。詐竭而輿櫬，力屈而縶纓。待之無異股肱，倚之則同心膂。班以尊爵，假以要權。翁媪有推恩之榮，妻孥有覃澤之慶。玉帛充牣，寶羞厭殘。豈期愛狎感銷，孰慮防踈難入。兹先王委躬社稷，彼逆寇竄命岩墉。邦殞孫、吴，切宸衷之悼惜；户殤曾、閔，縈慈念之悲牽。析圭共弔於廷，束帶交唁於位。七萃若捐其父鞠，四恒如釋其母依。比廬之織機輟鳴，達巷則舂杵停和。貿墟俱寂，炊突並寒。覩江右而增嗟，猶巴蜀之思葛相；過峴碑而墮淚，其襄樊之慕羊侯。優綸音以獎崇，殊典章以褒顯〔23〕。陟之以政宰，疏之以勛王。篤其祚於土田，綿其祀於廟貌。賚豐遺孝，賞裕後昆。總兵官、光禄大夫、中書平章政事兼知河南山東等處行樞密院事、皇太子同知詹事，嘉猷蚤敷，令譽又著〔24〕。搢紳之所欽嚮，部曲之所樂從。以嫡以賢，乃佀乃續。含哀受賜，墨縗之憤曷舒〔25〕；雪恥撫戎，素縞之勇自倍。殪宿叛而陸川皆赭，殄滋蔓而郡邑咸清。行碩畫以謀攻，藉鋭芒以誓尅。植板梯於亭毒〔26〕，仰接遊鳶；懸樓櫓於杳冥，俯瞻行蟻。衡輣逸濠而撼觸，飛棧排陴而騰躋。轟礮石以靡堅〔27〕，簇藜笞以蹶猛，迸矢攢而棲蝟〔28〕，奔旗毵以翳山〔29〕。氣蒸而霾霧鬱盤〔30〕，譟閧而乾坤摇蕩。十面合而復垣裂，八陣衡而叢閈掀〔31〕。殲馘者草芟，殭僕者麻卧。震雹之滅小堁〔32〕，驚飈之散輕塵。縛二熟於廣廛，纍諸渠於徽竇〔33〕。宄宗畢執，稚屬全俘。衮舄設於黼帷〔34〕，豆籩羅於瑶席〔35〕。式慰攸恚〔36〕，用告厥成。初膾剉其童孩，次脤斮其婦女。田豐、王士誠，刳心以侑祭，醢肉以分餐。傳首藁街，暴骨高垤。其馮、陳、楊、李等，或竿磔於市，或轞送於京。全齊由是而削平，鄒、魯由是而鏟定。方將淬礪錭鍔〔37〕，剿僭偽之根；且復搜索璺瑕，除狂惑之蔓。强梁瀆紀之輩，跋扈犯關之徒，毋怒蛙膺〔38〕，敢擎螗臂。悉宜播誡〔39〕，咸使知懲。謹露布上聞。

【校記】

〔1〕肇造丕基，《湖北先正遺書》本無“造”字。

〔2〕曜緯，《湖北先正遺書》本作“曜綿”，誤。

〔3〕孕瓅，《湖北先正遺書》本作“朵瓅”，誤。
〔4〕伐，《湖北先正遺書》本作“代”。
〔5〕焰，《湖北先正遺書》本作“陷”，誤。
〔6〕材，《湖北先正遺書》本作“才”。
〔7〕挾孺，《湖北先正遺書》本作“陝孺”。
〔8〕太，《湖北先正遺書》本作“大”。
〔9〕撞，《湖北先正遺書》本作“種”。
〔10〕擣，《湖北先正遺書》本作“檮”，誤。
〔11〕崤函，《湖北先正遺書》本作“ 澱崡”。
〔12〕扳，《湖北先正遺書》本作“拔”。
〔13〕連《湖北先正遺書》本作“蓮”。
〔14〕芻，《湖北先正遺書》本作“艸芻”，衍“艸”。
〔15〕握沈機，《湖北先正遺書》本作“握沈幾”。
〔16〕牂，《湖北先正遺書》本作“住”。
〔17〕“駐驂”句，《湖北先正遺書》本缺“冥”字。
〔18〕咋，《湖北先正遺書》本作“作”。
〔19〕絙，《湖北先正遺書》本作“諷”。
〔20〕歷下，《湖北先正遺書》本作“瀝下”。
〔21〕黠，《湖北先正遺書》本作“點”，誤。
〔22〕伐，《湖北先正遺書》本作“代”。
〔23〕典章，《湖北先正遺書》本作無“章”字。
〔24〕又，《湖北先正遺書》本作“久”。
〔25〕墨縗，《湖北先正遺書》本作“纏縗”。
〔26〕植板梯，《湖北先正遺書》本缺“植”字。
〔27〕礮石，《湖北先正遺書》本作“聞礮”。
〔28〕“迸矢”句，《湖北先正遺書》本缺“迸”“攢”“而”三字。
〔29〕“奔旗”句，《湖北先正遺書》本作“奔凡翣以翳蝟”。
〔30〕霾霧鬱盤，《湖北先正遺書》本作“霾霜鬱磐”。
〔31〕八陣，《湖北先正遺書》本作“兩陣”。
〔32〕“震雹”句，《湖北先正遺書》本作“怒雹之滅小裸”。

〔33〕賨，《湖北先正遺書》本作“賨”。
〔34〕舄，《湖北先正遺書》本作“寫”，誤。
〔35〕籩，《湖北先正遺書》本作“邊”。
〔36〕攸，《湖北先正遺書》本作“悠”。
〔37〕淬礪鍘鍔，《湖北先正遺書》本作“淬濿鍘碍”。
〔38〕怒，《湖北先正遺書》本作“努”。
〔39〕誠，《湖北先正遺書》本作“誠”。

贊[1]

【校記】

〔1〕贊，《湖北先正遺書》本作“雜著”。

濱國張文忠公贊

山川孕靈，篤生名賢。志氣開朗，秉心塞淵。金玉其相，肫肫其仁。愷悌君子[1]，粒我民人。

【校記】

〔1〕愷悌，《湖北先正遺書》本作“豈弟”。

楚國程文憲公先生畫像續贊

仰先生之儀彩，粹然有君子之德容；覩先生之衣冠，藹然有三代之遺風。是蓋當國家草昧之際，天必生碩德之賢，爲之經綸而彌縫之。不然，幾何其能混一九有，而建不拔之業於無窮者乎？顧荆州爲余父母之邦，實自古豪傑之所産。而先生適崛然生乎其中，其所以鍾山川之英靈，全扶輿之淑氣，是非希世之逢，誠爲曠代之豪雄歟！宜乎其一時明良之相與，蔚乎若雲龍風虎之相從也。惟不肖贍之與先生也[1]，世之相後百有餘禩，地之相去百有餘里。前雖不得攀奉顔彩，一聆謦欬之益；後乃得與其孫世京，忝斯文契之美[2]。噫！雖不幸，猶幸也。悲夫！

【校記】

〔1〕與，《湖北先正遺書》本作“於”。

〔2〕忝，原本作“黍”，據《湖北先正遺書》本改。

詞[1]

【校記】

〔1〕詞，《湖北先正遺書》本作“雜著”。

海上祈風投詞

伏以慾海波深，惟藉慈航之渡[1]；胥濤勢險，用叨陰相之功。敬叩玄關，特陳虔懇。切念某等煙波羈旅，螻蟻微生。罪獲於天，爰自平生而積；情出非已，多因有故而來。頃緣國步之迍邅，遂致民黎之播越。或情牽於骨肉，而痛切於父兄；或志迫於饑寒，而賢勞於王事。跡偶同於首鼠，念豈比於秃鶖？類由公事而私還，類值寒來而暑往[2]。皇華之使，每懷靡鹽之悲；式微之歌，恒起遄歸之念。情該萬狀，話匪一端。恭惟天妃，夙契道緣，悟超仙品。體太上好生之德，普濟生靈；仗佛光真乘之威，同扶社稷。名既登於祀典，功久冠於皇家。重念某等，偶因公委一行公私人衆[3]，參隨下官，顧搭温州楚門戴某大亨船隻，前往福建。已經取自十月初旬登舟放洋。不圖行次中途，日值逆風横作。既波濤之洶湧，即衆意之愴惶。浩乎莫之，茫若無措。水薪殆盡，軀命是關。

何一葦之艇未航，而八閩之州安在？人情伊阻，王程孔艱[4]。言念及斯，痛傷何既？伏願神幖順指，風馭迴翔。海上靈槎，冀即登於彼岸；天心明月，幸普照於迷塗。

【校記】

〔1〕“惟藉”句，《湖北先正遺書》本無“慈”字。

〔2〕值，《湖北先正遺書》本作“直”。

〔3〕偶，《湖北先正遺書》本作“頃”。

〔4〕王，《湖北先正遺書》本作“正”。

謝風投詞

伏以一葦之航，事已付於僥倖；中流之瓠，恩斯倍於生成。天實相之，人胡謂也[1]。言念某等，孱孱弱質，擾擾浮生。行藏固出於有因，形跡頗同於亡命。疾痛而呼父母，至性難逃；利害而切肌膚，衷情所在。飄飄乎風濤是苦，惴惴焉淪胥以亡。望洋而退者再三，垂涕而告者數四。如是玄冥布德，炎飇歛威。風馭整而迴鑣，雲帆張而順指。一時有慶，萬變胥停。化逆浪爲亨衢，起呻吟爲言笑。是蓋神妃默贊，衆聖周旋。首露投忱，敬伸虔謝。

【校記】

〔1〕謂，《湖北先正遺書》本作“爲”。

卷　六

詩

寶章[1] 爲福建監憲恩德卿作

《寶章》，美皇太子也。太子聰明天授，鋭志聖學。皇帝爲開端本堂以教太子，太子日與師保之臣講誦不輟[2]。性雅好翰墨，内有所藴，外筆之書。然每書輒寓懲勸[3]，以賜近臣。福建府省右丞恩寧普君，以西夏名族揚歷中外，聲光赫然。太子爲書“文行忠信，爲善最樂”八字以褒寵之，筆勢飛動，氣象森然。大夫美之，而作是詩也。

倬彼雲漢，爲章于天。相彼寶章，昭回于編。如龍斯升，如鳳斯騫。如泰山斯重，如北斗斯懸。

泰山維何，巖巖高矣。北斗維何，奎璧交矣[4]。緬彼結繩，心焉忉忉。睆彼科斗，不可以殽。何以似之，禹疇羲爻。

于洛有書[5]，于河有圖。聖人則之，人文誕敷[6]。于古有訓，世有格言。格言孔嘉，垂裕後昆。

於昭元子，岐嶷夙成。群后在天，克配于京。終始典學，緝熙光明。

帝曰元子，毋怠毋盈[7]。

元子有命，諮爾墨卿。乃召楮生，乃召管城。徵彼處士，進彼陶泓。執事有恪，適觀厥成[8]。

於皇尼父，載宣四教。文行是先，忠信是蹈。

曰維爲善，處身之綱。誰其樂之，東平王蒼。

彼臧克臧，俾也孔昌。彼狂弗莊，俾也斯亡。

嗟爾恩卿，永保全名。允矣君子，展也大成。

恩拜稽首，對揚洪休。君子萬年，永錫爾猷。

《寶章》十章，五章章八句，五章章四句。

【校記】

〔1〕本詩各本均無標題，據詩歌内容及其序跋補。

〔2〕日，原本作“自”，據《湖北先正遺書》本改。

〔3〕輒，《湖北先正遺書》本作“輟”，誤。

〔4〕璧，《湖北先正遺書》本作“壁”，誤。

〔5〕于，《湖北先正遺書》本作“干”，誤。

〔6〕人文，《湖北先正遺書》本作“丈人”，誤。

〔7〕本章《湖北先正遺書》本缺“岐嶷夙成。群后在天，克配於京。終始典學，緝熙光明。帝曰元子”數句。

〔8〕適，《湖北先正遺書》本作“適”。

五言古詩

五更述事

北風撼船頭，終夜苦難寐。暫寐遽驚覺，何如不成睡。淩晨欲交睛[1]，喧譁復驚悸。問之見山來，謂是温州際。楚門舟人家，檣帆與心繫。誰無遄歸念，况乃此輩類。我心重賢勞，所思在王事。造物豈偏顧，悉願委以遂。寒暑尚有差，神明苦難是。

【校記】

〔1〕睛，《湖北先正遺書》本作“晴”，誤。

翟甥以詩見呈，情意甚至，但辭不足以發之。老夫漫爲改定[1]，以成其愛慕之志

我有渭陽思，隨之使南陲。當兹風濤中，或受霜露欺。髩髮近衰老，朝夕誰與宜。吾生自弱齡，已有怙恃悲[2]。傍無期功親，賴有舅氏依。孤苦無與比，况負駑鈍姿。過庭日諄諄，令我學書詩。書詩弗終業，倡狂走東西。值此年歲艱，所願良多違。晨昏每深省，但覺慘以悽。有弟天一方，生死未易期。歲月各以逝，徒生竟何爲。舅恩等劬勞，形影恒弔之。何時遂榮名，報此三春暉。

【校記】

〔1〕改定，《湖北先正遺書》本無“改”字。

〔2〕恃，《湖北先正遺書》本作“時”，誤。

楚門述懷

我昔放船日，乃在孟冬初。此時風寒競，雨雪紛載塗。是行死生别，妻子不得俱。江南地偏下，况復在海隅。嚴冬如初秋，天氣恒多殊。草木未揺落，布褐被體膚。網工此邦人，室家念居諸。繫舟楚門灣，一住十日餘。我心如鋒攢，從行念踟躕。雖沐主家顧[1]，志願良未舒。情雖公私牽，輕重亦異趨。君家素忠義，所望同吾徒。王程已愆期，日夜畏簡書。苟重君父憂，内省還何如。願君竟兹意，早發勿趦趄。

【校記】

〔1〕沐，《湖北先正遺書》本作“沭”，誤。

將發楚門[1]

使臣當何如，所司在周詢。哲王重觀察，民情苦難伸。我從天上來，乘桴赴南閩。艤舟楚門岸，奄忽踰一旬。此邦俯要衝，道路當海濱。民力困兼併，徵求盡鷄豚。浙東惟七州，地狹民亦貧。所憑舟楫利，生理恒艱辛。視之等葅醢，雄吞竟何人。我於十日來，有耳不願聞。盡從方門至，使者如魚鱗。舟車日旁午，鈞符星流奔。故令惡少徒，什伍恒成群。白晝肆攘敚，漁獵據通津。凶燄噓可炙，人命同輕塵。内君命尤嚴，所在毋敢論。昔有五侯宅，今有五府門。五府皆貴公，擬跡王侯鄰。紆朱曳組綬[2]，富及子與孫。聖恩與鴻濛，無物與比倫。乃復爲五虎，噬人如羶葷。五侯昔何如，誅夷到荄根。以今鑒往者，傷哉竟難陳。

【校記】

〔1〕《湖北先正遺書》本“將發楚門”後有“二首”二字。

〔2〕組綬，《湖北先正遺書》本缺“綬”字。

吾觀桔槔論

吾觀桔槔論，力鮮功倍鈞。如何端木氏，乃見汲者嗔。哲王肇先基，辛苦貽子孫。聖人貴萬全，小利曷足云。偭彼憸人徒，啓此僥倖門。海艘歲萬漕，便利毋與倫[1]。至今百餘年，不復事討論。遂使奸雄徒，窺測見本根。炎方多長蛇，時效猛虎蹲。兵交十年來，氣運固有因。聖人尚包荒，政令務因循。乃知堯舜理，乾綱是寬仁。昔嘗賦車攻，會同如星奔。仰觀千載前，誰能繼先塵[2]？嵩靈誕嘉祥，降此甫與申。方叔及召虎，聖人周宣君。中興眉睫間，河嶽亦精神。我皇以武姿，哀痛怛下陳。茂哉垂九葉[3]，度建萬國春。竄伏恐已逸[4]，安能覩乾坤。執筆等太史，磨崖勒雄文。

【校記】

〔1〕毋，《湖北先正遺書》本作“無”。

〔2〕誰能，《湖北先正遺書》本無“誰”字。

〔3〕葉，《湖北先正遺書》本作“業”。

〔4〕竄伏，《湖北先正遺書》本作“遹夫”。

十一月初二日發楚門

疾風西北來，解舟楚門灣。開襟欲忘言，喜折兩袖彎。朝辭戴氏子，暮見鴈蕩山。此山接天台，一見開我顔。蒼松雜翠篠，宛似瀟湘間。風潮催輕帆，不得聽潺潺。亦有王事牽，二毛近成斑。幼讀天台賦，常時願躋攀。斯遊誠至幸，欲往又復難。凡骨恨未蜕，何時脱籠樊[1]。長嘯謝雲巔，晤言期後還。

【校記】

〔1〕籠，《湖北先正遺書》本作“龍”，誤。

過雁蕩山東，行程一舍許[1]，名歷澳島。無風而雨，氣蒸如暑，眠不帖席。留此三日，不得行。時蓋十一月初也

百粵居炎荒，遠在揚州域。氣蒸恒無風，三冬如六月。地卑雲霧饒，海闊天常濕。積陰久不舒，微雨紛更集。日爲王事牽，中心疚如灼。夜瞻北辰高，勢遠不易即。安得如飛鴻，那能暫停息。

【校記】

〔1〕程，《湖北先正遺書》本作“桯”，誤。

題員外柏君壽字卷

柏生稟元化，托地臨廣阿。下有百尺根，上有千丈蘿。虬枝刷風雨，蓊蔥漲雲波。不受霜雪欺，勁節森有那。鬱然梁棟器，明堂起嵯峩。匠氏苟見用，之死矢靡他。諒彼君子徒，小大同一科。丈夫貴晚操[1]，百瑶如雲和。貞心倘不改，夭壽當奈何。

【校記】

〔1〕操，原本作“摻”，據《湖北先正遺書》本改。

五言律詩

贈貢泰甫先生牙笏詩並序

牙笏一張，長勁且闊，古所謂記事之笏也。聊爲從者之贈詩以志懷，不勝增感。

象簡霜凝重，蒼髯雪色新。轉輸勞算用，報答費經綸。扶病朝明主，臨軒問老臣。此時江海上，人已厭風塵。

長短句

題鄭彦昭郎中爲溥泉所作梅竹

山中人，寫梅竹，琅玕清瘦花如玉。幕中坐客多才華，鎮日揮毫寄幽獨。窗間月底忽相逢，紙帳香飄雲滿屋。

五府少年釣馬歌

南客南歸必買馬，冀北馬群最多者。白銀星粲賤如塵[1]，千金買得那論價。龍媒之駒鍾駿骨，矯如驚鴻蹄切玉。神物本是房駟精，一夕分輝耀南陸。有時踣躉忽長鳴，乾龍坤牝各有靈[2]。世人賤材但貴貨，縱有眼顧誰終青。一從上船當船頭，百計管束如拘囚。仰首向天俛首地，馬與天地皆蜉蝣。乾坤再造須清寧，豈獨人人望有生。當時舊將封侯尚未老，何爲馬也不得逢。中興唐時奚官善養馬，南人養馬尤閒雅。千方調飼如擾龍，生芻細莝那盈把。浪濤風捲狂欲顛，船頭入井尾刺天[3]。前僵後躓戰欲死，一生九死無因全。當時人命尚弗保，已拚不得終前好。五更風定强起看[4]，幸爾未盡同枯槁。所存祇是骨與毛，首纔伏櫪神俱逃。主人熟視但嘆息，雖有善相無方皋。海陬去天經萬里，海洋風波仍萬死。脱生免死幸已難，豈意江南猶未已。中原豺虎年固多，浙東五虎將奈何？船頭忽驚來刷馬，惡少三五群相邏。半紙釣帖印一顆，一日三番急星火。問之便稱方大人，大人有命尤難些。紅纓氊帽青辮絛，短衣衲袂雙環刀。便將長繩選馬鈞，喧呼叱吒聲狂嘈。馬亦垂頭若有訴，主人錯愕不敢顧。但將白金告少年，再三買得寧償負。陸有窖穽水有漁，剥朘豈特臻肌膚。魚蝦鷄犬悉有命，饕餮至此那能居？我元天子家六合，聖子神孫政綿邈[5]。三苗洞庭將有歸，涿鹿蚩尤終受縛[6]。君不見蔡州吴元濟，根盤蔕固能幾世？又不見汴州李希烈[7]，桀驁偃蹇旋覆滅。人生忠義是善媒，黄金北斗將焉爲？吁嗟鼠輩誠何癡！

【校記】

〔1〕粲，《湖北先正遺書》本作“燦”。

〔2〕“乾龍”句，《湖北先正遺書》本缺“牝”字。

〔3〕人井，《湖北先正遺書》本作“人並”。

〔4〕五更風定，《湖北先正遺書》本作“五更風起定”，衍“起”字。

〔5〕邈，《湖北先正遺書》本作“藐”，誤。

〔6〕蚩尤，《湖北先正遺書》本作“雖尤”，誤。

〔7〕李，《湖北先正遺書》本作“季”。

責風伯

吾聞六卿之官天子吏，天之四時同一揆。天上五命各有司，一或干之比僭擬。孟冬初來將兩旬，玄冥行天祝融死。日張土囊公怒號，風伯爲朋海若曹。人言南風多不競，是何於我相烋烋。排山之浪如銀闕，打我船頭行不得。鷁首驚飛莫敢前，鴟夷鼓吻常嘖嘖。船頭呻吟船尾病，此去東夷垂欲近[1]。未聞今日薪水貴如金[2]，當年五百童男一去無音信。一時聞者皆怏然，便欲騎鯨飛上天。但恐爾輩是凡骨，天高路遠難攀緣。天子命我使閩土[3]，職方禹貢尤修阻。爾聞天子遣使來，神胡爲乎弗相與。使者觀風古有命[4]，未聞遍到天之涯。是行恐是上帝意，欲令八荒四海知屬天。王家昨宵夢覩玉皇勑，下檄五丁追退鷁。即今天子聖且仁，爾爲風伯何不爲臣敢爲逆？北陰之府是酆都，不比人間官府但糢糊。盡將厲鬼礫裂爲萬塊[5]，雖有口耳空揶揄。尚書有云不逢上帝怒[6]，汝若有常送使者到閩去。去天萬里閩最遥，閩人日望使者軺。爾其欽承厥命勿有替，我將領子明年俱來朝，慎莫效尤國鴟梟[7]。

【校記】

〔1〕垂，《湖北先正遺書》本作“早”。

〔2〕貴，《湖北先正遺書》本作“責”，誤。

〔3〕閩土，原本作“國土”，據《湖北先正遺書》本改。

〔4〕命，《湖北先正遺書》本作“若”。

〔5〕塊，《湖北先正遺書》本作“鴻”。

〔6〕有云，《湖北先正遺書》本作“且爾”。

〔7〕慎莫，《湖北先正遺書》本無“慎”字。

壞舵歌

南溟之魚頭尾黑，身長竟船頭佀鐵。浮游偃蹇氣欲吞，斜日昏冥�鬐鬣[1]。呴沫成煙浪花起，逐我船頭趂船尾。恐是昔年未死之蟞龍，一經譴斥偕厲鬼。舟中健兒恨盡白[2]，彎弓擬之三復止。明日疾�院驅長雲，巨飄高張萬馬奔。舟卒思家窮力使，瞬息千里若不聞。捩舵逆指衝怒濤，欻如生馬當春驕。又如鷩段且上干雲霄[3]，萬里一息非爲遥[4]。須臾有聲如裂帛，三百餘人同失色。鐵梨之木世莫比，今作舵根爲水嚙。是木之産非雷同，來自桂林日本東[5]。當時不惜千金置，便欲雲仍傳勿替[6]。箕裘相紹近百年，甑已墮矣奚容言。眼前生死尚未保，惟有號泣呼蒼天。蒼天高高若不聞，稽顙齊念天妃神。我知天命固有定，以誠感神豈無因。少時風馴浪亦止，以舵易舵得不死。我今幸爾同更生，開闢以來無此比。女媧氏，天妃神，補天護國相等倫，世代雖異功則均。我皇開國同乾坤，一年四百萬斛運。麾叱雷電役五丁，片艘粒米皆風汛。財成本是神之功，直與天地傳無窮。愧無如椽五色筆[7]，磨崖刻頌鷩愚蒙。

【校記】

〔1〕髻,《湖北先正遺書》本作“旗”。

〔2〕恨,《湖北先正遺書》本作“眼”。

〔3〕且上,《湖北先正遺書》作“直上”。

〔4〕非,《湖北先正遺書》本作“不”。

〔5〕日本,《湖北先正遺書》本作“曰本”。

〔6〕傳,《湖北先正遺書》本作“傅”。

〔7〕椽,《湖北先正遺書》本作“掾”,誤。

題鄭静思松琴得趣圖

南臺御史大夫道隱公,爲天台鄭静思書“松琴得趣”四字,求予賦詩。倚舟書此,爲再會之好云。

鄭静思,冰霜姿,松琴得趣知者稀。臺端道隱酷相愛,大書不一特畀之[1]。懸崖之松怪若畫,風雷爲長虯龍枝。盤錯屈鐵刷霄漢,迴旋造化通天機。泠泠清響孰與調[2],幢幢翠葆相參差。有時山人坐其下,静聽但覺宫商隨。夜半起看河漢落,虎豹俛首蛟鼉癡[3]。黄鍾太音世何有[4]?萬古惟許庖犧知。虞姚作五弦,南薰鼓雍熙。巍巍之德配天地,垂裳端拱成無爲。伯牙是何人,尚懼不得鍾子期[5]。迺知物理自有無言之至妙,追作矯飾真成非[6]。鄭静思,人汝奇。當今聖人是堯舜,臣下况復多臯夔。君臣相擇各有以,得趣政在弦聲遺。致身忠義苦未早,人不汝念君其思。古來賢達賤苟且,出處幸勿負此清明時[7]。

【校記】

〔1〕特，《湖北先正遺書》本作“待”。

〔2〕泠泠，《湖北先正遺書》本作“冷冷”。

〔3〕俛首，《湖北先正遺書》本無“首”字。

〔4〕太，《湖北先正遺書》本作“大”。

〔5〕懼，原本作“俱”，誤。據《湖北先正遺書》本改。

〔6〕真，《湖北先正遺書》本作“直”。

〔7〕時，《湖北先正遺書》本作“清”，誤。

題平陽彭氏雲松亭〔1〕

彭孝子，情何悲，中心一念人誰知？白日思親中夜隨，夢中猶欲笞其兒。兒啼不勝親抱之，遽爾一見尋別離，覺後但覺心歔欷。心歔欷，亦何有？朝見鵰山之雲自往來，暮見梅原之松鬱巍巍。從問爾，山中雲，恐親心所怡；又復爾，雲中松，恐是吾親手自移。今雖不見吾親顔色，幸得覩此爲我永慕之容媒。松常青青雲楚楚，雲不能言兮松不能語。彭孝子，有衣弗君著，有杯弗君舉〔2〕，見君之容、聞君之音心已苦。相遊亭上暮即歸，歸來惟有睡與癡。彭孝子，忠心一念人誰知？

【校記】

〔1〕彭氏，《湖北先正遺書》本作“彭民”。

〔2〕弗，《湖北先正遺書》本作“勿”。

贈南臺察院掾修敬宗管叔堅還臺〔1〕

東風吹雨春冥冥〔2〕，荔子花殘梅子青。遊絲千尺遍江滸，愁罥離人留不住。三山中有神仙宅，玉樹亭亭照顔色。去年相逢眼未知，今日相看重離别。脩郎修郎多汝賢，曾陪驄馬驂後先。氣岸巉巉隔秋水，皎如寶鏡懸青天。突竅洞射幽隱闢，毫末悉露生光妍。駿如天馬行長空，夭矯弗與凡骨同。快如俊鶻下曠野，搏擊狡兔追莽風[3]。近時上書干主將[4]，意氣横出衝晴虹。黄金臺前馬價高，舊時屬掾俱英豪。如公脱落定應少，我有真眼過方臯。邂逅天涯即傾倒，北方之人信然好。紅顔緑髪當妙年，頎而長兮富文藻。明月之扇子所遺，上有名字誰其題。似欲南薰送北客，贈之寄爾長相思。故人新峩獬豸冠，神完氣固方大觀[5]。神仙中人托爲侣，彩鵷西去何翩翩。我今贈子青雲裾，旋當與子催薦書。中臺選曹定虚左，不負堂堂八尺軀。

【校記】

〔1〕掾，原本作“椽”，誤。據《湖北先正遺書》本改。

〔2〕東風，《湖北先正遺書》本作“東雨”，誤。

〔3〕莽風，《湖北先正遺書》本作“奔風”。

〔4〕干，原本作“于”，據《湖北先正遺書》本改。

〔5〕觀，《湖北先正遺書》本作“覌”，誤。

七言律詩

送泰甫貢先生還朝便先往浙東訪妻子

聖主中興憶舊臣，白頭自分老無聞[1]。傷心轉在朝天日，經亂維存報主身[2]。去國十年渾似夢，到家一飯忍忘君。太平政爾煩經濟，宣室非干問鬼神[3]。

風雨瀟瀟鷄亂呼，使君無奈賦歸歟。草玄易覓揚雄宅，到寺難求太史書。白髮詞臣還秘省，紫苞威鳳耀雲裾。會看同住京華日，退食時時一起予。

【校記】

〔1〕自分，《湖北先正遺書》本作“分自”。

〔2〕惟，《湖北先正遺書》本作“纔”。

〔3〕干，《湖北先正遺書》本作“于”，誤。

贈戴氏詩

永嘉名郡多名族，孝義忠貞戴氏家。曾向轅門干上將，甘從虎穴試磨牙。蘭孫比玉香凝砌，棣萼聯輝樹有華。意氣每逢天上使，年年來此憩星槎。

十月十八日喜風順而作

心緘未上神先啓，風馬神輿瞬息迴。似向藍關逢驛使[1]，直從閬苑去天台。潮寬新水毋煩算[2]，路入閶州不用裁[3]。金石相孚應未爽，會將功德報燕臺。

【校記】

〔1〕藍，《湖北先正遺書》本作“籃”；驛，《湖北先正遺書》本作“驊”，均誤。

〔2〕潮，《湖北先正遺書》本作“浪”。

〔3〕閶州，《湖北先正遺書》本作“閩州”；不用裁，《湖北先正遺書》本作“底用裁”。

始余發京師時，已聞河南平章公克復濟南，渠魁就擒。計益都之寇，可不煩餘力而下矣。夫大將係國家安危，行當慎重，爲宗社計。舟中有懷，援筆爲賦，是又不能不留情也。大將名察罕特穆爾[1]，字廷瑞云

久聞大將下山東，一戰名成破竹中。調度敢煩廊廟計，疇咨仍藉相臣功。宣光接武揚先烈，方虎聯勛振古風。宗社有靈須慎重，毋勞親手定雌雄。

【校記】

〔1〕特穆爾，《湖北先正遺書》本作“帖睦而”。

十月十八日夜，睡間紀事，并懷尚書徹爾托里[1]、張自南，侍郎吕伯益、韓汝舟，皆一時煙波羈旅之人也。明年相會，遂得抵掌一笑

【校記】

〔1〕徹爾托里，《湖北先正遺書》本作“徹通理”。

紀　　事

風送輕帆浪送船，神遊萬里水中天。魚龍吹雨三更後，星月憐人午夜前。夢涉關山猶惴惴，起看煙水尚綿綿。賢勞詎敢言王事，虎穴頻探已數年。

懷徹爾托里〔1〕

同日除書下九天，可堪同事更同肩。延春閣底謀初晝，海子橋頭轡每聯。酒戒飽聞微醉後，言箴猶在別時邊。細思忠告如君少，滄海平安幾日傳。

【校記】

〔1〕徹爾托里，《湖北先正遺書》本作“徹通理”。

懷張自南

每當同拜仍同事，何獨君今使秣陵。寇折底煩韓吏部〔1〕，作書那數李陽冰〔2〕。新詩我謂參軍比〔3〕，短貌人呼主簿朋。試看明年降虜策，定期六月見南鵬。

【校記】

〔1〕韓吏部，《湖北先正遺書》本衍“韓吏”二字。

〔2〕作書那數，《湖北先正遺書》本作“檄書那待”。

〔3〕新詩我謂，《湖北先正遺書》本作“长髯自谓”。

懷吕伯益

誰着麻衣過七閩，秋曹老子念先親。登舟但抱終天恨，到海方知未了身〔1〕。世亂備經千百痛，慈顔不見十三春。白頭扶杖衡廬下〔2〕，徙倚風前淚滿巾〔3〕。

【校記】

〔1〕方知，《湖北先正遺書》本作“那知”。

〔2〕衡廬下，《湖北先正遺書》本作“他鄉里”。
〔3〕徙倚，《湖北先正遺書》本作“骨立”。

懷韓汝舟[1]

夙昔聞名未識君[2]，識君纔得兩三旬。一時同拜叨前列，此日追陪愧後塵[3]。欵欵謀猷臻事變，雍雍言笑見情真[4]。明年檣艦浮杯簇[5]，方信韓郎是偉人。

【校記】

〔1〕韓汝舟，原本作“趙虛舟”，誤。據《湖北先正遺書》本改。
〔2〕夙昔聞名，《湖北先正遺書》本作“舊忝朝行”。
〔3〕追陪，《湖北先正遺書》本作“連寅”。
〔4〕情真，《湖北先正遺書》本作“慎真”。
〔5〕浮杯，《湖北先正遺書》本作“如林”。

抵楚門，即船主戴廷芳廷玉家也

楚門山色散煙霞，人到江南識永嘉。半隴石田都種麥，一冬園樹尚開花。海天日暖魚堪釣，潮浦船回酒可賒。傍水人家無十室，九憑舟楫作生涯。

又

船泊江湖是異鄉，戴郎家住楚門傍[1]。寄來青柹猶存蒂，摘得黄柑盡帶霜。竹塢人家茅屋小，石磯漁艇釣絲長。可憐擾擾風塵際，誰識桃源有洞房。

【校記】

〔1〕郎，《湖北先正遺書》本作“即”，誤。

次楚門，聞福州六月之變，就簡倪仲凱郎中，不候而去

誤聞消息心如灼，歸興那能候我來。不是尚書船到晚，却緣員外別初回。閩州烽火人猶記，回紇刀牌孰總裁。最恨當時謀未審，至今遺禍使人哀。

前過台州，代州人董生安車秀才而作。石橋，州之所有勝跡也

天台山水妙南州，是我垂髫舊所遊。亂後久捹門户改[1]，别時只爲稻粱謀。石橋雨没苔紋滑，宰木風高鳥雀愁。欲上磯頭聊問訊，片帆飛過不知收。

【校記】

〔1〕捹，原本作“拚”，據《湖北先正遺書》本改。

走也啣命而來，艤舟永嘉之楚門，蓋居人戴氏里也。一日，邀致於所居之村，曰竹岡。杯酒留連[1]，伯仲聯侍，居周匝佳山水環遶於其間。間嘗遊目登眺，一時清遠之思嶄然眉睫。昔謝太傅好遊東山，未爲無謂也。顧余何人[2]，擬跡宰相，不能不愧耳。幸以詩人常談見恕[3]，是所望也

雁蕩山東是竹岡，林泉清賞勝滄浪。人家散處通潮浦，鷄犬成村自雁行。無數小舟灣柳外，暎山紅樹繞溪傍。主人惠我遊山屐，謝傅情濃樂未央。

【校記】

〔1〕杯酒留連，《湖北先正遺書》本作“杯酒相留連”。

〔2〕余，《湖北先正遺書》本作“予”。

〔3〕常，《湖北先正遺書》本作“嘗”，誤。

黑水洋爲風浪所飄，見倭國界山。船間雖有所賦，成於一時，苟簡殊未工也。阻風之暇，復次所懷，再書船之左

極海風波不易模，孤臣去國逮天隅[1]。東臨倭子將非類，西脱秦山即異區[2]。鵩鳥昔來凶已告，界山今遇死無殊。男兒許國誠何恨[3]，只恐君王念未蘇。

【校記】

〔1〕逮，《湖北先正遺書》本作“遠”。

〔2〕秦山，《湖北先正遺書》本作“泰山”。

〔3〕“男兒”句，《湖北先正遺書》本無“何”字。

五虎門

西遊昔上三瀦峽，今見南荒五虎門。勢接天關并地軸，氣吞雌伏與雄蹲。八閩津要難耽視，百粵山河總大藩。千載卧龍今復起，祇憑三顧靖中原。

次古山下，時儒學提舉陳景忠來迓也

不見溪頭荔子丹，尚餘碧葉滿空山。水流百折成巴峽，山列圍屏擁畫闌。粳稻滿田冬不刈，漁翁舉釣晚猶安。閩州自古多無恙，不許癡兒

睥睨看。

題劉中守小景

雨後看山更愛山，結茅臨水閱人寰。交談終日頻傷往[1]，留客烹泉不許還。凉月滿空邀鶴住，緑陰繞舍聽猿閒。道人又有休官意，每憶秋風放白鷴。

【校記】

〔1〕往，《湖北先正遺書》本作“住”。

奉同二次來韻并寄閩省謁諸幕、謁閩王廟之作，通呈景容郎中、伯益侍郎、秘監先生，同發一笑

重叨天遣八年餘，又辱分符不暫居。那有古人秦御史[1]，豈無先輩貢尚書。文章官様誰將並，氣節天然我未如。歸到朝廷當下問，定從江海詔安車[2]。

【校記】

〔1〕那有古人，《湖北先正遺書》本作“奈有故人”。

〔2〕車，《湖北先正遺書》本作“居”。

舟中聽雨

鴈蕩山前船夜灣，雨聲篷外響潺潺。半生萍梗何時定，萬里冥鴻與夢還。南海有珠輸上國，自議必往，往泉州，希輸上意[1]，蓋在此處也[2]。江東無警報杉關。近有人傳，建寧官兵已復邵武，江西賊人已過杉關、衢婺二路[3]，復奉正朔[4]。五更賦看潮生後，覩見祥風起舵間[5]。

【校記】

〔1〕希輪上意，《湖北先正遺書》本缺“輪”字。

〔2〕蓋在此處也，《湖北先正遺書》本作“蓋阿述魯丁回紇異在此處也”。

〔3〕二路，《湖北先正遺書》本作“一路”。

〔4〕正朔，《湖北先正遺書》本作“正朝”。

〔5〕覩，《湖北先正遺書》本作“親”。

至正辛丑，詔加福建閩王爲□□□□[1]，本省官屬以正月初九爲王誕日，謁廟稱賀。走叨先行展敬禮，道中欣逢儀仗之過，馬上有作，戲呈幕府諸公

緑髮紅顔衆省郎，漫隨官長謁閩王[2]。褐荼羅傘騶前導[3]，皮刺繩床仗後將。舉奠杯摇紅蠟炬，捧宣人出紫泥香。低頭再拜齊稱賀，回首熙熙樂未央。

【校記】

〔1〕閩王，原本作“國王”，誤。據《湖北先正遺書》本改。此句原本空四字，應是閩王封號。《湖北先正遺書》本無空。

〔2〕漫，《湖北先正遺書》本作“謾”。

〔3〕褐荼，《湖北先正遺書》本作“荼褐”。

和貢先生韻，時同尚書祭亡友李仲容也

故友墳前草不春，高風臺上聚星辰。翰林小記如冠冕，閣老遺書絶後塵。自愧不才難接武，多君高誼許爲隣。會須相伴朝京闕，更有秦郎最可親。

簡秦景容郎中[1]。昨日承歌談笑，適詩酒相忘，有放浪形骸之意，以謂到閩以來，無此一樂。但傷足下以特達之材轗坷仕路，走也辱爲知己之游，不能拔而出之，此安足爲故人耶？詩以志懷，聊伸雅嘆

海嶠相逢情更親，共看白首惜青春。君心寂寞憐知己，我日淒涼念故人。談笑總能推兩晋，論文還許侣先秦。生平自謂同心膂，争及當時管鮑隣。

【校記】

〔1〕郎中，《湖北先正遺書》本作“即中”，誤。

〔2〕知己，兩本均作“已”，誤。

再和貢先生韻

自是閩荒易得春，鳥啼花落惜佳辰。三山燈火星連簇，千尺遊絲晚罥塵。南海珊瑚將北闕，東家蝴蝶過西隣。太平好伴還鄉去，兒有平安報老親。

題臨川曾仲衍手卷。時仲衍授永嘉之平陽州同知，有旨命賚御酒宣慰。本州周宗道僉院貢米入京，卷有危太樸參政所書虞學士邵菴送行序并詩三首[1]。走亦不揆效顰于左[2]，兼簡君道使君

海角相逢如未識，三山聽詔見崚嶒。大參書法追王獻，學士詩章似杜陵。棣萼春明華艷艷[3]，芙蓉秋水玉承承。故朝丞相多英裔，只有臨

川世姓曾。

九重選使勞將軍，多羡將軍類古人。報國只知君父重，與民還侣弟兄親。中流砥柱頹波障，舊蠟黄封御賜新。君到平陽煩問訊，魚緘曾寄淛江鱗。

【校記】

〔1〕序，《湖北先正遺書》本作“庠”，誤。

〔2〕左，《湖北先正遺書》本作“右”，誤。

〔3〕華，《湖北先正遺書》本作“花”。

問李則平憲副乞花

明府庭前花數本，汀蘭岸芷迭芬芳。山茶雨過紅妝净，茉莉風牽粉趐香。隔户蜻蜓空寂寂，遶欄蝴蝶故忙忙。相逢盡道東風好，一線何曾到晚郎。

題江西老人李頤齊手卷

閩海相逢一老翁，布袍藍縷髩毛蓬。問渠何事蕭條甚，似爾從前寂寞窮。酒後尚能稱草聖，愁來只用指書空。如今江右猶烽火。未許平安附便鴻。

甲午歲以公差過江陵之右〔1〕，有訪故人田典簿仲玉五詩纔記一也

自昔乘閒訪博聞，書樓鐘鼓徹彤雲。天吴紫鳳躭成癖，翠柏蒼松喜欲群〔2〕。有酒便須呼阮籍〔3〕，浴蘭還擬見湘君。椒宫罷直歸來晚，刻燭題詩到夜分。

【校記】

〔1〕以,《湖北先正遺書》本作“云”,誤。

〔2〕柏,《湖北先正遺書》本作“相”,誤。

〔3〕便,《湖北先正遺書》本作“更”。

題馬生溪山小景

馬生遺我溪山景,我笑從前好卜居。地僻結茅依澗宿,水深移棹隔溪漁。月滿船頭春載酒,香生竹裏夜分蔬。室中切莫悲婺婦,横笛于今怨有餘。

乙未歲過歸州擬謁宋玉祠不果

聞子愁秋老更悲,近來華髮也相催。斯文一去無今古,過客千年許往來。大雅遺音虚夜瑟,故山喬木盡塵埃[1]。一杯不到荒祠下,腸斷江流幾百迴。

【校記】

〔1〕盡,《湖北先正遺書》本作“無”。

甲午歲題江漢王粲樓和達實密雅蘇韻[1]

大江西下思漫漫,憔悴王郎舊倚欄[2]。貔虎晝嘷沙草白,轆轤夜轉井梧寒。帛書善托雲中鴈[3],錦字羞題夢裏鸞。魏國山河劉社稷,可憐無地望長安。

【校記】

〔1〕達實密雅蘇,《湖北先正遺書》本作“答實蠻彦脩”。

〔2〕王,《湖北先正遺書》本作“玉”,誤。
〔3〕善,《湖北先正遺書》本作“喜”。

過浯州寄同年董節判碩通〔1〕

大科賢士浯州判〔2〕,素節清風滿畫川〔3〕。欵段總隨沙草瘦,甘棠只許後人傳。往時同忝三場約,爲子今留萬里船。但使姓名通帳下,敢勞騎馬到江邊。

【校記】

〔1〕詩題《湖北先正遺書》本作“過涪州寄同年玄董節判”。
〔2〕浯,《湖北先正遺書》本作“涪”。
〔3〕畫,《湖北先正遺書》本作“盡”,誤。

春日陪讌道山亭口占〔1〕

二月春明花乍殘,道山亭上翠如鬟〔2〕。天開圖畫峰攢戟,地接蓬萊雪滿關。雙鳳巢雲朝貝闕〔3〕,六鰲駕海出人寰〔4〕。薇垣官從多時彦,聽取山人半日閒。

【校記】

〔1〕讌,《湖北先正遺書》本作“謙”,疑誤。
〔2〕鬟,《湖北先正遺書》本作“寰”,誤。
〔3〕貝,《湖北先正遺書》本作“具”,誤。
〔4〕寰,《湖北先正遺書》本作“褁”,誤。

題米元暉山水爲賈仙院判作

雲樹蒼蒼路渺然,紫煙緑霧障晴川。風間理釣滄江上,日暮移舟野水邊。林外有山常近枕，澗前無竇獨成眠。生平此願行將遂，便擬煩君借一廛。

爲鄂省檢校陳用方題顧定之墨竹[1]

鳳凰枝上舞毿毿[2]，恍似湘南與渭南。紫籜穿林龍乍躍，琅玕著雨翠如酣。風前遞影頻摇萬[3]，月下開樽偶共三。最憶漢濱千畝地，碧波江漲水挼藍[4]。

【校記】

〔1〕顧定之墨竹，《湖北先正遺書》本無“之”字。

〔2〕鳳凰，《湖北先正遺書》本作“鳳皇”。

〔3〕頻摇，《湖北先正遺書》本缺“摇”字。

〔4〕碧波，《湖北先正遺書》本作“鴨頭”。

爲永嘉林温伯恭題瑞榴圖

安石榴花開滿枝，五房同蔕總稀奇[1]。永嘉玉樹臨春秀，博望仙葩帶月移。勝日名園期共賞，他時駟馬兆先知。董林陰德宜多種，留取君家百世思。

【校記】

〔1〕五房，《湖北先正遺書》本作“立芳”。

題鄭静思莊谷叟卷

最愛南華一老仙，漆園爲吏幾何年。人從谷叟莊頭覓，榻向南州去後懸。物外静觀惟我得，世間塵鞅欲誰牽。相逢莫賦商巖曲，山雨衝寒好放船。

題曉意圖

三星欲落不落際，流水野橋人度遲[1]。鴈影遠含秋影薄，山光争似曙光奇。荒郊犬吠人家僻，近塢煙炊筍蕨宜。欲掃柴門迎曉日，偶逢花下有朝葵。

【校記】

〔1〕度，《湖北先正遺書》本作“渡”。

題連江曾氏墓志貢玩齊文

夔山原下半山墳，共説曾家子又孫。海徼衣冠仍見古，荒郊鄒魯自成村。秘書文字連城重，此日羹墻萬感存。我欲題詩遺不朽，錦囊收拾去朝元。

題秀才魯環元瑞北門小隱

欲向山中學草玄，北門小逕曲通泉。讀書鐙晃烏啼夜[1]，把釣船開月滿天。行酒賦詩來好客，據鞍敲竹引遊鞭。誰能一伴幽人宿，日鼓南風聽五弦。

【校記】

〔1〕鐙，《湖北先正遺書》本作“燈”。

贈江西憲從事葉彦周

槁生抱牘來相謁，珠玉煇煌滿卷中。烏府風清飄玉樹，繡衣春煖試青驄。馳聲江右催鸞檄，奏最燕臺醉鳥酮。君有華居容我惜，傷情無柰嘆飛蓬。

醉題歌扇名臺雲

珠玉相輝照席珍[1]，一時傾寫任天真。雲間駿骨行千里，宇内才名有幾人？寰海魚龍須變化，菁莪雨露盡陶鈞。小園池館都堪樂，句健人豪酒亦醇。

陸有嘉羞水有珍，相忘聊復遂吾真。開樽論議超凡壤，舉目關河盡遠人。力可萬牛支九鼎，誰能一線引千鈞。譾才自愧無分補，賴有丹衷似酒醇。

【校記】

〔1〕照席珍，《湖北先正遺書》本作“照夕席珎”，衍“夕”字。

宴道山亭復風雨有感作[1]

閩川又復過清明，花信風牽倍感情。四海再逢虞舜日，三年兩駐越王城。春光寂寂啼山鳥，雲影悠悠拂羽旌。可是東君不相下，狂飈吹雨濺銀筝[2]。

【校記】

〔1〕復，《湖北先正遺書》本作“後”。

〔2〕箏，原本作“争”，據《湖北先正遺書》本改。

冑監群英雅集[1]，爲相特穆爾君壽題[2]

鳳麟龍虎萃成均，雨露菁莪總化鈞。天上衣冠星錯落，眼前文物玉嶙峋[3]。力扶宗社誰將任[4]，手握經綸我敢論。南服海天纔一角，行期引領拜楓宸。

【校記】

〔1〕群英雅集，《湖北先正遺書》本缺“雅”字。

〔2〕特穆爾，《湖北先正遺書》本作“帖木儿”。

〔3〕玉，《湖北先正遺書》本作“王”，誤。

〔4〕扶，《湖北先正遺書》本作“挾”，誤。

題仙人磐石吹簫圖

長松樹底坐吹簫[1]，疑是仙人王子喬。白露未溥凉月上[2]，秋風初弄羽衣飄。山靈報罷雲朝散，海鶴啼時龍夜朝。便欲乘鸞覲天上，翩翩孤影屬清標。

【校記】

〔1〕簫，《湖北先正遺書》本作“萧”，誤。

〔2〕溥，《湖北先正遺書》本作“傳”。

題成趣軒

爲照磨托爾留題成趣軒[1]。照磨字明善，蓋吾從事也。因書以爲勉。

小小蔬園半畝畦，涉能成趣路成蹊[2]。呼兒灌溉汲石井，留客待烹啼竹鷄。子荊居室稱苟美，管寧鋤金恒不迷。華構相承期勿墜，今人應與古人齊[3]。

【校記】

〔1〕托爾，《湖北先正遺書》本作“禿儿”；“成趣軒”，《湖北先正遺書》本作“成迺軒”。

〔2〕“涉能”句，《湖北先正遺書》本作“治能成趣路成溪”。

〔3〕“今人”句，《湖北先正遺書》本缺“與”字。

題黄山鄭潜彦昭練溪漁隱

黄山山下練溪肥，水薦溪毛陸薦薇。白魚供饌酒初熟，畫舫移來人乍歸。治家只是春蚕起，結屋更愛山重圍。我欲過從訪漁隱[1]，時危常恨與心違。

【校記】

〔1〕從，《湖北先正遺書》本作“重”。

題榴橘聯芳圖

石榴枝上橘來棲，佳氣熏春草樹知。兩瑞聯芳須未艾，雙岐並秀偶相宜。實垂玳瑁筵初秩，菓薦黄金品更奇。蘭玉胥承親尚健[1]，定知有喜集門楣。

【校記】

〔1〕胥，《湖北先正遺書》本作“湏”。

遊雲門寺故宋鄭參政委大院

洋嶼江頭雲門寺，夤緣石磴上青天。鄭家祠堂如一日，梵王宫殿經千年。鯨音發響嘯山鬼，茘子磨丹供别筵。政恐蒼生渴霖雨，漫將詩句破蠻煙[1]。

【校記】

〔1〕漫，《湖北先正遺書》本作“謾”。

伯莢右轄餞予於長樂雲門港[1]，因其念母贈之以詩

母子相依四十秋，母年八十子恒憂。劬勞未報當生别，罔極逾深重自尤。刺血寫經天亦痛[2]，銜哀陳陛孰爲謀。君王若問臣消息，瘴海蠻煙日夜浮。

【校記】

〔1〕莢，《湖北先正遺書》本作“英”。

〔2〕刺，《湖北先正遺書》本作“刻”。

題不繫舟漁者卷有序

平陽陳君子上登甲午進士第，秉志剛介，獨立不阿。初授慶元録事，在任未竟，值浙東西盜敓蠭起，郡邑無大小皆陷于賊[1]。士大夫苟得脱於難者，往往去依方鎮，不顧道義，夤緣苟禄以養生，寧舍朝廷弗顧[2]。若是者，奚啻肩相摩足相軋哉。子上獨不可，曰：“始予承聖天子策士時，幸以子大夫遇我，我何忍一旦悖此，狐媚以求活耶[3]！”乃即日解官還家，而慶元亦尋以陷。其見幾明立志勇如此[4]，

遂號之曰“不繫舟漁者”。蓋卑以自牧，謙以自勵也。嗚呼！舟惟不自繫，然後得往來江海間以自適。人惟不自繫，則彼之所謂富貴者，又烏得而誘我、浼我，繫而縛之若犬羊然哉！走也適以督運事嚴，泊舟于此，偶得與子上邂逅[5]，於是嘉其高而贈之。

舟惟不繫任浮游，之子衷心適與侔。一身不近龍蛇穴，萬慮無如煙水謀。那待月明纔舉網，只須風定便行舟。[6]

【校記】

〔1〕郡邑，《湖北先正遺書》本作“群邑”。

〔2〕弗，《湖北先正遺書》本作“不”。

〔3〕狐媚，《湖北先正遺書》本作“孤媚”，誤。

〔4〕勇，《湖北先正遺書》本作“男”。

〔5〕邂逅，《湖北先正遺書》本作“解後”。

〔6〕此詩兩本均缺後二句。

七言絶句

柬秦景容郎中[1]。昨晚閱高文，誦之亹亹不倦。沈著類子厚而不失之晦，痛快似退之而不失之浮。恢恢乎與韓逼真，而於柳有所不屑也。予識景容十五年，頗謂相知，今殆不如遠矣[2]。斂衽再三，賦詩爲謝

錦緞裁來五色絲，千方製就欲誰衣。自慚輸與天孫巧，凡女從今不下機。

【校記】

〔1〕東，《湖北先正遺書》本作“東”，誤。

〔2〕如，《湖北先正遺書》本作“知”，誤。

題劉中守僉憲爲閩海憲史馬謙叔賦二首〔1〕

經年不見劉郎畫〔2〕，山色溪光共可人。底事往來滄海客，釣舟容易許相親。

遠山迢遞近山高，茅屋溪聲閱澗毛。江浦潮來帆正疾，日邊歸客頓相遭。

【校記】

〔1〕二首，《湖北先正遺書》本無此二字。

〔2〕畫，《湖北先正遺書》本作“盡”。

松林午憇

松林坐久午風清，溪水潺潺樹有聲。何處小舟撐柳外，來迎潮落去潮生。

渡　口

海淀風輕晚待潮，首綿車轡客心摇。人家住近青松渡，小女當簷弄阿嬌。

孤鶩飛來數點青，映山紅葉笑相迎。青裙赤脚誰家婦〔1〕，闊背牙梳也自榮。

【校記】

〔1〕裙，《湖北先正遺書》本作“裾”。

紀　見

榕樹根垂茘葉齊，遶簷宿霧緑初迷。鷓鴣啼徹山頭雨，午夢醒時日正西。

正　月

閩荒正月似初秋，終夜聞雷耳畔遊。睡覺渾如到家日，欲從庭下認牽牛。

題集賢都事石林二首

琪樹亭亭廣萬章，屹無枝葉蔽嚴霜。相逢請看中流柱，未必崚層似爾長[1]。

誰爲明堂作棟梁，石林屹立並雲長。會從白玉樓中見，杞梓何能與鴈行。

【校記】

〔1〕崚，《湖北先正遺書》本作“稜”。

寄貢泰父先生解紛詩書扇

霸業争驅孰後先，葵丘一會更無前。如今誰是排紛者，那有先生似仲連[1]。

【校記】

〔1〕那，《湖北先正遺書》本作“奈”。

題鄭静思小像

月明山静海無塵，鶴鼇翩躚玉一痕[1]。却記别時春已暮，落花都付富家村[2]。

【校記】

〔1〕鶴，《湖北先正遺書》本作“崔”。

〔2〕村，《湖北先正遺書》本作“春”。

爲江漸宣使題補之墨梅二首

羅浮山下梅梢月，素質湘裙淺淺粧。昨夜嫦娥初出浴，桂華不敢妬清香[1]。

螺女江頭春色多，孤根分瑞到南坡。當時丰度今猶在[2]，清苦如君少奈何。

【校記】

〔1〕華，《湖北先正遺書》本作“花”。

〔2〕丰，《湖北先正遺書》本作“半”。

附録一

元翰林承旨楚國李公壙志[1]

公諱士瞻，字彦聞，世居河南荆門。曾祖諱之敬，贈荆湖北道宣慰使、都元帥；祖諱文亮，贈太常禮儀院使，俱追封楚郡公。父諱壽椿，贈河南行中書省平章政事，追封楚國公。曾祖妣陳氏，祖妣張氏，俱追封楚郡夫人。妣鄭氏，追封楚國夫人。公幼英敏，好學，應度支卿柳嘉辟爲知印，非其志也。嘗中大都路進士第，爲萬億廣源知事。中書舉爲掾，歷刑部主事，升員外郎、樞密院經歷，出僉山南憲。入爲吏部侍郎，遷户部行永平總管府事，升本部尚書。出督福建海漕，以功就拜福建行中書左丞。召入參議中書事，進參知政事。一年，入翰林，爲學士，階升榮禄大夫。遷遼陽行中書左丞。再入爲中書參政，改樞密副使，拜翰林學士承旨，進封楚國公。公生皇慶二年二月一日。至正二十七年十一月二十七日，以疾終於京師明照里第之正寢，春秋五十有五。十二月三日，葬大興縣臘八之原。娶何氏，武略將軍提舉何解之女[2]，封楚國夫人。子男四人：守成、守恒、守峴、守岷。守成登進士第[3]，户部司計官。守恒，遼陽等處行樞密院斷事府經歷。守峴，太尉府掾。守岷，國子生。孫男一人，尚幼。孤子守成等泣血謹志。

榮禄大夫、太常禮儀院使陳祖仁填諱。

翰林學士承旨、榮禄大夫、知制誥兼修國史王時題蓋。

【校記】

〔1〕《湖北先正遺書》本題爲“大元故翰林學士承旨榮禄大夫知制誥兼修

國史楚國李公壙志”。

〔2〕贈河南,《湖北先正遺書》本無“省”字。

〔3〕斛,《湖北先正遺書》本作“斛”。

〔4〕第,《湖北先正遺書》本作“弟”。

翰林承旨楚國李公行狀〔1〕

公諱士瞻,字彥聞,南陽之新野人,後徙漢上。曾祖諱之敬,累贈荆湖北道宣慰使,追封楚郡伯;配馬氏〔2〕,累贈楚郡夫人。祖諱文亮,累贈中奉大夫、太常禮儀院使,追封楚郡公;配張氏,累贈楚郡夫人。父諱壽椿,字春伯,累贈榮禄大夫、河南省平章政事,追封楚國公;配鄭氏,累贈楚國夫人。至正初,公以布衣遊公卿間,平章烏蘭哈達〔3〕、左丞烏克遜良楨嘗以王佐許之〔4〕。尋用度支監卿柳嘉薦爲知印,非其志也。舊制:凡大都有恒産住經年深者,聽就試。年三十餘,中大都路進士第十名,庚寅歲也。知印歷十九月,考滿,任將仕郎,萬億廣源庫知事,歷二十四月。中書辟充右司掾〔5〕。時濟寧有警,朝廷分省院以鎮之。城陷,省臣奏兩府官處死。上以知院哈喇巴圖爾勛戚赦之〔6〕,以右丞阿克塔齊〔7〕、參政賈惟貞等坐之。公上書曰:“知院職在總兵,宜處以重刑;省官職在供給〔8〕,止宜定爲杖流。今知院雖特赦免死〔9〕,不過聖恩少延其生耳。”書奏,右丞等遂得減死。在掾七月〔10〕,除從仕郎、刑部主事,出贊總戎。時兵犯左衛,京師震恐,裨將劉哈喇布哈兵甫交〔11〕,其母凶問至京,上遣使即軍中慰弔。公曰:“今兵勢方振,遽宣詔旨〔12〕,彼將哀毀不暇,大敵在前,其孰足以禦之?若能少緩信宿,事方兩全。”從之。明日,兵果大捷,由是京師無虞,蓋其籌畫之力也。未幾,遷承事郎、樞密院經歷,調僉山南江北道,改儒林郎、吏部侍郎,遷文林郎〔13〕、户部侍郎、行永平路總管,升户部尚書,散官如故。出使閩省,時海酋賽富鼎爲帥〔14〕,日肆暴横,公斥責之,其黨抽刃環立〔15〕,語益厲,酋嚴憚焉。既而有旨,命揚珠布哈爲平章〔16〕,酋拒之。平章徵兵攻城，凡三月，民乞救公出，謂：“平章宜宥此曹去。”從之。公欲復入，平章謂：“入將見留[17]。”公曰：“民候我，去留爲存亡，不去且有變。”平章强留之，酋果疑失策。復謀出襲，及再入，事遂定，藩屏以安。閩人爲建祠、樹碑。詔拜資善大夫、本省左丞，尋入爲中書參議。丞相綽斯戬議解博囉特穆爾兵柄[18]，公曰：“削權事重，宜先調兵以固關，輔丞相以有備給之。”及博犯闕[19]，丞相敗。詔以伊蘇爲相[20]，公爲參政，升資政大夫。公謂相曰：“彼凶悖首禍，天子以丞相代之，功當百倍疇昔。如其復蹈往轍，安知無前日之禍耶？”乃上疏，其略曰：竊觀今日國家之勢，有淹淹將盡之氣[21]，無赫赫再振之威。有甘心就亡之意，無救焚拯溺之志。又謂：宜亟下明詔，以彰天討。疏上，不報，遷翰林學士、榮禄大夫、知制誥，同脩國史、知經筵事。博囉入朝[22]，出爲遼陽省左丞，至則傳檄遠邇。其略曰：“違積世之先勛[23]，名曰逆子；犯無君之大惡，號爲賊臣。仍拘執來使，以釋群疑，獎勵諸軍，以圖大舉。”事平，再入爲參政。時庫克特穆爾南征[24]，有詔諸王駙馬悉聽節制等語，公以爲權寵太重，勢將難制。不聽。於是辯論愈切。上乃俾詞臣增其詔，語曰“以南諸王駙馬”云云。又嘗言諸朝曰：“今國家一新政理，宜先正綱常。”執政有謂：“國俗，叔嫂相嫁娶，蓋欲保其家産者。”公正色曰：“廟堂之上議論綱常，乃以家産爲言乎？”其人慙而止。尋改樞密副使。時庫與張思道等仇殺[25]，遣使乞詔以討之[26]，人莫敢言。公曰：“棄南征之命而與王師敵，咎誰歸？况當其出師也，既付以便宜之詔[27]，今復有何詔乎？若遂與之，則是責在朝廷矣。”事遂寢。後復上疏曰：“今造作不已，恐傷民力。傳之遠邇，有鈸兒鼓兒之戲；播之京師，有斧兒鑿兒之謡[28]。而陛下不之寤，臣恐大事一去，雖享有宫室之樂，其可得耶？”上嘉之。拜翰林學士承旨、知制誥，兼脩國史，進封楚國公。未幾，以病卒，時至正二十七年冬十一月也，年五十五。配何氏，累封楚國夫人[29]。子男四人。長守成，後名延興，登丁酉王宗嗣榜第三甲進士。次守恒，遼陽行樞密斷事官經歷。次守峴，太尉掾史。次守岷，國子生員。公平生襟度開夷，識趣弘遠[30]，忠義之節炳如星日，蹇諤之風凛如冰霜，而經濟之才浩如江海，使當時能委任而責成之，其相業又曷可量耶？

榮禄大夫太常禮儀院使陳祖仁撰。

【校記】

〔1〕《湖北先正遺書》本題爲“元翰林學士承旨楚國李公行狀”。

〔2〕配馬氏，《湖北先正遺書》作“配陳氏”。“累贈楚郡夫人。祖諱文亮”，兩本均無，據《元翰林承旨楚國李公壙志》增補，否則，文意不順。

〔3〕烏蘭哈達，《湖北先正遺書》本作“悟良合台”。

〔4〕烏克遜，《湖北先正遺書》本作“烏古孫”。

〔5〕〔10〕掾，原本作“椽”，誤。據《湖北先正遺書》本改。

〔6〕巴圖爾，《湖北先正遺書》本作“哈剌八都儿”。

〔7〕阿克塔齊，《湖北先正遺書》本作“阿塔赤”。

〔8〕“省官”句，《湖北先正遺書》本無“供給”二字。

〔9〕免死，《湖北先正遺書》本作“克死”。

〔11〕哈喇布哈，《湖北先正遺書》本作“哈剌不花”。

〔12〕遽宣詔旨，《湖北先正遺書》本無“宣”字。

〔13〕遷文林郎，《湖北先正遺書》本無“遷”字。

〔14〕賽富鼎，《湖北先正遺書》本作“賽丁”。

〔15〕刃，《湖北先正遺書》本作“刀”。

〔16〕揚珠布哈，《湖北先正遺書》本作“燕赤不花”。

〔17〕留，《湖北先正遺書》本作“晋”，誤。

〔18〕綽斯戩，《湖北先正遺書》本作“棚思監”；“博囉特穆爾”，《湖北先正遺書》本作“孛羅帖木兒”。

〔19〕博，《湖北先正遺書》本作“孛”。

〔20〕伊蘇，《湖北先正遺書》本作“也速”。

〔21〕有，《湖北先正遺書》本作“省”，誤。

〔22〕博羅，《湖北先正遺書》本作“逆孛”。

〔23〕違，《湖北先正遺書》本作“遼”，誤。

〔24〕庫克特穆爾，《湖北先正遺書》本作“擴廓帖木兒”。

〔25〕庫，《湖北先正遺書》本作“擴”。

〔26〕“遣使”句，《湖北先正遺書》本缺“使”“以”字。

〔27〕宜，《湖北先正遺書》本作“益”。

〔28〕謡，《湖北先正遺書》本作“摇”。

〔29〕“累封”句，《湖北先正遺書》本無“封”字。

〔30〕“公平生”句，《湖北先正遺書》本無“公”“趣”字。

附録二[1]

《元史》卷四十六《順帝本紀九》摘録

二十二年……是歲，樞密副使李士瞻上疏極言時政，凡二十條：一曰悔己過以詔天下，二曰罷造作以快人心，三曰御經筵以講聖學，四曰延老成以詢治道，五曰去姑息以振乾綱，六曰開言路以求得失，七曰明賞罰以厲百司，八曰公選舉以息奔競，九曰察近倖以杜奸弊，十曰嚴宿衛以備非常，十一曰省佛事以節浮費，十二曰絶濫賞以足國用，十三曰罷各官屯種俾有司經理，十四曰減常歲計置爲諸宫用度，十五曰招集散亡以實八衛之兵，十六曰廣給牛具以備屯田之用，十七曰獎勵守令以勸農務本，十八曰開誠布公以禮待藩鎮，十九曰分遣大將急保山東，二十曰依唐廣寧故事分道進取。先是，薊國公脱火赤上言乞罷三宫造作，帝爲減軍匠之半還隸宿衛，而造作如故，故士瞻疏首及之。皇太子常坐清寧殿，分布長席，列坐西番高麗諸僧。皇太子曰："李好文先生教我儒書多年，尚不省其義。今聽佛法，一夜即能曉焉。"於是頗崇尚佛學。

【校記】

〔1〕此附録係點校者輯録。

《四庫全書》文淵閣本《經濟文集》卷首按語[1]

臣等謹案：《經濟文集》六卷，元李士瞻撰。士瞻字彦聞，先世新野人，徙居荆門。幼英敏好學，至正初中大都路進士。中書辟充右司掾，除刑部主事，累官户部尚書，出督福建海漕，就拜行省左丞，召入爲參知政事，改樞密副使，拜翰林學士承旨，封楚國公。以至正二十七年卒。《元史》不爲立傳，惟《順帝本紀》載至正二十二年樞密副使李士瞻上疏，極言時政凡二十事，具列其目，大抵當時急務，蓋亦讜直之士也。是集爲其曾孫伸所編次，皆自爲右司掾以迄奉使閩中時所著，故《元史》所載時政疏不在其中。檢核卷目，其與人簡札至七十餘通，幾居全集之半，雖多屬一時酬答之作，而當時朝政之姑息、兵事之乖方、藩臣之跋扈，俱可藉以考見梗概。至士瞻之彌縫匡救，委曲周旋，其拳拳憂國之忱，不憚再三苦口，尤有爲人所難能者。《元史》於順帝時事最稱疏略，此集洵足資參訂之助矣。士瞻有子延興，能嗣其家學，所著別有《一山文集》亦已著於録云。

乾隆四十六年九月恭校上。

總纂官臣紀昀　臣陸錫熊　臣孫士毅

總校官臣陸費墀

《四庫全書總目》集部别集類
《經濟文集》提要

《經濟文集》六卷（浙江鮑士恭家藏本），元李士瞻撰。士瞻字彦聞，先世新野人，徙居荆門。至正初，中大都路進士。中書辟充右司掾，除刑部主事，累官户部尚書，出督福建海漕，就拜行省左丞，召入爲參知政事，改樞密副使，拜翰林學士承旨，封楚國公。以至正二十七年卒。《元史》不爲立傳，惟《順帝本紀》載至正二十二年樞密副使李士瞻上疏極言時政，凡二十事，具列其目，大抵當時急務，蓋亦讜直之士也。是集爲其曾孫伸所編，所録始於爲右司掾時，而迄於奉使閩中，故《元史》所載時政疏不在其中。然所載往來簡札至七十餘通，幾居全集之半，雖多屬一時酬答之作，而當時朝政之姑息、兵事之乖方、藩臣之跋扈，多可藉以考見。其彌縫匡救、委曲周旋、拳拳憂國之忱，亦不在所上時政疏下。《元史》於順帝時事最稱疏略，存此一集，深足爲考證之助，正不徒重其文章矣。

後　　記

《四庫全書》所收元人別集甚少，而元人別集中屬於湖北籍的作家別集更少之又少，總共纔三四種而已。李士瞻《經濟文集》乃是其中一種。文集收集的主要是士瞻以户部尚書出督福建海漕時所作書札和詩文，鹽、糧爲其關注的中心，也是當時社會的焦點之一，直接反映了元後期尤其是順帝朝廷的政治狀況和福建社會生活，對於了解那段歷史頗有參考價值。

本書是國家社科基金重大招標項目《荆楚全書》的編纂成果，正在進行“國家雙一流”建設的華中師範大學文學院中國語言文學一流學科爲本書出版提供了資助。湖北人民出版社文史編輯部祝祚欽主任與各位編輯爲此書出版付出了辛勤勞動，在此謹致謝忱！

王齊洲

己亥勞動節記於武昌洪山兩學軒

荊楚文庫

一山文集

〔元〕李繼本　著　工齊洲　谷文彬　點校

校點説明

李繼本，其先世居河南南陽新野，後徙居漢上（今湖北荆門）。高曾祖父之敬、曾祖父文亮、祖父壽椿、父士瞻，均居荆門，故繼本祖籍爲湖北荆門。父士瞻於元惠宗（順帝）至正初游京師，先任度支監知印、將仕郎。元順帝至元六年（1340）十二月恢復科舉取士制度，規定此後每三年一屆。至正元年（1341）第一屆鄉試，至正二年（1342）第一屆會試。按制，凡在大都有恒産且居住有年者，聽就本路科舉考試。於是士瞻以大興府東安州安次（今河北廊坊安次）籍參試，中至正十年（1350）庚寅科舉人、至正十一年（1351）辛卯科進士，署萬億廣源庫知事，歷官至樞密副使，拜翰林學士承旨、知制誥，兼修國史，進封楚國公。因其占籍東安，故史亦有稱其爲東安人者。士瞻生有四子：長名守成，次守恒，次守峴，次守岷。

士瞻長子李守成，後更名延興（1333？—1394以後），字繼本，以字行。自號晼雪生、野樵，晚號一山叟。依父籍，繼本爲東安人；依祖籍，繼本爲漢上人；依地望，繼本爲河南人。其本人自稱或署名，或爲東安李延興、安次李延興，或爲漢水李延興、漢上李延興，或爲河南李延興、中州李延興，等等，都有依據。繼本幼喜詩，日鍛月煉不輟，十四五歲即有詩名。元至正十二年（1352）入雄縣（今屬河北保定）縣學，因其生長於大都，遂占籍大都（今北京）參加科舉考試，登至正十七年（1357）丁酉科王宗嗣榜第三甲進士，選授詹事掾，升太常奉禮，兼翰林檢討。會中原俶擾，遂隱居不仕。明洪武元年（1368），明軍攻大都，元順帝弃城北走上都開平府（今内蒙古正藍旗東四十里閃電河北岸），其中心勢力退至漠南。洪武三年（1370）春，繼本代匱山西行中書省理問官承堂帖如元上都，已而授同知太原府事，因太原已被明軍攻克，未赴任，回鄉隱居。洪武七年（1374）在淶水縣（今屬河北保定）縣學代匱學職。洪武十二年（1379）爲東安丞李燧招致，任雄縣縣學訓導，三年後離職，移教房山縣（今北京市房山區）。其卒年不能確考，僅知其在洪武二十五年（1392）作有《題下庭芳所藏山水畫》、洪武二十六年（1393）作有《文安縣譙門記》、洪武二十七年（1394）作有《禱雨祭龍神文》，則其卒於明洪武二十七年後可以肯定，但具體卒年不詳。

李繼本撰有《一山文集》九卷。文集前有其門人李敏序，稱是書爲其子方曙、方煦所輯，而明景泰中黎公穎序則曰其孫容城教諭伸所編，大概此文集乃繼本子孫相繼爲之。繼本在元末明初是一位頗有影響力的詩人，其詩與張羽、徐賁、王璞、王琦齊名。《四庫全書總目提要》以爲："朱彝尊《明詩綜》搜羅最備，獨未録是集，殆以未仕於明，故與楊維禎一例不載。"這一説法其實是錯誤的。朱彝尊《明詩綜》卷十五收有李延興詩十七首，云"延興，字繼本，東安人，占籍北平。至正丁酉進士，授太常奉禮兼翰林檢討。洪武初，屢典邑校。有《一山集》"，並稱"其詩文頗拔俗，長歌尤擅場"，對其詩評價頗高。顧嗣立《元百家詩選》則未收入其詩，大概以其爲明代詩人之故。然而，李繼本却始終以元遺民自許，他本元代進士，且爲朝廷命官，殆因其明洪武中出任過雄縣縣學訓導，不能否認有出仕新朝之迹，雖然他自稱爲李燧"逼爲訓導，自今有悔"，也確實没有接受過明朝廷任命，但將其歸入明代作家不能説没有依據。不過，四庫館臣仍將其視爲元代作家，並將《一山文集》作爲元人文集收入《四庫全書》中，這是完全符合他本人意願的，應該得到尊重。錢謙益編《列朝詩集》，在甲前集收入其詩，與楊維禎等元末詩人一例對待，與四庫館臣意見相同。因爲明初地方學官聽郡邑長推擇名碩爲之，故繼本雖元亡不仕，猶能出典邑校，不違其志。

繼本不僅詩歌擅場，而且號稱能古文，當時亦稱作手，其文有魏晋之風。《四庫全書總目提要》評云："其詩文俊偉疏達，能不失前人規範。長歌縱横磊落，尤爲擅場。中有學李白不成，流爲盧仝、馬異格調者。好奇之弊，其失不免獷而野。然愈於翦紅刻翠，以詞爲詩者多矣。"所論較爲中肯。其實，除了文學成就，其文集還提供了不少元末社會的真實史料，如《劉義士傳》叙北方戰亂慘狀，目不忍睹；《與董涞水書》中所記當時民間有俗諺曰："生員不如百姓，百姓不如祇卒"，讓我們知道直到元末，知識分子社會地位仍然很低。

《一山文集》主要版本有：明景泰中李伸刊本、兩淮馬裕家藏本（《四庫全書》以其爲底本）、浙江錢塘汪氏振綺堂鈔本、江蘇吴縣金侃鈔本、沔陽盧氏慎始基齋《湖北先正遺書》本（據四庫文津閣本影印）、張鈞衡《適園叢書》本，以及路氏鈔本、莫氏鈔本、藝風鈔本等。北京書目文獻出版社以清康熙二十八年（1689）金侃鈔本影印，收入《北京圖書館古籍珍本叢刊》中。清人法式善編《宋元人詩集》，收入《一山文集》二卷，僅選部分詩歌。明吉安知府張廷璽曾將《一山文集》與其父士瞻《經濟文集》合刊爲《濟美集》，今未見。

本書以《北京圖書館古籍珍本叢刊》影印清康熙金侃鈔本爲底本，以《湖北先正遺書》本和四庫文淵閣本參校。金侃鈔本爲收録最全且鈔寫頗爲規範之本，如第三卷共十九篇序文，《湖北先正遺書》本和四庫文淵閣本均只兩篇完整，一篇殘損，其餘只有篇題，内容全闕，而金侃鈔本完整無缺。當然，也偶有《四庫全書》本有載而金侃鈔本缺載的情况，如五言律詩《游長春宫》、七言律詩《山中值雨》等即是。在文字上，金侃鈔本與《四庫全書》本偶有異同，多數情况下鈔本優於《四庫全書》本。而同是《四庫全書》本，文津閣本和文淵閣本也頗有差異，如五言律詩《盧龍二首》，文津閣本失載，文淵閣本有載，只是誤置在五言長律中。總的來説，文淵閣本與金侃鈔本同多異少，而文津閣本則差異較多。本書校點，凡底本有載而參校本失載者則據底本，凡底本缺載而參校本有載者則據補。凡參校本與底本有差異處，本書均在校記中説明，便於讀者查驗。校記中凡稱原本者，皆指底本。若底本與校本異文皆通，則正文據底本，校記中列出校本異文；若底本有誤，則據校本改正，校記中予以説明；若底本不誤而校本有誤，則校記中列出校本異文，並指出其誤；若底本、校本皆誤，則在校記中説明改正依據。如有失檢處，懇望讀者批評指正，以便再版時改正。

目　録

李敏序

六經，載道之文也。諸子，明道之文也。載道之文，如日麗乎天；明道之文，如水行乎地，而出無窮，其有功於國家，有功於吾道[1]，豈小補哉！抑世之工於文章者，固多；能明夫道者，蓋鮮矣。漢上李先生繼本，前翰林學士承旨李彦聞之子也，禀中州清淑之氣，奇才卓犖絶人。早以能詩名動搢紳，登至正丁酉科進士第。未幾，中原俶擾，先生遂隱居不仕，上考唐、虞、三代及兩漢之文，下溯伊洛諸儒之源流，於勢利澹如，若將終身焉。而河朔學者，尊仰德業，擔囊負笈，不遠數百里來學。先生性雖高邁，能隨其才識上下而胥教誨之，故登高科，躋膴仕，屢有其人。是皆教育有素、啓迪有方故也。敏嘗從之游，且相知之深，每嘆其文本根以六經，出入乎群書，上下乎諸子之間，故其文章渾厚雄深，而人莫易窺其涯涘。譬之春江波濤，一碧千里；夏雲奇峰，叠見層出。又若新秋雨霽，玉宇無塵，爽氣襲袂。冬則如高山晴雪，遠樹寒煙[2]。其文之變化靡常，大率類此。其千變萬化，固無常矣，究其所以，無非著明是理也。其所以助國家、禆治道也，不既多乎。今年春，先生之子方曙、方昫訪余於金臺客邸[3]，酒邊詢及先生之文，皆覽涕而言曰："先人平日撰述最多，今之所存者，乃兵燹散落之餘，僅二百餘篇耳。幸有以序之。"敏於先生之文，固不敢妄議，姑述其梗概如此云。

門人李敏拜手謹書。

【校記】

〔1〕有功於，《湖北先正遺書》本、四庫文淵閣本作"其有功於"。

〔2〕遠，《湖北先正遺書》本無此字。

〔3〕余，《湖北先正遺書》本、四庫文淵閣本作"予"。

黎公穎序〔1〕

《一山文集》者，元翰林檢討東安李繼本先生所著也。先生乃學士承旨、楚國公仕贍之子，王宗嗣榜第三甲進士。平生素以文鳴，所作甚富，於千百中僅存七八。其孫容城教諭伸，編次其詩文一帙。今巡按福建監察御史許公間，乃以示穎，命爲校正。穎既仍分類定卷，訂其字之舛訛。始終反覆，莊誦三四，則知先生之文浩乎困乎，非淺陋凡近可得而窺其涯涘也。嗚呼！元氣流行乎天地之間，其英華純粹鍾於人，必爲絶出之才，苟不施於政事以揚其美，則假爲文辭以鳴國家之盛，非立言學古之君子，其孰能之哉！先生爲中州大儒，家學之傳，淵源有自，經史子集，無不貫舉。其詞義如河流滂沛，不待疏决而無壅窒；如庖丁解牛，不待鼓刀自得肯綮之妙。其作爲文章，法度森嚴，無冗長之語。温潤者又如玉産於藍田，粹然不見其瑕疵；瑩潔者又如珠孕於合浦，粲然不睹其淫媚也；舂容典重者又如金鐘大鏞之在東序，動中律吕，皦然不聞其亂雜之聲也。先生之文若是，何可泯没而不傳於世哉？然傳與不傳，顯晦係之焉耳。當晦之時，固有待於知者。既得知者，又寧有自秘不廣其傳於海内者哉？此先生之文，有待於御史公而後顯者，其神交冥合於百年之後，豈偶然哉！御史公以名進士出按歷外服，振肅紀綱，繩糾之暇，又得以用心於文事，非崇重儒道之君子，疇克爾歟？君子樂道人之善，成人之美，穎故序之於左。

景泰癸酉二月吉日，候官縣儒學教諭黎公穎書。

【校記】

〔1〕此序原本無，據四庫文淵閣本、《湖北先正遺書》本補。

卷　一

賦

喜雨賦

辛亥夏，余寓繁峙，彌月不雨。五月二十有二日大雨，作喜雨賦。

五臺之北，五原之陽，太行削雲間之老翠，滹水落天上之銀潢。澮畝縱横，池館清凉。鷄犬静其無哗，花竹秀兮有香。卧雲子游而樂之，遂解裝林下，而卜鄰於暖泉之傍。鄉大夫喜其來而懼其往也，相與剷荒榛，締草堂，開蔬圃，拭藥囊。有琴在御，有書滿床。奚奴舂柳陰之白粲，鄰父過墻頭之緑觴。步明月而歌窈窕，臨逝波而咏滄浪。迹絶於城市，心息乎紛攘。蓋將奉親以自樂，而高卧乎白雲之鄉。孰期涉兹盛夏，天閟膏雨，憂心殷殷，莫知所處。赤日如焚，旱氣旁午。牛喘欲頽，龍卧不起。粟苗半焦，麥實成粃。穹林偃兮槁木[1]，破金啼兮渴鼠[2]。地靈縮萬井之源，海若收百川之水[3]。罷千門之管弦，嘆五方之商旅。乃有戴白之翁、垂髫之子，斞寒潭之清泠，羅金檗之香幣[4]，走龍祠以祈靈，薦牲俎以陳禮。旌幢絢兮九霄，笙鼓訇兮百里。娱以優伶，雜以士女。既醉既飽，載笑載喜。眇天澤之少施，冀神心之暫啓。俄而玄霾塞乎泬寥，密霧沉乎階戺。恍疑起潜蛟於岩幽，而捲怒龍於江渚也[5]。少焉，明霞收，流電止。日迎霧以霽澄，風吹雲而披靡。氣將交而復離，惠將布而復弛。兆姓呑聲而無驩，萬口籲天而矢死。魏巍皇穹，憫民之窮，沛然下雨。當兹五月之將終，方是雨之欲降也，炎光墮地，層陰蔽空。萬蟻封穴，百鳥號風。日車騰騰以遄邁，電幟閃閃以交攻。山川暗藹，乾坤晦蒙。雷震天門之鼓，水涌馮夷之宫。及是雨之既作也，噴灑空際，飛流海東。浪奔平皋之雲，河走長橋之虹。瀉天瓢於八極，散銀竹於千峰。回生意於萬象，蘇渴望於三農。既而陰氣解駁，晴景冲融。雲浮浮其若練，山宛宛其猶龍，鳥嚶嚶其相樂[6]，木蓊蓊其成叢。平疇漲萬頃之緑，奇葩吐千林之紅。客有登空山以遐睇，鏘環珮於雲中[7]。藉綿綿之茂草，蔭落落之長松。瞑藹逐遥空之孤鶩，天風度荒寺之遠鐘。俯仰宇宙，披豁心胸。但見火輪千丈，西渡銀海，涌出萬朵金芙蓉。爾其霞飛林表，煙斂天末，柳暗歸鴉，簷喧乾鵲。送西山之夕陽，挂南樓之朱箔。槐色浮而庭宇清[8]，花陰轉而簾櫳薄。緗帙曬兮芸軒，酒旆揭兮山郭。烏犍耕白水之涯，紅袖舞清風之閣。凉入兮練衣，香潤兮錦橐。於是華者實，槁者活，疾者瘳，憂者樂。三辰得是雨而澄明，兩儀得是雨而開廓，太和得是雨而流行，沴氣得是雨而銷鑠。彼棠溪之金，美則美矣，而惠不若是雨之博[9]；垂棘之璧，貴則貴矣，而恩不若是雨之渥。飛潛動植，皆爲之𢡟舒；耆耄幼稚，皆爲之欣躍。信天下之至寶，非一物獨得而沾濡；誠宇内之奇珍，非一人獨得以囊括。天降斯雨，豈人所作。人被斯澤，非天曷托。彼有備百禮以禱於鬼神者，孰若精一心以求於冥漠也。卧雲子復怡然語諸鄉大夫曰："始而不雨，吾意天實殄厥下民矣。既而大旱，吾意天實殞厥下兆民矣[10]。一雨如沐，九土皆春，天錫吾氓，惠也孔殷。吾將結青山以爲侣，招白雲以爲鄰，耕田讀書，以終老於滹水之濱。"乃歌曰："雷雨滿盈兮，蕩乎無垠；氣化迴薄兮，出乎無門。使天雨玉兮，曷若野礄流水清無塵[11]。使天雨珠兮，曷若石田茅屋屯秋雲。吾何以酬天地之大德兮，惟有丹心一寸横蒼旻。"

【校記】

〔1〕槁，《湖北先正遺書》本作"稿"，誤。

〔2〕破金，《湖北先正遺書》本作“破釜”。

〔3〕海若，《湖北先正遺書》本作“海岳”。

〔4〕縶，原本誤作“擎”，據《湖北先正遺書》本、四庫文淵閣本改。

〔5〕龍，《湖北先正遺書》本、四庫文淵閣本作“瀧”。

〔6〕嚶嚶，《湖北先正遺書》本、四庫文淵閣本均作“嬰嬰”。

〔7〕環珮，《湖北先正遺書》本、四庫文淵閣本均作“環佩”。

〔8〕庭，四庫文淵閣本作“廷”。

〔9〕博，四庫文淵閣本作“溥”。

〔10〕天實殞厥下兆民矣，《湖北先正遺書》本作“天實隕厥兆人矣”，四庫文淵閣本作“天實隕厥兆民矣”。

〔11〕磶，《湖北先正遺書》本、四庫文淵閣本均作“橋”。

五言古詩〔1〕

【校記】

〔1〕原無，據《湖北先正遺書》本、四庫文淵閣本補。後“七言古詩”“五言律詩”“七言律詩”等均同，不再説明。

王氏別墅

旭日照遠水，摇映青松林。丹霞散餘彩，翠煙鬱沉沉。好鳥弄晴晝，嘉禾敷繁陰。天虚風物幽，高爽澄清襟。解琴一奏之，細和山水音。歗歌以相羊，俯仰獲我心。栖遲歲年晚，將歸故山岑。

送李順文

維齊古青州，其地山水秀。嘗遭國大侵〔1〕，夾輔猶腋肘。宅土稱上腴，財賦等浙右。奇闔久乃隳，完城失封守。妖盗起潢池，跳梁袞林樕。白晝燒通衢，胡馬相踐蹂[2]。屋化飛塵灰，莽莽草木茂。往年大姓家，存者無八九。兵興歲無虚，穡事廢南畝。紛馳赤白囊，烈勛竟何有[3]。上貽國之憂，軫念夜達晝。簡師行天誅，岌岌不敢後。秦中出精甲，長道屈群醜。言言七十城，易若摧瓦缶。大野熄烽煙，多士釋介胄。兩河關梁通，中原絶紛糾。行者如蟻旋，居者如輻輳[4]。濟南李徵君，累葉文獻舊[5]。躬耕食其力，田園如錯繡。自經喪亂來，避地東西走。草食面削瓜，布絮體盈垢。先師有遺文，一一付君手。萬死逃一生，收藏免脱漏。吾嘗觀其書，篇章燦瓊玖。讀之京華館，霜月動虚牖。尋將刻棗梓，上儷鍾鼎壽。古稱賢弟子，君乎實無負。始予未相識，聞譽則已久。昨枉過山齋[6]，衡扉竹外候。吐飯欣接之，笑語忘辰酉。論議悉超絶，白日雲霧剖。讀書不窺園，焚膏在研究。巢由尚羊裘，禄仕不挂口。譬之天馬駒，不肯戀棧豆。裹糧出都門，歸期迫夏首。春容耀桃李，川色潤栲杻。太行入青雲，千峰淡如帚。黄河浪卷天，風雨怒蛟吼。路經百戰場[7]，青苔白骨朽。抵家拜丘墳[8]，狐狸上荒阜。俯仰成古今，野哭雜山溜。莫傷門祚衰，晚節當大就。立言紹前修，蚤夜獵文囿。爲國植英材[9]，民俗盡歸厚。我家漢水上，昔别齒尚幼。囏危十餘年，骨肉知在否。君歸我何如，涕泗滿衣袖。執手河之干，臨風一觴酒。人生會合難，豈不懷親友。相期保令名，良時不可又[10]。

【校記】

〔1〕侵，《湖北先正遺書》本、四庫文淵閣本均作“祲”。

〔2〕胡，《湖北先正遺書》本、四庫文淵閣本均作“戎”。

〔3〕竟，《湖北先正遺書》本、四庫文淵閣本均作“徑”。

〔4〕輳，《湖北先正遺書》本、四庫文淵閣本均作“湊”。

〔5〕葉，《湖北先正遺書》本作“業”，四庫文淵閣本作“年”。

〔6〕枉，《湖北先正遺書》本作“往”。

〔7〕戰，《湖北先正遺書》本作“載”。

〔8〕丘，《湖北先正遺書》本、四庫文淵閣本均作“邱”。

〔9〕材，《湖北先正遺書》本、四庫文淵閣本均作“才”。

〔10〕又，《湖北先正遺書》本、四庫文淵閣本均作“久”。

江皋圖

江晚月未上，白煙滿芳洲。雨止山氣佳，衡扉在岩幽。浦迴沙漫漫[1]，松深露浮浮。水田早稻熟，稍欣獲有秋。曠爽來清風，朱夏炎歊收。野人樂江居，垂綸水西頭。得魚送鄰家，酒好仍見留。童丱喜相隨，浩歌送飛鷗[2]。古時放達人，傲睨輕王侯。焉能繫塵鞅，憧憧爲身謀。我家漢水上，田園雅綢繆。穀苗含惠澤，井洫交新流。收穫賙族黨，矢心良不偷。一自來京都，星霜倏十周。寄食仰俸粟，曷免生事憂。藥物縻病身，曠望增夷猶。翩彼南飛鴻，肯寄音信否[3]。

【校記】

〔1〕漫漫，《湖北先正遺書》本作“漠漠”。

〔2〕飛，《湖北先正遺書》本、四庫文淵閣本均作“蜚”。

〔3〕否，《湖北先正遺書》本作“不”。

阻雨題柏山驛壁

黯淡連朝雨，山窗遞微凉。絺衣含秋潤，散髮此相羊。白鳥啼青林，澗水亦浪浪。隱人不可見，思之雲路長。歠歌忽終晷，西日下平岡。

富庶驛

羸馬下危坂，返照在西林。長風度清壑，澗水鏘玉琴。好鳥鳴幽谷，晴雲超高岑。解裝背村塢，小憩青松陰。嗟我忝代祀，凛凛懼不任。巍巍廣寧祠，敻隔遼水潯。龍光遠被之，紫氣鬱沉沉。天香動草木，翔舞有胎禽。黍稷不疵癘，雨露㫬以深。靈怪亦率職，田野絶呻吟。顧予蟣虱臣，至喜動微忱。兹願倘可遂，庶慰吾皇心。

山中書事

圖史列座隅[1]，深居愜幽情。漢上青山多，開軒眼增明。白鳥煙際來，清風竹間生。抱瓮汲新井，佳蔬有餘馨。懶散時自適，收書松下行。青苔没屨迹，凉露尚沾纓。入雲問山寺，忽聞疏磬聲。

【校記】

〔1〕座，《湖北先正遺書》本、四庫文淵閣本均作“坐”。

松下鼓琴圖[1]

兩崖何蒼蒼，長松在高岑。月出屋東頭，微雲生夕陰。道人眉宇静，松間調素琴。商聲泛林莽，流水爲知音。我欲往聽之，青山白雲深。

【校記】

〔1〕詩題《湖北先正遺書》本作“松下鼓琴”。

七言古詩

仲冬月

斗杓建子仲冬月[1]，曉天雲掩殘月魄。滿城霜氣利如刀，敝褐蒙頭出不得。旭日無光風伯怒，冰合水泉厚地裂。憑高曠望目力超，瀚海天山千丈雪。波濤永閟蛟龍宫，原野深藏狐兔穴。南山榛栗盡枯死，出獵何人馳騆驖。俄頃風收氛翳開，萬里雲天青帖帖[2]。青旗颭颭酒家樓，杖頭恰有錢三百。何物小兒爲侶儔？座上能詩有仙客。月斜醉倒花樹下，銅龍漏下五十刻。

【校記】

〔1〕杓，《湖北先正遺書》本、四庫文淵閣本均作“標”。

〔2〕青，《湖北先正遺書》本、四庫文淵閣本均作“清”。

壁間雜畫

山中之人氣奕奕，愛畫雲山與水石。遠山近山恣一揮，頃刻生綃數十尺[1]。今代只數高尚書，妙處不減米家筆。後之善畫者爲誰，青山白雲久蕭瑟。忽驚座上煙靄生，漠漠平林翠如織。平生夢想不可到，乃在君家雪色壁。花發穹林破曉紅[2]，水合長天蕩晴碧。蘆邊雁影落迴汀，沙上漁蓑曬斜日。白髮蒼頭四老人，棋罷松間坐争席。笋皮笠子大如傘，歸去不愁山雨濕。爐經九轉煉丹成，杖挂百錢酤酒吃。眼看此景不可親，况復憧憧事塵役。會須結屋山之阿，更求好田水之曲。野人生理日有餘，耕歸牛角懸書帙。茆簷夜火促寒機，古甸秋風收晚粟。安車若便下丘樊[3]，爲報先生不可出。

【校記】

〔1〕綃，四庫文淵閣本作“絹”。

〔2〕穹，《湖北先正遺書》本作“瓊”，四庫文淵閣本作“窮”。

〔3〕丘，《湖北先正遺書》本、四庫文淵閣本均作“邱”。

福源精舍

京城六月日如火，風軒散髮執書坐[1]。頓嫌城市多煩囂，欲買田廬何處可。素几茶甌吹碧香，有客敲扉偶相過。爲言越中好山水，厥土膏腴不偏頗。魏氏之子文貞孫，玉樹臨風色瑳瑳。讀書浙水之東頭，搜今摭古以自課。夏蓋湖光白涌雲，福祈山氣青浮座。三江帆上暮天長，八月潮平秋水大。亭邊獮猨長如人〔2〕，月黑林昏盜山果。桃源人家疑此是，洞口雲深晝無鎖。百壺滿醉江南春，擊缶高歌兒子和。西蜀少陵恒苦吟，南陽武侯尚高卧。文貞昔在貞觀中，大節堂堂不終挫。好將舊學佐朝堂，行見英風振頑懦〔3〕。索居何日賦歸來，盡理遺書載輕舸。我昔耕牧峴山陽，門前水田足粳糯。十年道阻不可歸，江上秋風茅屋破。舊栽松柏定成林，石墻竹梢添幾箇。向來耆舊安穩無，每一思之淚交墮。福源林壑倘見分，卜鄰擬住山之左。客歸好語仲遠君，歲晚寄書煩報我。

【校記】

〔1〕執，《湖北先正遺書》本作“報”。

〔2〕猨，《湖北先正遺書》本作“猴”，四庫文淵閣本作“猿”。

〔3〕風，四庫文淵閣本作“流”。

墨　竹

近時海内稱畫竹，息齋筆意何突兀。蒼然寫此風露枝，墨花落紙秋萬斛。怪處不減文湖洲，展玩晴窗醒心目。竹邊巒石更坡陀，便似着身游嶰谷。青溪過雨山霧寒，白月出林煙水緑。葛陂老龍頭角秃，夜噓雲氣黑如沐。白晝慘慄炎歊收，展書宜趂清陰讀。我有竹林漢水西，兒時學種如種玉。春翠森森抽細笋，風碧娟娟散幽馥。有客清似王子猷，拄杖敲門往來熟。欲歸料理不可得，夢繞江村白沙曲。安得大絹長丈餘，請君爲我作横幅。寫我只作六逸儔，挂在秋風江上之小樓。

題　畫

山翠浮空初過雨，山麓晴雲散芳渚。霧合長林生曉寒，人家更在林深處。澗泉六月翻松根，石洞千年隱仙侶。有誰共奕橘中來，無人問路桃源去[1]。白煙遮盡青林花，野簌嫩香應可茹。清幽不減山之陰，只欠蘭亭列觴俎。誰乎寫此怪而奇，莽莽雲山入毫楮。細看猶有遺恨處，胡不着我山之墅。我生本是丘壑姿，誤落京塵幾寒暑。小時耕牧峴山陽，間從野人學種樹。門前漁浦啼竹禽，屋上鶴巢走松鼠。獨行采藥日暮歸，纔得芝朮一斗許。縱令服食不得仙，何若長年藝禾黍。小村秋晚鷄正肥，大瓮春浮酒新煮。老翁醉舞兒子歌，笑語諠嘩忘賓主[2]。此樂不見十許年，兵火煌煌照南楚。思歸見畫萬感生，悵望風飄横浦漵。時清即好謝官歸，全家移向山中住。

【校記】

〔1〕源，《湖北先正遺書》本作“花”。

〔2〕嘩，四庫文淵閣本作“華”。

黄崖寺

黄崖秀絶不可畫，山際飛雲如走馬。東來無此好雲林，況逢野衲同清話。茶煙侵午客題詩，松籟吹凉僧結夏。人間塵土誠污人，何時息影禪林下。

寄江都縣丞求船如江東都[1]

候船十日留瓜渚，寂寂衡扉隔霜樹。江頭白浪大如山，空外青山横一縷[2]。出門顧影與誰儔，市上泥深過尺許。愁來買酒醉秋風，睡起開軒看山雨。弃家辛苦如金陵，夢繞山中讀書處。今兹胡爲乎久留，行止關天非不武。江都二縣才且賢，念我飄零留我住[3]。高情好逐萬里風，穩送孤帆過江去。

【校記】

〔1〕如江東都，《湖北先正遺書》本、四庫文淵閣本均作“如江東”。

〔2〕空，《湖北先正遺書》本作“江”。

〔3〕飄，《湖北先正遺書》本、四庫文淵閣本均作“漂”。

漁陽客邸

城外雲山濃似綺，屋裏琴書静如水。石爐添火試松香，裊裊篆雲飛不起。天涯倦客此停驂，茶灶煙銷猶隱几。奚奴呼覺日平西，一片秋聲響窗紙。

長短句

水山書事闕[1]

【校記】

〔1〕“水山書事”以下五首，原本、四庫文淵閣本均無。僅《湖北先正遺書》本存題，内容闕，據補題。

山齋雨坐闕

洞簫歌闕

三友圖闕

贈張談天闕

柳居圖

先生夙[1]，華川山中好隱居，門前十柳青扶疏。種來不記幾歲月，生意藹藹充吾廬。先生一生好心事，放迹其下樂有餘。垂垂露葉覆軒户，燦燦雪絮吹琴書。清風蕭瑟來枕席，流水汩瀌鳴階除。或逢樵，或對漁。隔浦蕩輕舫，呼童巾小車。丸藥聽黄鳥，攀條穿白魚。野老争席樹陰底，凉影團團摇酒壺。山中之人有天趣，丹堊點染成畫圖[2]。若非下惠當時宴休處，定是柴桑處士之故墟。自持御史節，朝夕賦歸歟，載歌柳居柳，臨觴惜居諸。既不能歸田重培育，又不能馳書問何如。風瑟瑟，動干旟，露湑湑，沾珮裾[3]。千絲萬縷亂心曲，渺渺遥思飛雲衢。寄言子孫愛惜之，要使清陰大芘吾里閭。

【校記】

〔1〕先生夙，《湖北先正遺書》本作“先生夙昔”。

〔2〕堊，《湖北先正遺書》本、四庫文淵閣本均作“墨”。

〔3〕珮，《湖北先正遺書》本、四庫文淵閣本均作“佩”。

雪溪漁隱圖

窮陰塞，玄冬萬里起龜色[1]。爰有子陵之徒住在溪上頭，渺渺孤舟釣風雪。玄冥尸化樞，天地爲冰壺。霧散煙銷野馬死，溪山佳處好隱居。繁霙舞空雲黯淡，長風捲海天模糊。壯哉滕六大有意，爲我漁家掃出萬幅真障圖。真障圖，世莫比。一釣鮪與鱣，再釣魴與鯉，三釣鯨與鰲，生殺在釣餌，失之何足羞，得則良可喜[2]。今者得魚亟烹之，婦曰有酒無憂矣。須臾爛醉卧蓬窗，船頭雪深尺有咫。酒醒推蓬一開眼，茫茫萬境白於紙。乃知江湖之上多高人，借有駟馬高車安肯起。讎太公，友嚴子，何妨老作煙波士。湖之濱，江之滸，書可讀，穀可藝，君將忘筌予避世。

【校記】

〔1〕黿，《湖北先正遺書》本、四庫文淵閣本均作“墨”。

〔2〕則，《湖北先正遺書》本作“之”。

紫荆關

吾聞紫荆關，是古來天險處，勢逼恒嵩抗天柱。棧路迴出青雲端，岩瀑喧豗，噴灑長空，對之可以湔塵慮。往年龍虎紛拏戰血飛，煌煌萬騎關前駐。只今平世天下清千里，桑麻旆旆連郊墅〔1〕。行旅不操寸兵，瓮城不勞鐵鑄。王元不奉函關泥〔2〕，孫子不書馬陵樹。關南孤戍夜火稀，關北團茅小家住。今我自西來，飛霜滿衣絮。林下有高人，怡然此相遇。煙霞郵館午停驂，風雪軒窗夜聯句。家山咫尺望不迷，寫書先寄賓鴻去。須臾日車飛上扶桑紅，一騎已出東山東。

【校記】

〔1〕墅，《湖北先正遺書》本作“野”。

〔2〕奉，《湖北先正遺書》本、四庫文淵閣本均作“封”。

正己堂〔1〕

登君正己堂，聽我正己歌。大質不返混沌死，群邪乘正棼駢羅。乃知正人必正己，己既不正如人何？惟彼古君子，卓哉心靡他。力正學〔2〕，嚴切磋，敷正道，貴漸磨〔3〕，吐正論，排私阿。誰其似之陳幕長，壯顏毅色横星河。秉心一以正，心源澄朗無驚波；居家一以正，家人唯諾春陽和；莅官一以正，官曹肅睦無譴訶[4]。朱弦泠泠白日静，玉樹皎皎清風多。素絲羔裘粲如雪，自公退食何委蛇。乃知穹壤間，細大理則那。乾道失其正，陰陽寒暑皆錯訛；地道失其正，山川草木皆札瘥；人道失其正，綱常典禮皆偏頗。史之直，汲之戇，推强植弱横金戈。明廷一日振風采，凛凛正氣永與金臺萬古同巍峨。

【校記】

〔1〕己，《湖北先正遺書》本作“已”，誤。文中其他“己”字同。

〔2〕力，四庫文淵閣本作“方”。

〔3〕磨，《湖北先正遺書》本作“摩”。

〔4〕無，《湖北先正遺書》本、四庫文淵閣本均作“亡”。

湘中老人圖

湘山高，湘水深。樹渺渺，湘猿吟。日將暮翠霧，丹霞滿芳渚。碧草凄迷南浦春，紫蘿摇動東風雨。龐眉野客來何所，袖拂輕飈過孤墅[1]。掃苔坐讀黄老書，展卷之間會此千古之奇趣。九嶷飛翠空中來，路繞蒼江獨歸去[2]。雲漫漫，煙水寒；日慘慘，江雪殘。浩蕩孤懷渺天末，珮環飛上青雲端。雲白山青互吞吐，蒼茫隔斷來時路。古人已逝等埃塵，招魂不歸正愁予。空留糟粕在人間，地老天荒竟何補。何時挂帆直上海之涯[3]，爲看湘中老人讀書處。

【校記】

〔1〕墅，四庫文淵閣本作“嶼”。

〔2〕蒼，《湖北先正遺書》本作“滄”。

〔3〕挂帆，《湖北先正遺書》本、四庫文淵閣本均作“挂颿”。

瞻雲圖

朝出看，燕山雲；暮歸行，燕山道。道傍雲氣光動斑爛衣[1]，千里飛來白如掃。長天愁迴陰冥迷，虛室宵清神皓縞。太行一髮半落天之南，翠彩浮空散文藻。縉山更在天南之南海樹邊，白髮高堂歲晏驚寒早。三年書斷安穩無？每一思之心懆懆。風迴雲杪思飄揚，月墮雲西夢顛倒。白雲半幅細入天機中，寫出狄公心事炯炯隨雲照穹昊。雲無心，人有情，物易化，情難老。朝看雲，暮看雲，縉山佳處安得乘雲忽飛到。雲中人，拂黄巾；山中雲，護丹竈。從龍奮迅直上青天飛，變化無方契玄造。天下蒼生正須霖雨之，慎勿栖岩扉、閟鴻澤、負明時！

【校記】

〔1〕斑，《湖北先正遺書》本、四庫文淵閣本均作“班”。

松雪翁畫馬

西海之西，天地翕合敷靈氛，天産天骨超昆侖。月窟而東而北幾萬里，是馬乃能籋星辰，逾渤澥，掃空冀北凡馬群。曹將軍是開元以來善畫者，蚤以絶藝動紫宸。不問驪黄與牝牡，筆力到處春無垠。往時嘗見一二本，世之畫者徒紛紛。吴興學士昔在詞林館，畫人畫馬咄咄能逼真。玉堂朝日射碧瓦，瑣窗晴雪吹青春。文章之暇奉詔寫龍種，冰綃萬幅清無塵[1]。此馬神采更飄逸[2]，妙處不減曹將軍。飛雲滿空散靈雨，五花凌亂曉濕蒼龍文。人言此是明皇御愛者，天香蓊鬱飄滿身[3]。瑶池渴飲雪滉瀁，霜蹄迴踏雲嶙峋。黄鬚圉官似是太僕張景順，自幼調馬馬亦馴。想當牽來赤墀下，皎如飛龍下天門。山齋看畫白晝静，丹粉如沐清心魂。龍媒一逝九霄隔[4]，龍沙泱漭霜風昏。縱今有馬無善畫，誰與寫之傳世人。吴興自有古作者，高風遠韻不可聞。九原安得起公死，請公爲我放筆電掃層空雲[5]。陳君愛畫不弱南金與西玉，百回展玩當爐熏。南金西玉可力致，嗟此神物夐然獨立而無鄰。烏乎！神物爲物固有神，直恐變化爲龍飛上清都紫微之帝閽。

【校記】

〔1〕萬，《湖北先正遺書》本作“方”。

〔2〕馬，《湖北先正遺書》本、四庫文淵閣本均作“圖”。

〔3〕蓊，《湖北先正遺書》本、四庫文淵閣本均作“滃”。

〔4〕媒，《湖北先正遺書》本作“門”。

〔5〕公，《湖北先正遺書》本作“出”。

呈縣公并柬判簿長司

北方守令之才，幾人得似賢侯者，炳烈聲光動朝野。金莖承露曉蒼蒼，玉樹臨風秋灑灑。惟茂恭，與遂霸，侯也直欲躡足青雲攀逸駕。三年理劇割牛刀，生齒林林沾惠化。風迴芹沼泛吾伊[1]，水滿稻田抽穲稏。花村社鼓林邊撾，茆店酒旗煙外挂。啁啾絲管勸農歸，杏花滿街紅撲馬。五弦清響奏虞歌，三峽崩濤翻鄰瓦。去年上計如帝京，袖拂大香五雲下。竹馬重迎郭伋來，和風歡謡騰芰舍。騰芰舍，揚休聲，談鋒磊落肝膽傾。往時上策登轅門[2]，奇氣萬丈横秋冥。《六韜》《三略》常在手，擐甲上馬忼慨踐虜庭[3]。黄金散衆虎旅集，紅旗渡海鯨濤平。只今太平不用武，狌鼯不鳴鷄犬鳴[4]。況侯豈弟愛百姓，東郊西社歌豐登。邑有倅，弼厥能；幕有長，贊厥成。如此一時賢令佐，不若同氣好弟兄[5]。三花葳蕤月窟静，八窗窈窕冰壺清。嗟宵人[6]，藉培育，骫髒長軀但食粟。孔融豈計酒長空，鄭老惟憂飯不足。負米歸來氣慘悽，風雪連天遮草屋。短衣破帽入新年，抱子簷前曝朝旭。喜隨父老拜旌軒，生意昭蘇迴槁木[7]。山之隈，水之曲，石徑荒寒古苔緑。拾薪暮逐嶺雲還，脱巾時向松潭沐。侶魚蝦，友麋鹿，牛角挂書田裏讀。漢家史記滿床頭，卓魯龔黄在心目。

直須爲侯濡豪沐槧紀循良，留待班、馬諸公親纂録。

【校記】

〔1〕吾伊，《湖北先正遺書》本、四庫文淵閣本均作“鳧鷖”。

〔2〕“往時”句，《湖北先正遺書》本、四庫文淵閣本均作“往時辭家上策登轅門”。

〔3〕虜，《湖北先正遺書》本作“北”。

〔4〕鳴，《湖北先正遺書》本作“叫”。

〔5〕有若，原本作“不若”，據《湖北先正遺書》本改；弟兄，《湖北先正遺書》本作“兄弟”。

〔6〕宵人，《湖北先正遺書》本作“小人”。

〔7〕槁，《湖北先正遺書》本、四庫文淵閣本均作“稿”，誤。

琴堂曲爲永清劉尹作

琴堂清文窗，窈窕雲霞明。七弦彈出太古意，光風繞郭流春聲。流春聲[1]，滿天地，泛羽浮宮蕩和氣。惟侯之政廉而仁，敷卹惠慈湔暴厲；惟侯之心公而平[2]，擿發伏奸施愷悌。視民如傷民德之，生意昭融一時寫作琴中趣。堂上琴，音沉沉，玄猿抱月啼空林；琴上弦，聲淵淵，老蛟卧雨吟寒泉。有時拂軫青松邊，白雲飛來清可憐；有時度曲香案側，水沉鬱鬱飄晴煙。此琴不是相如之所舊[3]，此琴不是伯牙之所傳，乃是當時子賤古遺物，置之兹堂今幾年。縣庭無事簡書静，抱琴危坐心悠然。古風寥闊不可續，侯也直須爲奏周詩三百篇。世雖久乏知音者，時復鼓之聊以陶吾天。馳聲海内永不朽，七閩山水萬古增光妍。我欲學琴恨無緣，我欲買琴苦無錢。山空月白琴響絶，把杯長嘯天風前。

【校記】

〔1〕流春聲，《湖北先正遺書》本無“流”字，四庫文淵閣本無“流春

聲”三字。

〔2〕侯，四庫文淵閣本作“公”。

〔3〕舊，《湖北先正遺書》本、四庫文淵閣本均作“蓄”。

送李希文典教東船里

送君行，君行直到東船里。風物幽迴宛似江之南，土壤肥夷可藝稷與黍。茫茫墟市隔林皋，寂寂衡茆蔭溪水。天空鷗鳥閑，地古風俗媺。鏗訇教鐸振文聲，子衿揖讓春風裏。我欲乘風直上海之涯[1]，魚龍掀舞煙濤起。老翁曬網立船頭，兒子乂魚傍船尾[2]。灘聲奏曲響琴窗，水芳吹香墮書几[3]。先生宴坐清可人，陶寫神情舒四體。携壺觴，臨沼沚。或開襟，或洗耳；或賦長歌咏古今，或棹扁舟弄清泚。世間萬事豈足挂心旌，爲問此樂平生還有幾？我欲誅茅結屋與君鄰，我欲浮家泛宅學丹子[4]。雲水之間，栖遲之樂可以忘歲年，不知老之將至矣。

【校記】

〔1〕風，《湖北先正遺書》本、四庫文淵閣本均作“桴”。

〔2〕乂，原本誤作“义”，據《湖北先正遺書》本改。

〔3〕芳，《湖北先正遺書》本、四庫文淵閣本均作“風”；墮，《湖北先正遺書》本作“墜”。

〔4〕丹子，《湖北先正遺書》本作“舟子”。

石鼓歌

乾坤清淑之氣，蜿蟺扶輿亘西極。化作岐山之陽石鼓十六丁二酉，剷斷昆侖之瑶峰，縹緲雲根墮穹碧。層崖秋碎方祇愁，大星宵隕圓靈泣。中虚不露疏鑿文，太素猶涵混沌質。偉哉周家宣王中興時，戈鋋彗雲九縣一，明堂受朝群后來，天威不違顔咫尺。岐陽之狩載揚國之靈，王氣騰霄何赫奕[1]。八鸞聲戛秋風高，九旗光動朝暾赤。歌車攻，咏吉日，張皇維，昭帝績。泰山盤石之固祚炳烈千萬春[2]，勒之貞珉古無匹。其形如鼓不可扣之鳴，其體渾淪絶似大造無痕迹，其字遒逸宛是篆與科，其文古雅髣髴周之什。吉甫歌，史籀筆，制作森嚴照岐邑。年多物化理則然，金字半滅無人識。老蛟摧裂野火焚，古墨淋漓苔雨蝕。青城學士昔在大德初[3]，見之林下久嘆息。入朝亟爲丞相言，如此至寶何可以弃擲？大車彭彭之挽致來孔庭[4]，天地風雲亦動色。我嘗愛此石鼓文字奇[5]，撫玩摩挲不知日之夕。荏苒光陰數十春，春風吹愁髪生白。近時再過石鼓傍[6]，階草蒙茸没雙屐。細看字畫轉么麽，徙倚迴廊淚沾臆。東安鄧尹彈琴青桂林，議論文章脱塵俗，平生好古如古人，直欲搜抉周、秦之故實。里中更有朱先生，白首著書窮日力。寄書遠訪石鼓文，細字滿箋珠的皪。書中宛宛見高情，識者見之争愛惜。乃知先生好古不減吾鄧侯，吾徒委瑣豈復如[7]？先生喜新厭舊猶戲劇，吾友秦郵、李希文新來小篆亦杰出。夷門梁君子宜苦學張顛之草書，電掃千軍爛如拭。我生雅恨不能書，每見名家如有失。朱先生，古遺直，甚欲相從不可得。山中茅屋書滿床，何時一到虚軒分半席。直須和我《石鼓歌》，戰退蘇、韓入堅壁。烏乎！古之作者往往苦用心，豈惟杜預雅有《春秋》癖！今人無復見古人，徒勞紙上賞遺墨。魚目滔滔久混珍，後來此鼓誰收拾。燕之石，等圭璧；荆之璞，同瓦礫。古風不返天茫茫，何如爛醉林皋卧苔石。

【校記】

〔1〕赫奕，《湖北先正遺書》本作“赫赫”。

〔2〕固祚，《湖北先正遺書》本、四庫文淵閣本均作“祚”，無“固”字。

〔3〕大，原本作“太”，誤。《湖北先正遺書》本、四庫文淵閣本均作“大”，據改。

〔4〕彭彭之挽致來孔庭，《湖北先正遺書》本、四庫文淵閣本均無“之”字。

〔5〕石，《湖北先正遺書》本作“十”，誤。

〔6〕傍，《湖北先正遺書》本、四庫文淵閣本均作“旁”。

〔7〕如，《湖北先正遺書》本作“知”。

雙節詩

明山青[1]，鄞水碧，山水之間好田宅。宅前華表高出青雲端，金字雙題燦星日。秋窗隔樹霜燈明，白髮婦姑宵紡績。水寒績斷心緒勞，門掩淒風抱兒泣。風吹兒聲轉飄揚，愁雲壓樹墳草黄。夫君骨已化，青天杳茫茫。炳烈千古心，迥隨白日懸穹蒼。弓冶傳家好孫子，丹桂滿林吹古香。異哉一門兩共姜，至今大江之南奕奕有炯光。我嘗考古節婦爲傳記，積雨林扉散秋氣。雲開日出海霞飛，萬丈朝暉射天地。無情滄海枯惟兹，節婦之節古難斃[2]。我生也晚無復見古人，唐虞世遠空歔欷[3]。安得鞭豐霳，叫閶闔，箋皇穹，盡令薄海内外回淳風。

【校記】

〔1〕青，《湖北先正遺書》本、四庫文淵閣本均作“清”。

〔2〕斃，《湖北先正遺書》本、四庫文淵閣本均作“敝”。

〔3〕空，《湖北先正遺書》本、四庫文淵閣本均作“虚”。

雙鶴吟

若有太古之仙，乃在瀛洲之上、方壺之間。門前雙鶴不知幾歲月，雪飛風舞迥隔青雲端。天空月白雙影静，玉笙合奏瑶臺寒。石壇暝踏松子落，林蹊晴啄苔花殘。仙翁手執《相鶴經》，一卷逸思泛若孤雲間。興來引雙鶴，笑入三茅山。三茅山中瑶草碧，九皋雨散春煙濕。鶴飛亂點層峰青，彩鳳蒼鸞往往與相識。價重不減雙南金，質瑩不弱雙白璧。不慕懿公之華軒，不逐王喬之飛舄，不巢西湖處士之孤山，不憩黄州謫仙之赤壁。栖紫霞，護丹室，六翮稜層曝朝日。友茅君，呼木客，盡日聽琴香案側。山中之人問詢時[1]，相過蟬聯飛繞羊公石。鶴之逝，風翩翩，遥空雲落秋無邊；鶴之返，山娟娟，紅塵不到芸窗前。恍如元方、季方在潁谷，倏如陸機、陸雲來洛川。燦如同穎之禾敷秀唐叔壤，宛如王雎之鳥著美《周南》篇。薛公之鶴何其夥，趙抃之鶴何其偏！異哉兩仙骨，不偏不夥全其天。問鶴往時托巢在何許？邈在遼海之東華表柱。問仙豢鶴到今凡幾春？前五百年嘗與令威一相遇。鶴飛來，向何所？不渡海之涯，不涉江之浦，直欲飛近天上神仙之官府。天門寥闊不可通，誰到十二瓊樓最高處？莫延佇，鄧林之廣豈無一枝之可栖？何爲乎涉雲霄，冒風雨，春去春來恣軒翥[2]？仙亦竟不留，鶴亦更不駐。仙耶？鶴耶？笑我蹴躃於風塵，相隨直上青雲去。

【校記】

〔1〕詢，《湖北先正遺書》本、四庫文淵閣本均作"訊"。

〔2〕春去春來，《湖北先正遺書》本、四庫文淵閣本均作"春去秋來"。

蟬嘒嘒

蟬嘒嘒，老樹秋風暑初退。閨門忽起思婦悲，欹枕聽之墮雙淚[1]。去年夫征淮水頭，天明上馬操戈矛。今年夫戍玉關塞，日夜囏危誰足賴？不如爛爛雲錦機，織成迴文製君衣。不如湛湛長江水，流恨隨君千萬里。白首會面知無難，願君竭力軍旅間。太平無事荷帝力，遲君歸來慰家室。鑿鑿之石如妾心，空山絶磵秋嶔崟。青山之松如妾操，大雪嚴風不凋耗。石或可轉松可摧，妾心萬死不可回！

【校記】

〔1〕墮，《湖北先正遺書》本作"墜"。

避暴雨[1]

暇日與客出，忽大雨，倉皇無所避。頃之，聞市中小屋呼曰

“晴”，搴裳涉水就之[2]。主人欣然相留。俄而陰雲四豁，紅日青霞，閃映可愛。但流潦如奔泉，平地成大河。時小兒六七，浮木爲舟，作水嬉。因以木閣水際度坂塗，逾數十舉武，憩楊秘書曼卿先生家。將歸，雨復大作，又憩僧舍。至晚，不可留也，乃歸。明日賦其事，與客一笑。時年二十四。

黑雲如山白雨傾，神怪出没雷電驚[3]。走避人家屋簷底，平地成河斷人行。此時惟我與一客，只恐水深歸不得。疾風吹樹如捲濤，城上翻飛墮楓葉[4]。劃然開霽天色寒，五鳳樓閣青雲端。河橋酒旗曬斜日，恨無千錢此盤桓。褰裳涉水泥到膝，倉皇不復辨南北。市人如蟻歡相呼，古濠積潦深三尺。秘書宅前芳樹林，翠陰滿地何蕭森。主人愛客欲少住，鮮飈入閣開煩襟。出門復憩秋水寺，四顧徊徨雨如霔。天昏地黑蛟龍愁，我行如渡銀河去。安得渥洼龍馬駒，乘之白日朝帝居。只今汩没在泥塗，非痴非狂亦非愚。人生天地亦寄耳，晦明變化知何時[5]。

【校記】

〔1〕各本均無題，校點者據内容拟題。

〔2〕晴搴，原本誤作“青霞”，據《湖北先正遺書》本、四庫文淵閣本改。

〔3〕雷電，《湖北先正遺書》本作“電雷”。

〔4〕墮，《湖北先正遺書》本作“墜”。

〔5〕時，《湖北先正遺書》本、四庫文淵閣本均作“如”。

度居庸

歲暮矣，風凄凄，車中行客胡不歸？一車南，一車北，南來北去何時息？車行欲近關上頭[1]，鞭牛不前吁可愁。須臾推挽在平地，車中兒女歡且謳。短褐蕭蕭風雪裏，山徑荒寒多虎兕。呼兒取火供晚炊，瓦鐺黍米和沙煑。黄昏露宿官道邊，茅店鷄鳴載行李。殷勤起謝車中人，萬嶺千山多苦辛。嚴風吹霜皮肉死，一身只有筋骨存。安得筋骨化爲山下土，填却千山萬山無險阻，盡使行人免愁苦！

【校記】

〔1〕關，《湖北先正遺書》本作“闕”。

贈周掾

楊震辭金廉以公，釋之審讞仁以忠。誰其似之君卿氏，直與兩賢齊高風。周公善政久頹敝，秦漢而來由吏治。煽威作福誰禦之？如以蛟龍視螻蟻。君昔試吏西曹時，以廉律身人是之。豈不知蕭相、曹侯稱畫一，當時皆自刀筆出。

上總戎

大將軍，出沙漠，萬里河山盡開拓。馬嘶紫塞霜草寒，雁飛白海煙濤闊。旗拂戎帳空，箭穿魯縞薄。虜其名王歸，四面凱聲作。功成獻俘蒲萄宫，天青日白開鴻濛。遂使樓煩林胡之遐壤，化爲冠帶，衍爲提封。明年草青春色濃，征人解甲醉卧林花紅。我恨不識趙充國，又恨不識塞上翁，拔劍起舞歌春風。

大雨喜晴奉贈岩栖賢尹蘭莊廣文鳳臺之行

昨日雨方休，今者復大作。蜚廉鼓槖震霄衢，淵客泣珠送溪閣。白海飛流紫塞空，銀河倒浸青天闊。三關遥，九源合；舟迴誰復辨渚涯，郊行何處尋墟落。稻葉青起風幡幡；野田綠滿水活活。吟卧聽琮琤，樵歸迷略彴。蝸廬一片林煙昏，鷄塞千營氊帳薄。雄縣城中百數家，東街西街平地成溪壑。瞻飛龍，聽鳴鶴，吾獨胡爲久困泥塗中，何不乘風破浪從此以揮霍？破室燈昏仰見天，一夕九徙不得眠。大兒愁衾裂，小兒嫌履穿。芸窗内外滀潢潦[1]，葵砌高下奔清泉。虚牖風顛亂絲舞[2]，壞墻泥墮高帽偏[3]。衰翁避濕龜項縮[4]，稚子擎蓋鳶肩旋。滂沱急霪鳥鼠穴，紛霏亂點魚蟲篇[5]。劃然快睹好晴景，金臺千仞青雲端。掃棋局，揮酒錢，酒邊舞影何蹁躚。何蹁躚，欲掀舉花縣芹堂[6]，捧幣函香覲鶴籞。丹心炯炯照皇穹，縹緲祥煙飄鷺渚。看君增秩賜金歸，盡把鴻恩化作溥天之膏雨。

【校記】

〔1〕内外，《湖北先正遺書》本、四庫文淵閣本均作“外内”。

〔2〕“虚牖”句，原本無“絲”字，據《湖北先正遺書》、四庫文淵閣本補。

〔3〕墮，《湖北先正遺書》本作“墜”。

〔4〕項，原本及四庫文淵閣本均誤作“頂”，據《湖北先正遺書》本改。

〔5〕魚蟲，《湖北先正遺書》本、四庫文淵閣本均作“蟲魚”。

〔6〕芹，《湖北先正遺書》本作“琴”。

卷　二

五言律詩

龐　村

野曠煙花白，林深露草香。雷聲送雨過，山氣入雲長。遠水鷗邊净，薰風馬上凉。長亭無限好，暫此解行裝。

盧龍二首[1]

迢遞盧龍塞，蒼茫灤水波。青林雲氣重，白磵雨聲多。四皓終歸隱，三良謾有歌。秋風關海上，回首淚滂沱。

匹馬空山路，孤煙老樹村。松陰連草屋，澗水繞柴門。秋晚蜂成蜜，年深鶴有孫。行藏吾道在，白首信乾坤。

【校記】

〔1〕本篇《湖北先正遺書》本失載，四庫文淵閣本誤置於五言長律中。

秋日山行

林路鬱迢遥，村行野興饒。兩山青入屋，一水白平橋。掃石收松子，耕雲種藥苗。仙人王質輩，應向此中樵。

贈杭州包知事與直

大府包從事，才華早見收。孤忠横北斗，清節照南州。白雨江帆暮，青楓水國秋。向來憂世意，惟有淚長流。

旦　起

曙色動高城，鐘殘櫪馬鳴。千門春放暖，十日雪開晴。勛業非吾事，詩書寄此生。青衫王粲老，猶欲俟河清。

游長春宫〔1〕

飛觀連霄漢，山門一徑幽。青林藏雨暗，白水抱城流。未脱塵中趣，虚傳物外游。回驂西日晚，清磬起層樓。

【校記】

〔1〕本篇篇題原缺，據《湖北先正遺書》本、四庫文淵閣本補。

出獵圖

大漠陰風起，煌煌獵騎來。鬬弓霜月滿，吹角塞雲開。射虎慚無術，呼鷹謾有臺。蕭條空見畫，粉墨亂塵埃。

早過五門

霜白掖樓曉〔1〕，寒鴉城上啼。微雲閶闔外，斜月建章西。憂國心常切，成功計轉迷。十年京闕下，貧病尚羈栖[2]。

【校記】

〔1〕曉，《湖北先正遺書》本、四庫文淵閣本均作“晚”。

〔2〕病，《湖北先正遺書》本作“困”。

天界寺

諸山繞天界，千古鎮皇維。螭護階頭石，龍蟠殿角碑。慈雲籠寶樹，佛日轉瑶墀。六合資冥福，春風萬物熙。

養魚池

涵空一鏡碧，日晚出纖鱗。挾雨隔滄海[1]，衝波碎緑蘋。沔南誇丙穴，周什薦嘉賓。白首清江曲，誰憐獨釣人。

【校記】

〔1〕滄，《湖北先正遺書》本、四庫文淵閣本均作“蒼”。

鳴皋亭

青年一片雪[1]，縹緲落秋雲。縞袂風前舞，瑶笙月下聞。聽琴多歲月，衝錫出塵氛[2]。寄與乘軒者，芝田好共分。

【校記】

〔1〕青年，《湖北先正遺書》本、四庫文淵閣本均作“晴皋”。

〔2〕衝，《湖北先正遺書》本作“飛”。

與薛十二過壽寧精舍得歌字

鳴雨過青嶂，飛煙繞碧蘿。庭空留鶴迹，江静聽漁歌。長夏迎人少，高年禮佛多。飄飄飛錫處，千里又相過。

夕次同川

鴉噪晚涼天，新晴景豁然。柳橋通水市〔1〕，荷港入湖田。鷺影沙頭月，人煙渡口船。相過又相别，書到是明年。

【校記】

〔1〕通，原本作“過”，據《湖北先正遺書》本、四庫文淵閣本改。

贈鏡〔1〕上人

山館夜蕭蕭〔2〕，天寒酒力消。雁行衝雪斷，燈影隔江遥。渡口人争岸，船頭客待潮。倦途誰慰藉，風景不相饒。

【校記】

〔1〕鏡，《湖北先正遺書》本、四庫文淵閣本均作“境”。

〔2〕蕭蕭，《湖北先正遺書》本、四庫文淵閣本均作“瀟瀟”。

贈邊將

猶記登壇日，長驅破虜圍〔1〕。兵隨營火出，血灑陣雲飛。殺氣吹戎帳，腥風拂鎧衣〔2〕。肘懸金印大，功壓萬人歸。

【校記】

〔1〕虜，《湖北先正遺書》本、四庫文淵閣本均作“敵”。

〔2〕腥，《湖北先正遺書》本作“寒”。

舟次松陵

客路幾時盡，愁懷到處同。斷帆衝暮雨，短笛咽秋風。水碧沙雲白，山青柿葉紅。莫言詩費日，光動錦囊中。

望海虞山得蹤字

青山秋萬叠，詩寫晚愁濃。瀑斷峰頭路，雲藏谷口松。藥爐丹氣上，經藏碧苔封。誰似仙翁静，階前掃鶴蹤。

水閣夜坐二首[1]

松風遞清響，竹露滴涼秋。天水静涵月，照見浮生浮。

魚跳動水影，蟲落打琴聲。開軒掃明月，吹簫送殘更。

【校記】

〔1〕本篇《湖北先正遺書》本缺載。

初夏雨坐

白雨傳疏點，紅亭納快風。荷香清浦近，竹暗細泉通。問道隨關尹，横經愧馬融。衰遲竟何補，江海任飄蓬。

和睦公九日韻

秋聲横笛外，曉色畫屏中。黄菊雙頭小，青山四面同。船銜官浦雨[1]，木落市橋風。十日燕臺路，途窮興不窮。

【校記】

〔1〕浦，《湖北先正遺書》本、四庫文淵閣本均作“渡”。

窗　燈

窗燈摇影細，城柝報更遥。白髮愁偏重，丹心老未銷。雲陰籠月薄，秋氣挾霜驕。歸思如江水，滔滔逐逝潮。

晚　出

短策扶衰病，輕衫受晚風。煙花連浦白，霜葉墜林紅。骨肉兵戈裹，乾坤涕淚中。飄飄江海上，回首愧漁翁。

抱　病

力疾秋風裹，扶筇步晚晴。霜林朱果落[1]，江浦白雲明。喪亂逢多難，飄零愧此生。故人分散盡，懷抱向誰傾。

【校記】

〔1〕落，《湖北先正遺書》本作“燦”。

春日郊行二首

宿雨沾花潤，春風步屧輕。石門雲氣白，野寺竹陰清。魚鳥親人喜，山林照眼明。乾坤任疏放[1]，杯酒度餘生。

翠柳含煙碧[2]，山桃噴火紅。長松落晴雪[3]，袂薄受暄風[4]。伐木隨樵子，携錢覓酒翁。猶勝狂阮籍，白首哭途窮。

【校記】

〔1〕放，《湖北先正遺書》本、四庫文淵閣本均作“散”。

〔2〕翠，《湖北先正遺書》本、四庫文淵閣本均作“岸”。

〔3〕晴，《湖北先正遺書》本、四庫文淵閣本均作“殅”。

〔4〕袂薄，《湖北先正遺書》本、四庫文淵閣本均作“薄袂”。

讀賈誼王粲傳

白髮悲王粲，青春羡賈生。萬言詞慷慨，一賦氣峥嶸。吊屈心猶壯，依劉恨未平。懷賢坐長夜，斜月半窗明。

和友人韻四首[1]

亂臣傾廟社，禍本久胚胎。萬里金城壞，千原鐵騎來。人心今日異，天意幾時回。痛哭英雄老，凄凉卧草萊。

恩幸千年遇，艱危一旦遭。人材淹草莽，勛業付兒曹。死戰酬明主，兼金買佩刀。歸來衣甲破，蟣虱費爬搔。

月黑妖星現，雲紅戰火燃。魯連終蹈海，樂毅又辭燕。痛哭懷明主，匡時倚大賢。那堪頻眺望，白雁落霜天。

秋氣滿龍漠，君王忽遠巡。旌旗照天地，哀痛着絲綸。雨雪迷青野[2]，風雲動紫宸。汾陽忠烈大，一戰熄兵塵。

【校記】

〔1〕四首，《湖北先正遺書》本、四庫文淵閣本均無二字。

〔2〕雪，《湖北先正遺書》本作“霧”。

宿嘉秘寺

寂寂青山寺，千峰翠欲熏。禪林黄葉落，僧飯白猿分。松磴吹晴雪，柴扉鎖暮雲。悟窮清静理[1]，莫遣世人聞。

【校記】

〔1〕静，四庫文淵閣本作“凈”。

山中值雨

風雨連天黑，關河入望遥。青山懷故國，白首戀中朝。小市河魚上，殘城野火燒。寄身岩壑裏，生意日蕭條。[1]

【校記】

〔1〕本篇原本誤作“秋聲横笛外，曉色畫屏中。黄鞠雙頭小，青山四面同。船横官渡雨，木落市樓風。十日燕山路，途窮興不窮”。實爲《和睦公九日韻》（見前，個别字詞有出入），而本篇文字原本無，據《湖北先正遺書》本、四庫文淵閣本補。

待　　渡[1]

待渡渾河晚，懷人水國遥。魚龍吹雪浪，風雨送春潮。百煉丹心在，千莖白髮凋。茫茫今古意，回首愧漁樵。

【校記】

〔1〕本篇原本無，據《湖北先正遺書》本、四庫文淵閣本補。

雨和仲禮[1]

朱夏多淫雨，新凉報早秋。疾雷翻電過，遥海蹴天浮。無計回乾造，端居愧俗流。滔滔天下溺，誰軫萬人憂。

【校記】

〔1〕本篇原本無，據《湖北先正遺書》本、四庫文淵閣本補。

咏懷四首丙申歲作[1]

白首殊方客，奔馳戎馬間。時危憂母老，歲晚寄書還。凍雪連荒野，寒雲出亂山。蒼茫西日外，痛哭倚柴關。

不見嚴親面，光陰忽四年。文章多散失，勛業竟流傳。故塚燕城曲，荒祠瘴海邊。寒窗讀詩處，新廢蓼莪篇。

辛苦憐吾弟，荒山久避兵。素書連月斷，白髮滿頭生。雪翳窗燈影，風涵戍鼓聲。沉思憂百結，寂寞度殘更。

妻子何時見，凄涼病轉侵。虛傳千里信，已負百年心。短帽飛霜滿，空階落葉深。白頭吟正苦，回首淚沾襟。

【校記】

〔1〕本篇原本無，據《湖北先正遺書》本、四庫文淵閣本補。另，“四首”二字爲校點者所加。

山寺阻雨[1]

急雨過山寺，鳴蟬送夕陽。空階看雲起，虛閣受風涼。老柏吹香細，垂蘿引蔓長。林泉空白首，把酒惜年光。

【校記】

〔1〕本篇原本無，據《湖北先正遺書》本、四庫文淵閣本補。

七言律詩

秋日雜興

飛樓上倚泬寥天，野色荒涼萬井煙。落日荷花白舫外[1]，西風桂樹畫闌邊。明妃夜泣琵琶月，宛馬秋肥苜蓿田。千古河山幾争戰，一登高處一潸然。

【校記】

〔1〕外，《湖北先正遺書》本作“水”。

寒　　食

歲歲京華庾[1]禁煙，房陵兄弟虎狼前。莫傷佳節愁邊過，且放深杯花下傳。短技自慚前席召，多貧猶得故人憐。王師早晚清畿甸，穩種城南數畝田。

【校記】

〔1〕庾，《湖北先正遺書》本、四庫文淵閣本均作“度”。

清明游城南[1]

立馬高原黄霧消，近城墟落亦蕭條。人家上塚灑麥飯，野老鋤雲種藥苗。紅日金臺晴靄靄，白鷗春水暮迢迢。移尊净掃莓苔坐，多謝青山慰寂寥。

【校記】

〔1〕城南，《湖北先正遺書》本作“南城”。

寄省掾趙晞顏

不見先生十日餘，臨流每欲寄雙魚。馬卿賦好君王識，阮藉身閑禮法疏。落花啼鳥紛紛亂，澗户山窗寂寂虚。春興定應題滿帙，病中何得慰躊躇。

自　　述

八口凄凉生事微，中原羽騎日騑騑。天寒歲晚歸難定，水遠山長信轉稀。青眼故人頻送米，白頭慈母尚無衣[1]。蕭蕭漢渚蒹葭老，好向兒時舊釣磯。

【校記】

〔1〕無，《湖北先正遺書》本、四庫文淵閣本均作“縫”。

送　別

北風吹袂晚臨岐，日短天寒獨去時。遠海漲空雲泱漭，亂山連塞雪參差。煌煌兵火家千里[1]，寂寂生涯酒一巵。傳語親朋好調護，路難莫怪寄書遲。

【校記】

〔1〕煌煌，《湖北先正遺書》本、四庫文淵閣本均作“惶惶”。

山　居

小齋清坐校韋編，水碧山青照几筵。窈窕虛窗雲入屋，蒼茫平野草浮煙。階前村嫗舂黄米，門外溪童賣白鮮。欲賦紫芝招隱士，鶴書先寄隴雲邊。

雪二首[1]

地白雲黄雪亂飛，虛簷風急撲征衣。子猷入夜乘舟去，蘇武殘年持節歸。兵後殊方爲客苦，病來親友到門稀。何緣得似兒童歲，貂帽狐裘正打圍[2]。

開門飛雪叠階除，宛宛溪山畫不如。野火遠明喧獵騎，茶煙半濕認僧居。雲深空谷難尋路，風急虚窗亂打書。坐待春陽迴宇宙，無邊生意滿茅廬。

【校記】

〔1〕二首，原本無，爲統一全書體例加。

〔2〕正，《湖北先正遺書》本、四庫文淵閣本均作“學”。

河　上

宛宛寒山入暮煙，河流直到寺門前。店頭買酒風吹帽[1]，浦口乂[2]魚雪滿船。翻覆世情堪大笑，寛閑野屋得清眠。虚堂月色明如晝，獨坐清彈五十弦。

【校記】

〔1〕帽，《湖北先正遺書》本、四庫文淵閣本均作“幔”。

〔2〕乂，原本誤作“乂”，據《湖北先正遺書》本改。

和梅知府寄來詩韻三首

坐想親朋摧肺肝，寄來尺素百迴看。虚窗琴册塵埃亂，匹馬關山雨雪寒。避地十年頭欲白，去家千里淚難乾。酒壺爛熳堪謀醉，强撥羈愁一盡歡。

束裝曉發雪滿路，雲起荒山萬里陰。菽水久違慈母養，綈袍還見故人心。哭憐阮籍窮途晚，賦寫江淹别恨深。春滿故園芳草緑，東風門外聽車音。

離筵酒盡暮煙微，兒子牽衣泣草扉。萬里風塵諸弟散，十年江海故人稀。少陵苦恨無家别，季子羞誇衣錦歸。謾憶山窗吟嘯處[2]，緗簾花影叠朝暉。

【校記】

〔1〕吟嘯，《湖北先正遺書》本、四庫文淵閣本均作“嘯吟”。

灤　河

兩澗松聲琴筑哀[1]，水邊亭子酒壺開。千年海鶴遼東去，萬里灤河天際來[2]。沙路連城白似雪，山光過雨碧於苔。夷齊餓死修名在，凛凛清風被草萊。

【校記】

〔1〕澗，《湖北先正遺書》本作“間”。

〔2〕河，《湖北先正遺書》本、四庫文淵閣本均作“江”。

歲晏紀懷

黄雲壓地雪浮浮，虚館開觴散客愁。白髮驚心催短景，蒼江入夢問扁舟[1]。時危每羨檀公策，志大空懷杞國憂。翻憶少年疏放處，春風歌舞醉紅樓。

【校記】

〔1〕蒼，《湖北先正遺書》本作“滄”。

舟次龍江

孤航小駐水西頭，泛泛輕鷗對客浮。海氣漲雲天暫晚，江風吹雨石城秋。已將萬事歸詩帙，苦乏千金醉酒樓。欲向金川門裏住，那堪回首戀滄洲。

贈時中

白首相逢寥落中，失聲一哭暮途窮。霏霏江草愁邊緑，寂寂宮花夢裏紅。海徼歸心懸夜月，柴扉病骨卧秋風。人情任逐東流水，爛熳金樽莫放空。

春日紀懷

平湖水碧動晴天，獨樹花明簇暖煙。小白肥鮮堪饌玉，嫩黄新韭不論錢。田園蕪没從兒懶，杯酒淋漓任客顛。四海奔馳壓塵俗，百年蕭散愛林泉。

和梅尹寄來韻二首

栗烈晨風坐轉嚴，日高晴鵲忽喧簷。階前雪洗苔痕出，門外春催柳色添。姓字已歸迂叟傳，豐穰屢問太人占。村翁野老時相過，羡殺香醪如蜜甜。

明晨鞍馬去難尋，親友留連惜寸陰。北極星辰連遠塞，南溟風雪動愁心。形容憔悴悲年暮，燈火青熒入夜深。回首高歌出門去，天涯寥落少知音。

暮春喜故人至二首[1]

衰年懷抱向君開，春晚留連把酒杯。窗草霏霏含緑雨，林花片片落蒼苔。田園成趣聊堪適，故舊相逢能幾回。揮翰題橋空有志，白頭司馬愧無才。

乾坤漸老百年身，掃地焚香静裏春。巢燕向人争學語，山杯留客細傾銀。迂疏無用真堪笑，離亂相尋轉見親。未卜此生歸定處，青冥何敢更求伸。

【校記】

〔1〕二首，原本無，爲統一全書體例加。

雨中偶賦

黯淡青林白雨飛，隔花莫恨濕春衣。恩沾草木生兼遂，聲到松篁聽轉微。谷口泉清舒藥甲，岩隈風亂打柴扉。故園有屋多應漏，幾日攤書曬夕暉。

燕相府右傅王公爲北平憲副劉公畫馬徵予爲詩〔1〕

驍騰迥踏瘴煙底，萬騎紛披不敢嘶。天繞閶風追日轂，雨收沙苑散霜蹄。金鞍光動青雲表，玉輦飈馳碧海西。白首何堪攀逸駕，幾回執〔2〕策聽朝鷄。

【校記】

〔1〕予，四庫文淵閣本作“余”。

〔2〕執，《湖北先正遺書》本作“報”，誤。

寄思温尹六首

鷄泉邑裏識君初，回首春風似夢餘。惠愛新聞行旅説，才名不愧史臣書。花明白日青山静，稼簇黄雲悍吏疏[1]。後夜林扉倍相憶，高情莫忘寄雙魚。

展卷虚窗風滿襟，生來轉覺秋蕭森。鶴翎新沐紫蘿雨，雲氣迴隔青松陰。太丘雅稱湖海士，徐庶忽起庭闈心。客懷寥落誰與語，解榻遲君來聽琴。

山齋留客晚凉初，茗碗吹香清夢餘[2]。雨過雲生松下石，月明風亂枕邊書。一家骨肉今無幾，四海親朋轉見疏。張翰秋來定歸去，江湖隨處是蓴魚[3]。

長松過雨碧蕭森，凉籟吹香滿素襟。泉落空潭秋灑灑，雲生虚室晝陰陰。塵埃書劍千山路，風雨江湖萬里心。客散衡門更清絶，月明誰聽紫瓊琴[4]。

至道不返太古初，玄聖一去千載餘[5]。養生近得《南華》論，報國耻上東封書。四海無家轉悽惻，百年處世何迂疏。從兹萬事可撥遣，短蓑獨釣長江魚。

虚庭無人坐開襟，雲氣滿地何蕭森。老夫懷友傳尺素，稚子讀書惜分陰。小窗凉月煙破夕[6]，遠道秋風傷客心。羡殺遒城令尹好，安得細聽堂上琴。

【校記】

〔1〕悍，《湖北先正遺書》本作“皁”，四庫文淵閣本作“早”。

〔2〕碗，《湖北先正遺書》本、四庫文淵閣本均作“枕”。

〔3〕是，《湖北先正遺書》本作“憶”。

〔4〕月明，《湖北先正遺書》本、四庫文淵閣本均作“明朝”。

〔5〕千載,《湖北先正遺書》本作“千里”。

〔6〕煙破,《湖北先正遺書》本、四庫文淵閣本均作“破煙”。

定興道中

雨外好山青近人，峰迴谷轉兩溪分。聯嵐翠靄浮秋樹，隔塞清笳落暮雲[1]。農事喜聽田父説，漁歌時近水村聞。只宜濁酒林亭下，解帶風前醉夕曛。

【校記】

〔1〕清,《湖北先正遺書》本作“青”。

别山中友

峰迴徑轉雪嵚崟，隱者柴門費獨尋。谷口斷雲遮草屋，樓頭斜照隔楓林。黄金買貴交游絶，白首窮經歲月深。明發分襟兩相憶，那堪寥落動愁心。

喜王延齡至自金陵

雪屋燈寒夢見君，詰朝車馬競紛紜。江湖險阻多親歷，骨肉平安得細聞。點筆詩篇翻白雪，驚人豐采照青雲[1]。我衰不入鵷鸞侣，還好常隨鹿豕群。

【校記】

〔1〕豐采,《湖北先正遺書》本、四庫文淵閣本均作“風彩”。

咏雪效時體九首

沉沉仙館静無風，光動霄衢縹緲中。玄圃暖湔瑶草白，緑窗春絢錦機紅。皇天有道開豐稔，詩趣無邊入混融。爲問兔園張宴處[1]，滿堂豪客賦誰工。

長風捲海白漫漫，三島樓臺畫裏看。瑶席香銷金鴨冷，銀河水涌玉龍寒。春回萱草芽初出，臘盡梅花信轉慳[2]。清曉天門占瑞象，日車飛上五雲端。

隔屋狂飈怒擊撞，一庭皓彩翳寒釭。星妃夜翦銀河水，雲氣朝横玉女窗。梁苑賦成誰第一，灞橋人去更無雙。到門疑是洛陽令，有客尋詩驚吠厖。

留客同傾北海樽，疾風吹霰落紛紛。虚軒夜氣浮書潤，迥野春聲隔樹聞。密灑南樓清護月，横堆西嶺白連雲。呼童閑掃長松徑，幾片飛來亂鶴群[3]。

瓊葩春繞畫樓飛，盡捲珠簾認翠微。影落玉堂翻硯沼，光摇金殿晃朝衣。長煙壓樹難尋路，遠火燒雲正打圍。明日出門好晴景，冰花滿帽散珠璣。

雲飛大野曉模糊[4]，水國微茫一雁呼。風起四簷翻玉樹，天移萬象入冰壺。子卿持節終歸漢，裴相乘虚急破吴。五稼從兹兆豐稔，老農争説往年無。

曉寒着人肌粟生，空階頃刻一尺平。開門起視天地白，掃榻坐愛琴書清。黄州竹樓驚碎玉，許家仙子誇飛瓊。東鄰西舍醉新酒，蹇驢細踏春風行。

訪戴曾上王猷船，持節不齧蘇武氈。苦吟杰出柳絮外，清氣迴繞梅花邊。芸窗夜白照書卷，山肆曉寒增酒錢。安得九夏復如此，松下從教驚晝眠。

海天空闊白成堆，坱圠春從地底迴[5]。紫禁晴飄龍尾濕，藍關寒撲馬頭來。婆娑起舞多妖冶，頃刻開花巧剪裁。清氣無邊墮詩境[6]，迴排雲氣上瓊臺。

【校記】

〔1〕宴，《湖北先正遺書》本作“晏”。

〔2〕花，《湖北先正遺書》本、四庫文淵閣本均作“華”。

〔3〕亂，《湖北先正遺書》本作“舞”。

〔4〕模，《湖北先正遺書》本、四庫文淵閣本均作“糢”。

〔5〕地底，《湖北先正遺書》本作“底地”。

〔6〕墮，《湖北先正遺書》本作“墜”。

題萬松金闕圖

衮冕曾迎鳳駕來，煙沉金闕半蒿萊。霞蒸日氣紅初上，雲壓松陰黑未開[1]。玉井霆轟龍起蟄，虚窗笙響鶴飛迴。前朝往事雲無迹[2]，愁聽江聲入夜哀。

【校記】

〔1〕未，《湖北先正遺書》本、四庫文淵閣本均作“半”。

〔2〕往事，《湖北先正遺書》本、四庫文淵閣本均作“事往”。

贈古淵上人

歷年轉走虎狼叢[1]，名利荒寒到處同。杳杳木杯鯨浪外，飄飄金錫蜃雲中。詩篇想見推敲熟[2]，乘法争傳大小通。偶此相逢破愁寂，梅檀香裏坐薰風[3]。

【校記】

〔1〕歷，《湖北先正遺書》本、四庫文淵閣本均作“廿”。

〔2〕想，《湖北先正遺書》本作“相”。

〔3〕梅，《湖北先正遺書》本、四庫文淵閣本均作“旃”。

與戴元禮黄山人期登石徑山謁道陵而山人不至

百年登眺問誰宜，澗轉林迴石磴危。潮落空江秋笛起，雲生虛室夜鍾遲。廟門雨黑愁山鬼，階草霜黄集野麋。天地無情歸浩劫，一樽聊復散襟期。

京口夜泊

醉客滿船歌月明，隔江燈影逐人行。帆衝雨脚迴京口，鐘送潮頭打石城。南渡衣冠愁北望，東皋簫鼓報西成。桑田海水依然在，不管人間有變更。

過僧房見鶴喜而成詩[1]

道林深處竹爲垣，愛爾胎禽喜欲言。月下聽琴留丈室，雲邊衝錫入祇園。放游芝圃騰清吹，碎踏松陰舞小軒。華表秋高看遐舉，青天萬里雪飛翻。

【校記】

〔1〕诗题《湖北先正遺書》本、四庫文淵閣本均作“喜而成詩”，且後者附注：“此必鶴詩脱題”。

送吕秀才入道

賦罷長楊戴鷊冠，笑人慕道不休官。窗前風雪三餘學〔1〕，林下煙霞七返丹。白社年深成雅會，紫垣秋静禮虚壇。夜窗欲問長生術，月轉虚樓十二闌。

【校記】

〔1〕前，《湖北先正遺書》本、四庫文淵閣本均作“間”。

杏　園

好花紅白出鄰墻，競賞何妨到夕陽。探信屢逢金榜客，看梅稀出碧鷄坊。朝霞籠日綃衣薄，晴雪翻風珠酒香。我憶城中好庭館〔1〕，幾陪詩老醉瓊觴。

【校記】

〔1〕中，《湖北先正遺書》本、四庫文淵閣本均作“東”。

亂後入城有感

金湯天險盡成隳，遺老空傷漢鼎移。城柝亂鳴寒雨夕，酒旗斜挂夕陽時。田廬荒弃無人住，骨肉奔逃到處疑。最是多情雙語燕，向人如訴主人悲。

松陵獨眺

誰家隔水敞柴扉[1]，白浪粘天隔翠微。紅葉秋風宫路斷，蒼江暮雨釣船稀[2]。尋幽野客携壺至，解夏山僧振錫歸。聖澤只今沾溉處，松陵草木駐光輝。

【校記】

〔1〕敞，《湖北先正遺書》本作“掩”，四庫文淵閣本作“敞”。

〔2〕蒼，《湖北先正遺書》本作“碧”。

登雅宜山

鷄犬柴扉竹裏開，仙人别住好樓臺。松聲忽向琴心起，雲氣遥從澗口來。六代衣冠隨水去，百年天地逐輪迴。興亡總付登臨外，爛醉春風卧碧苔。

羊祜廟

勛名冠絶復全身，兩晋如公竟幾人。廟枕吴江悲故迹[1]，碑横峴首哭遺民。空壇曉霧沉荒樹，斷壁秋風掃暗塵。老淚向人收不盡，愁邊和雨濕衣巾。

【校記】

〔1〕悲，《湖北先正遺書》本、四庫文淵閣本均作“非”。

琵　琶

雨霽銀潢萬頃秋，芳妍爛熳競相酬。雲山有分老復老，勛業到頭休便休。鑿落金杯從浩蕩，琵琶玉手喜纖柔。一年無似今宵好，醉倚西風十二樓。和獨菴詩至此止[1]。

【校記】

〔1〕“和獨”句，原本無，據《湖北先正遺正》本、四庫文淵閣本補。

移教房山留别雄縣周尹

隔水青山畫舫西，亂雲芳草思凄迷。江淹賦好傷離别，李白名高入品題。花落空階春色澹，鶯啼深樹午陰齊。明朝相見歸來鶴，飛向秋風覓舊栖。

雪和饒倅二首

散亂飛霙落帽簷，崚嶒碎玉簇峰尖[1]。野梅放白寒香凍，村醞傾紅臘味添。雲壓蓬婆迷羽騎，風迴金爵撲珠簾。出門三尺無人掃，好爲豐登取鬮拈。

風起六花飛滿簷，倚樓遥認遠山尖[2]。白生虚室靈襟静，清逼疏梅道氣添。羽駕曉臨瑶島路[3]，犀塵寒隔水晶簷。梁園賦好人争寫，健筆凌玉信手拈[4]。

【校記】

〔1〕崚嶒碎玉，《湖北先正遺書》本、四庫文淵閣本均作“稜層磚玉”。

〔2〕遥，《湖北先正遺書》本、四庫文淵閣本均作“延”。
〔3〕臨，《湖北先正遺書》本、四庫文淵閣本均作“林”。
〔4〕玉，《湖北先正遺書》本、四庫文淵閣本均作“雲”。

周大尹惠香

天香滿袖出蓬萊，雲氣溟濛接上臺。芝圃秋前新采得，玉皇案側遠携來。九門傳詔銜鷄舌，百和薰衣笑鹿胎。喜甚蘭交許分贈，小軒焚處静風埃。

和前韻[1]

旃檀林迥絶蒿萊，瑞靄薰蒸自鼎臺。旭日蘭芽和露摘，秋風桂子逐雲來。丹爐夜久龍噓氣，玄圃春深鹿養胎。細掃虚軒藝嘉種，斷無俗客踏芳埃。

【校記】

〔1〕和前韻，《湖北先正遺書》本作“和前韻周尹”。

周大尹祭祀還

使旌秋出鳳凰臺，吴楚千峰紫翠開。水伯驅潮摧舵轉[1]，豐隆挾雨逐車迴[2]。琴邊白鶴迎仙蓋，席上青雲照酒杯。好是紀行詩滿帙，驚人麗句壓瓊瑰。

【校記】

〔1〕摧，《湖北先正遺書》本作“推”。
〔2〕隆，《湖北先正遺書》本、四庫文淵閣本均作“靈”。

和前韻

青雲北起望金臺，路入瀛洲島嶼開。曉日歌樓湖上出，秋風征旆雁前迴。斷虹斜照參差雨[1]，遠海平鋪瀲灩杯。好寫江山入吟思，酒邊爛熳掃瓊瑰。

【校記】

〔1〕斷，《湖北先正遺書》本、四庫文淵閣本均作“明”。

雄縣尹周民瞻擒賊賦[1]

獵火宵明雪半乾，於菟盡縛血爛斑。城門鐵騎衝雲出，塞嶺金笳奏月還。葉縣春迴雙舄静，偃堂晝永一琴閑。燕臺獻捷恩光近，名重清朝玉笋班。

【校記】

〔1〕詩題《湖北先正遺書》本作“雄縣尹周氏瞻擒賊”，四庫文淵閣本作“雄縣尹周氏詹擒賊”。

和周尹韻二首[1]

雨餘秋水繞清軒，心迹雙清好莫言。松寺尋僧陪鶴侶，茆簷對客數鷄孫。年光荏苒驚殘夢，生事蕭條憶故園。兵後故人知好在，那堪白首卧衡門。

雨送微凉入小軒，日高深樹聽禽言。松崖花落蜂成蜜，芝圃苗肥鶴引孫。黄卷暗銷閑歲月，青山宜問好田園。疏簾清簟琴觴静，時有高人訪華門。

【校記】

〔1〕二首，各本皆無此二字，爲統一全書體例加。

雪中退朝

雪舞迴廊亂打人，朝回馳馬路無塵。天粘白海橫飛練，風轉彤墀細疊銀。詩氣涵虚清到骨，梅魂襲月冷疑神[1]。直須借與調羹手，遍灑名藩作好春。

【校記】

〔1〕疑，《湖北先正遺書》本、四庫文淵閣本均作“凝”。

謝葉奉祠公羽贈冠

蓆帽征塵拂轉難，寄來章甫壓儒酸。逢萌忍向清朝挂[1]，貢禹欣逢故友彈。青鏡不慚欺白髮，丹丘還好覓黄冠。暮年文彩凋零盡，誰寫衰容畫裏看。

【校記】

〔1〕逢，《湖北先正遺書》本、四庫文淵閣本均作“逄”。

贈雄縣劉尹

老成器業少如公，政譽堂堂壓茂恭。一片靈臺霜鏡裏[1]，三株仙桂月輪中。香凝鴨鼎琴堂雨，木落虹橋酒市風。欲寫漢庭循吏傳，滿川煙樹晚濛濛。

【校記】

〔1〕霜，四庫文淵閣本作“雙”。

春　　日

柳外旗亭傍水隈，花前留客倒金杯。青雲暗抱日華轉，碧草暖隨春色迴。遠道自憐衰力盡，好懷常向故人開。輕衫短策東風裏，白首蹉跎望隗臺。

朱長史致仕還里

委佩聲遥轉禁池，每依朝彩認龍旗。白頭强健追班早，青瑣從容侍講遲。天上宸章優老日，里中孫子望歸時。多情好是長淮月，時逐心旌照玉墀。

和安常寄山中友詩韻三首

郭西山好住多年，采藥林深踏紫煙。黄鳥間關春雨裏，青峰迴合暮雲邊。蝸廬疏漏看兒葺，蠹簡紛紜對客編〔1〕。兵後故人成遠别，那堪回首竟蕭然〔2〕。

清朝雅望稱高年，臺閣文章入渾然。青禁從容親講讀，素書珍重問林泉。花明别館尋幽到，酒熟良朋取次延。寂寞山中舊游處，紫苔蕪没種芝田。

白頭覽鏡愧衰年，清曉繙經興杳然。山叠錦屏横斗極，岸分珠雨落風泉。夢回隔水聞僧磬，飯飽耕雲種玉田。多病馬卿空有賦，謝官陶令未歸年。

【校記】

〔1〕編，《湖北先正遺書》本作“徧”。

〔2〕竟，《湖北先正遺書》本、四庫文淵閣本均作“意”。

朝使至雄縣理賑民事

燕塞秋風幾日留，華筵文采射珠球[1]。青雲擁路隨金節，白雪翻歌繞畫樓。荒政有條先散利，富民得策定封侯。衹存一飯忠君意，接武夔龍贊帝猷。

【校記】

〔1〕筵，《湖北先正遺書》本作“章”，四庫文淵閣本作“延”；采，四庫文淵閣本作“彩”。

挽張及民老先生

寂寞城南一畝宫，百年遺響守孤桐[1]。巢由杖屨雲山外，陶阮生涯酒榼中。祠壁鬼燈燃夜雨，墓門翁仲嘯秋風。招魂不隔盧溝水[2]，淚灑霜林萬葉紅。

【校記】

〔1〕守，《湖北先正遺書》本、四庫文淵閣本均作“寄”。

〔2〕盧，《湖北先正遺書》本、四庫文淵閣本均作“瀘”。

松　隱

松林宛在草堂西，隔樹嵐光望欲迷。風磴曉吹蒼雪冷，洞門秋枕碧雲低。崖房溜蜜看兒割[1]，藥裹關心對客題。南望九華懷李白，月明霜白斷猿啼。

【校記】

〔1〕崖，《湖北先正遺書》本、四庫文淵閣本均作“蜂”。

咏保定尹祈雨

憂心太守祝民禧，紫霧涵香護錦衣。潭底雙龍驅雨出，廟前五馬踏雲歸。銀潢水滿通丹井，石室煙深濕翠微。斜日金臺情景好，酒旗風裏麥禽飛。

紙

吴繭裁成秋水寒，炯然光彩動柴關。香分梅蕊飄金潤，色奪梨花襯玉環。石几净堆春雪冷，璚窗輕拂曉雲閑。東林白社多年别，好與題詩寄鶴還[1]。

【校記】

〔1〕“好與”句，原本脱“鶴”字，據《湖北先正遺書》本、四庫文淵閣本補。

高生規當歲貢遇生日[1]

天風環珮響珊珊，瑶海秋高王母還。好着萊衣娱鶴髮，要將董策覲龍顔。霞翻錦幟金鸞殿，日射丹墀玉笋班。待得瓦橋春雪霽，馬嘶官路彩雲間。

【校記】

〔1〕本篇原本無，據《湖北先正遺書》本、四庫文淵閣本補。

和睦公九日韻〔1〕

國祚綿延類岱嵩，奎光炯炯照南宫。帝王道統歸精一，臺閣文章入混融。射策直須追賈誼，草玄何必數揚雄。張儀更是豪談者，吐出晴天萬丈虹。

【校記】

〔1〕本篇原本無，據《湖北先正遺書》本、四庫文淵閣本補。

和宣文劉仲德咏雪〔1〕

虚軒看雪曉光微，却憶淮西破賊圍。春瓮旋開千日酒，海塵不染六銖衣。天寒紫塞黄雲合，風急滄江白雁飛。高卧忽聞佳客至，衣裳顛倒出荆扉。

【校記】

〔1〕本篇原本無，據《湖北先正遺書》本、四庫文淵閣本補。

兒　　嶺〔1〕

月落荒村白霧收，曉行霜氣襲貂裘。星連紫極龍光動，海入青天蜃氣浮。風壤漸通遼霫部，雲山直接契丹州。皇皇北鎮神靈在，好馭飈車到上頭。

【校記】

〔1〕本篇原本無，據《湖北先正遺書》本、四庫文淵閣本補。

沙　河[1]

沙河市頭黄葉飛，沙河道上行人稀。天陰古冢狐狸出，雪滿霜田雁鶩肥。百錢魯酒足供醉，十歲奚兒能打圍。别家三月不得信，關塞蕭條何日歸。

【校記】

〔1〕本篇原本無，據《湖北先正遺書》本、四庫文淵閣本補。

送張都事赴浙省[1]

朔方豪杰氣如虹，往佐名藩好立功。泰岳陰風吹雨黑，淮營夜火照雲紅。江南親舊多年别，海上音書幾日通。投筆封侯亦奇事，草玄應是笑揚雄。

【校記】

〔1〕本篇原本無，據《湖北先正遺書》本、四庫文淵閣本補。

山北僉憲黑思仲義以宗正郎中召還予時在會州以詩送之甲辰歲暮云[1]

千里關河積雪深，星軺西發馬駸駸。黑山霧雨連窮海，紫塞風雲接上林。到闕應持御史節，上堂先慰老親心。邊城日晚多豺虎，送别那堪淚滿襟。

【校記】

〔1〕暮，原本作“月”，四庫文淵閣本作“暮”，據改。

登隗臺用希顔韻

好風吹袂上金臺，旋脱貂裘换酒來。春日郊扉光黯淡，夕陽樵路水縈迴。都人猶記燕昭事，朝士争誇郭隗才。千古興衰總陳迹，斷碑剥落卧蒼苔。

送翼主歸相州

千營兵氣黑沉沉，關塞蕭條草木深。蛇伏黄蒿噓毒霧，鬼吹青火出空林。兒童老大不相識，墟墓荒寒只自尋。親在遠游煩愛惜，書來應抵萬南金。

雨

熟睡昏昏白晝長，翻盆急雨洗炎光。天連遠塞霓旌濕，風度虚樓燕幕凉[1]。竹裏疏花紅灼灼，窗前流水碧浪浪。山中禾黍多應好[2]，抱膝長歌喜欲狂。

【校記】

〔1〕度，《湖北先正遺書》本、四庫文淵閣本均作“渡”。

〔2〕禾黍，《湖北先正遺書》本、四庫文淵閣本均作“米麥”。

别易水諸公

一家遠隔萬重山，古道人稀獨自還。夜月屢傾燕市酒，春風又度雁門關[1]。晴天雨散千峰外[2]，野屋雲生半席間。兄弟何時重會面，燈前相對話時艱[3]。

【校記】

〔1〕又，《湖北先正遺書》本、四庫文淵閣本均作“不”。

〔2〕天，原本脱，據《湖北先正遺書》本、四庫文淵閣本補。

〔3〕艱，《湖北先正遺書》本、四庫文淵閣本均作“難”。

憶王氏兄弟[1]

大野荒寒起夕陰，殘蟬幽咽亂清砧。虚庭宿露蒼苔滑，遠道秋風黄葉深。烽火未收三月信，田園空負百年心。多情好是西城月，時向愁邊照苦吟。

【校記】

〔1〕兄，原本爲空格，據《湖北先正遺書》本、四庫文淵閣本補。

憶安常

鐘殘水國夜初分，雪屋燈前夢見君。阮籍途窮隨處哭，杜陵詩好幾回聞。青山故國迷煙月，白首閑情寄水雲。苦恨東風不相識，吹人愁思轉紛紛。

送燕倅

祖席衣冠盡士林，秋風古驛馬駸駸。考功不愧循良傳，遮道還憐父老心。日轂影高三殿曉，霓旌光動五雲深。歸時正及梅花放，一路吹香雪滿襟。

挽許璘

碧海珠沉失夜明，青雲器業竟無成。空歌周頌有高廪，不見宣尼畏後生。紫塞雲低飄隴樹[1]，白楊風急捲銘旌。傷心忍過西城路，易水東流送哭聲。

【校記】

〔1〕紫塞，《湖北先正遺書》本、四庫文淵閣本均作“古墓”。

題吕仙翁廟

策名文彩動蟾宫，飛上丹梯笑葛洪。劍影冷涵雲氣濕，笛聲清繞月輪空。墨翻詩壁研磨外[1]，神現松精候謁中。幾擬細詢仙歲月，芙蓉溪上又秋風。

【校記】

〔1〕墨，《湖北先正遺書》本、四庫文淵閣本均作“黑”；研，《湖北先正遺書》本作“硯”。

題金山寺賡陸先生韻

天連泗水水連天，煙鎖孤村村鎖煙。寺繞薜蘿蘿繞寺[1]，川通巫峽峽通川。酒迷醉客客迷酒，船送行人人送船。此會應難難會此，傳今勝古古今傳。

【校記】

〔1〕薜，《湖北先正遺書》本作“碧”。

往郎山

郎山宛在瓦橋西，煙樹蒼茫望欲迷。把酒花飛愁處滿，送行詩好別時題。泠泠古調南薰細，奕奕高名北斗齊。此去心旌好相照，素書幾日寄幽栖。

春日雜興和前韻二首〔1〕

隔溪茅屋曙光分，簌簌紅桃映此君。煙圃藥苗晴後種，風窗香靄静中聞。秦人無復歌黄鳥，華岳猶堪卧白雲。怪殺楊花輕薄甚，滿衣吹作雪紛紛。

水村幾曲路斜分，煙寺西邊訪隱君。白晝暄風吹酒醒，青林啼鳥隔溪聞。一竿好釣磯頭雨，雙犊誰耕洞口雲。碧柳紅桃滿春色，那堪歸思轉紛紛。

【校記】

〔1〕二首，各本均無此二字，爲統一全書體例加。

送知縣二首〔1〕

縣齋寂寂遠塵氛，草滿圜扉翠欲熏。日轉棠陰侵席過，風迴琴響隔花聞。水分九派通蒼海〔2〕，地擁三關壓紫雲。河朔近來爲令者，路人争道不如君。

長亭雲樹擁征鞍，意欲留君計轉難。竹騎豈惟迎郭伋，蒲鞭直欲繼劉寛。班聯曉陛承殊寵，績考春曹陟最官。此別信知應未遠〔3〕，楊花香襯馬蹄還。

【校記】

〔1〕二首，各本均無此二字，爲統一全書體例加。

〔2〕蒼，《湖北先正遺書》本作“滄”。

〔3〕遠，《湖北先正遺書》本作“返”。

東林圖

匡廬遺想定如何，文物風流也自多。月滿空山號虎豹，日穿林樾漲藤蘿。青蓮結社朝乘犢，白水漁竿晚浴鵝。多半蟠根是仙李，向陽枝葉更婆娑。

五言長律詩

燈　　夕

燈簇上元夕，花明仙苑春。星球懸碧落，雲幄護朱闉。歲律時當午，斗杓昏建寅。六龍御丹極，萬象入洪鈞。淑氣東浮野，群星北拱辰。樓頭霞散綺，墻角雪銷銀。已弛金吾禁，應無丞相嗔。鰲山攢火樹，獸錦叠文茵。玉漏傳疏點，香飈逐暗塵。篆煙吹繡幕，簷霧濕紗巾。紫陌鷄鳴緩，紅橋馬過頻。珠圍貂帽窄，梅放粉容新。詩就題千帙，筵開值萬緡〔1〕。酒光摇瀲灩，舞影起紛綸。序齒先耆艾，忘形略主賓。聯翩仙子佩，窈窕女兒身。叠唱凌天籟，争歸步月輪。閭閻喧小子，簫鼓沸蒼旻。童稚扶翁媪，優伶學搢紳。青雲文雅士，白髮太平民。世喜銷鋒燹〔2〕，巫羞祀鬼神。歡呼占歲稔，傾倒見天真。留滯無覊旅，欹斜有醉人。宴游逢霽景，欵曲會良姻。是物恩波洽，諸方化雨均。腐儒猶放浪，令尹獨清貧。屢辱情過厚，從知道欲伸。得人類言偃，愛客即陳遵。聞望騰中外，公忠出等倫。威儀嚴可畏，襟度闊無垠。公署鈔琴譜[3]，黌堂禮席珍。河頭虎争渡，桑下雉相馴。五袴歌方振，三農業已勤。官清文字簡，鄉飲德風淳。我已成迂朽，行將賦隱淪。弟兄皆鬼物，田畝半荆榛。周急煩賢友，持家養老親。奇才推葛亮，曲學陋平津。松徑荒煙裏，茅堂野水濱。讀書逾懶慢，撫事幾悲辛。碧蘚侵棋局，紅蕖没釣綸。髮蓬苦捫虱，衣破嘆懸鶉。出處慚先哲，間關類逐臣。多情依木石，無分畫麒麟。城市聊從俗，山林擬卜鄰。業惟歸竹素[4]，書莫上楓宸。性入禪家學[5]，歌隨樵客斤。生涯甘寂寞，宰物實陶甄。高尚尊嚴子，賢良笑郗詵。天涯正愁絶，回首遇雷陳。

【校記】

〔1〕值，《湖北先正遺書》本、四庫文淵閣本均作“直”。

〔2〕銷，《湖北先正遺書》本、四庫文淵閣本均作“消”。

〔3〕鈔，《湖北先正遺書》本作“抄”。

〔4〕惟，四庫文淵閣本作“唯”。

〔5〕性，《湖北先正遺書》本作“惟”。

七言長律詩

擬上太傅丞相

燕塞蟠空積雪晴[1]，煌煌虎旅控幽并。太公制敵分奇正，方叔行兵屬老成。霜壓貂裘寒氣重，星涵龍劍夜光明。日華冷射魚鱗甲，霞彩朝迎鳥羽旌。宇内勛庸扶帝業，帳前金鼓震天聲。三槐曉雨青浮砌，萬柳春風緑滿營。獵火燒雲煙四合，轅門傳令月三更。屯田有策年方稔，刁斗無聲夜不驚。仗甲中堅排隊出[2]，弩驅前馬著班行。家藏書史傳賢子，國有旂常播令名[3]。炳烈精忠通紫極，涵濡德澤到蒼生[4]。兩封穹爵承殊渥，百戰河山定太平。門下衣冠多俊拔，胸中湖海愈泓澄[5]。腐儒漂泊身如寄，破屋荒寒病轉嬰[6]。七帙慈親傷老朽，一絲微命轉伶俜。田園蕪没憂生養，骨肉分離憶弟兄。水滿釣灘閑桂楫，煙迷鄉樹隔柴荆。相君下顧千金價，士類同傾萬古情。生意從兹在蔀屋，謭材何用請長纓。

【校記】

〔1〕燕塞蟠空，《湖北先正遺書》本作“旭景横空”，四庫文淵閣本作“燕在蟠空”。

〔2〕甲，《湖北先正遺書》本、四庫文淵閣本均作“繞”。

〔3〕旂，《湖北先正遺書》本作“旗”。

〔4〕濡，《湖北先正遺書》本作“儒”，誤。

〔5〕泓澄，原本作“澄泓”，《湖北先正遺書》本、四庫文淵閣本俱作“泓澄”，“澄”押韻，據改。

〔6〕嬰，《湖北先正遺書》本作“攖”。

和睦公九日韻

絳車曉發萬人看，春入燕臺雪半乾。聖代人材徵梓杞，憲庭風采接鵷鸞[1]。蟾宫露冷三花濕，象簡霜飛六月寒。北闕輝煌承帝綍[2]，東林蕭瑟閉詩壇。繡衣勸講臨芹沼，蔀屋懷賢賦考槃。定有奇勛登汗竹，豈無宏策上金鑾。天邊紫氣涵龍劍，江上青山近馬鞍。玉笋班聯三殿外，瓊林光動五雲端。煌煌嘉瑞鍾神秀，晶晶滄溟得木難。朝著人争傳姓字，慈闈書喜報平安。永懷黄閣千金重，自保臣心一寸丹。走也向來成老朽，短蓑煙雨夢漁竿。

【校記】

〔1〕采，《湖北先正遺書》本、四庫文淵閣本均作“彩”。

〔2〕輝，《湖北先正遺書》本、四庫文淵閣本均作“煇”。

五言絶句詩

立春日試筆

霞塢光相炫，冰池凍半開。影隨瑶色起，香逐彩旗來。

壯　士

走馬過營門，金甲吐光焰。笑我讀兵書，何如去學劍。

燈花詞

彩發虚明間，性涵膏火裏。彪外而弸中，花豈知報喜。

賣　花

風送賣花聲，花香撲珠酒。買盡擔頭春，半是青樓婦。

山中見王昽

笛弄林間月，蓑披隴上雲。朱門半消歇，人笑不如君。

聞　　雁

流響迷湘浦，餘哀隔隴雲。角殘燈外聽，鐘定枕邊聞。

東波洗硯池

毫分赤壁雨，墨染蜀山雲。旗照龍蛇影，波涵星斗文。

贈隱者

聽鐘尋野寺，隔樹扣雲關。鶴卧琴窗静，樵歸棋局閑。

六言絶句詩

菊　　蹊

荒徑雨苔未掃，疏籬霜蕊先開。緑酒從人放飲，白衣爲我携來。

山　　行

村村寺寺竹好，水水山山路遥。林鳥催人唤酒，野色隨車過橋。

題逸士圖

秋思枕邊疏雨，年光葉上驚飈。從渠得馬失馬，笑我操瓢弃瓢。

春日即事

蝶弄花心初日，鶯啼門口殘春。半嶺半岩古寺，一觴一咏高人。

題　　畫

虹彩明涵疏雨，蟬聲瞑咽殘陽。人境不殊仙境，醉鄉真是吾鄉。

七言絶句詩

初二晚涼登東樓

瑟瑟青楓水郭秋，買鷄携酒上東樓。一瓢欲贈山中客，擲下青溪傲許由〔1〕。

【校記】

〔1〕下，《湖北先正遺書》本、四庫文淵閣本均作“上”。

經夢筆橋

風起湘波斷冢津〔1〕，長歌別恨寫悲辛。揮毫幾擬題橋過，翻愧當時賣賦人。

【校記】

〔1〕冢，《湖北先正遺書》本作“霸”，四庫文淵閣本作“緑”。

越王臺二首[1]

越王臺前江水深，越王臺畔草森森。五湖明月青天上，照見鴟夷萬古心。

陸生賦冠六朝文，擲地金聲一座聞。莫聽吴歌過江去，洲前花月夜紛紛。

【校記】

〔1〕二首，各本均無此二字，爲統一全書體例加。

客中喜金震見訪

翻翻霜葉飛還墜，寂寂風扉掩忽開。莫向尊前問僧臘，海門秋色逐潮來。

贈彈箏人

秋雁斜飛啼恨深，示將燕調雜吴音。人人競聽拋紅錦[1]，悔殺當時苦學琴。

【校記】

〔1〕競，《湖北先正遺書》本、四庫文淵閣本均作“竟”。

題垂虹亭壁

金樽緑酒蕩晴空，花壓雙鬟舞袖紅。莫唱何戡渭城曲，銀箏嗚咽怨秋風。

送白楊長老二首[1]

龍天擁護大江西，江上分襟緑草齊。一路藤蘿秋色裏，山山樹樹白猿啼。

鶴隨金錫忽飛還，踏遍吴雲越樹間。一髮遠峰斜日外，認來多是九華山[2]。

【校記】

〔1〕長老，《湖北先正遺書》本作“長史”。

〔2〕華山，原本漫漶不清，據《湖北先正遺書》本、四庫文淵閣本補。

立秋夜聽秋聲

漠漠微雲生晚陰[1]，滿林虚籟薄霜林[2]。有聲元在無聲裏，聽到無聲思轉深。

【校記】

〔1〕晚，《湖北先正遺書》本、四庫文淵閣本均作“曉”。

〔2〕林，《湖北先正遺書》本、四庫文淵閣本均作“庭”。

春申君

歇也慆淫忍復論，指胎畫策市君恩。區區篡立成何事，翻與皇家鬬禍門。

隗　　臺

野老留人不肯住，半醉扶笻入山去。天風吹上黄金臺，放筆縱横寫長句。

山　　行

山壓金臺萬萬重，尋幽盡日少人逢。況聞水北田廬好，白首躬耕學卧龍。

沙崗曉發

白波滉蕩摇青天，隔江打鼓是官船。天涯漸與故人遠，客懷寥落秋風前。

對月同文禎宗兄賦

窗裏娟娟納月光，船頭顧影轉凄凉[1]。束書幾日還山去，露坐彈琴秋樹傍。

【校記】

〔1〕船，四庫文淵閣本作“床”。

送知縣

朝廷考績推循吏，暮夜辭金謝故人。願借寇恂憐父老，蚤歸重看瓦橋春[1]。

【校記】

〔1〕蚤,《湖北先正遺書》本、四庫文淵閣本均作“早”。

挽蔣濟川夢妻

土蝕瑶釵催白雁,霜沉錦瑟斷朱弦。靈幃燈暗陰風起,忍見孤兒挂紙錢。

卷　三

序

釣魚翁詩序

釣魚翁，爵禄不入其心，惟嗜魚，故釣輒得魚。寂寞之濱，投竿而漁，有不知寒暄之改候，飢凍之迫身，欣戚之易慮。蓋嗜之篤，故久而不能忘，初非厄於生事，而藉以餬其口也。至於得魚與不得魚，亦未嘗計失得而渝所嗜也。大抵嗜必因物而觸於心[1]，雖古之人，亦曷能無所嗜哉？故秋之嗜奕，伯牙之嗜琴，中散之嗜鍛，伯倫之嗜酒，張旭之嗜書，皆以之而生，以之而死，而能不少置焉者，豈直釣魚翁之嗜魚乎！雖然，翁之嗜，吾固得而知之；翁之志，吾不得而知之也。昔者吕望釣渭，而鷹揚之師實開有周之鴻業；子陵釣桐江，而一節之高式重大漢之九鼎。蓋其所嗜者小，而所志者大也。翁老矣，其於魚也嗜之而彌篤，此其志，予誠不得而知之。顧嘗觀翁往來釣魚處，山空水寒，魚鳥閑暇，超然有出塵之想，得不使人懷非熊之吉夢，而慕江湖之高風者乎！國家方求興王之佐、不召之臣，翁乎其不獲終老於山澤也審矣。彼龍伯之誇，任公子之誕，直莊生之寓言耳，不足爲翁道也。翁曰：“吾知釣魚而已[2]，餘非所及也。”已而有野樵過之，翁酌以酒而歌之曰：“爾樵之適兮，我釣之逸兮，取樵以湘兮，取魚以食兮。漁兮，樵兮，足以放吾之迹兮。”歌竟，翁謂樵曰：“子去，吾將釣吾魚。”釣魚翁謂李仲學，而野樵則翁之同姓延興也。野樵記[3]。

【校記】

〔1〕必，原本作“而”，據《湖北先正遺書》本改。

〔2〕吾，《湖北先正遺書》本、四庫文淵閣本均作“我”。

〔3〕記，《湖北先正遺書》本、四庫文淵閣本均作“序”。

禱雨詩序

劉侯爲繁畤丞，政務寬簡，民物清宴[1]，郊野無犬吠之警。洪武辛亥夏，不雨，民嗷嗷無生意。侯適以事詣大府，未遑恤也。縣父老享於龍祠以禱之[2]，弗應。遍禮群祠，又弗應。自是奔走告祀不懈，益虔。五月二十有二日，乃雨，民以爲未洽也。未幾，侯竣事還，蠹然伤之。乃潔齋致誠，徒跣露髻，龥水於南山之龍湫，侑以香幣，奉以牲酒，以薦於群祠，以享，以祀[3]，以祝，以祈，以罄。夫悃愊之忱，時六月七日也。是日晝，漏下二十刻，青天無雲，炎光爥地。薌燎始上，浮靄四垂，霞飈迴旋，電雷訇發，感格之機既昭，滂洽之澤斯至。越九日，乃雨。明日，又雨。又明日，大雨。民翕然以樂，躍然以忭，而歡然如更生。邑之士咸見之，咏歌而謁予序其端。余惟《記》不云乎：“天降時雨，山川出雲。”蓋雨降自天，信非吾人所能力致者，然而有可致之道焉。何也？吾盡吾誠焉耳。惟誠可以開金石，貫幽顯，動天地，感神明。雨澤之降，毋惑也。况侯爲民請命[4]，而竭誠以籲天，精意昭垂，洞達無間，天其有不應乎？昔者唐叔有善政而禾同穎，景公出善言而星退舍，李廣利拔劍刺山而飛泉涌出，與夫劉昆熄江陵之火，韓愈開衡岳之雲[5]，感應之機，古今一轍。固非方士者流，以奇術秘計簧鼓乎顓蒙者比也。予田野之細氓，沐侯之惠深，謹摭其實而序之。侯字仲儀，江西人。

【校記】

〔1〕宴，《湖北先正遺書》本、四庫文淵閣本均作“晏”。

〔2〕老，四庫文淵閣本作“母”。

〔3〕以祀，《湖北先正遺書》本無此二字。

〔4〕“況侯”句，《湖北先正遺書》本、四庫文淵閣本均作“況侯爲民以請命”。

〔5〕衡岳，《湖北先正遺書》本、四庫文淵閣本均作“衡山”。

送北平行大都督府掾宗德章序

北平古爲邊壤，唐、虞、三代曰幽都，周、秦、戰國曰燕，隋、唐曰幽州。自召公始封，至顯王滋大。晋慕容垂，唐安、史，五代劉守光，皆盗據其間。金源氏始建國，帝其疆。入國朝，悉歸於職方。風氣勁武，河山雄麗，五方走集，蹄雷轂風，險厄繁富，爲西北邊最。洪武初，乃行大都督府以領之[1]，壯形勢，固關要也。宗公德章以才諝入掾[2]，文事武備，爲掾屬第一。僕以筆札小技叨侍几席，藉公培育，如金在鎔、泥在鈞，膏雨沛而槁木春也。今年春，有旨改府爲燕山都指揮使司，公遂如京師。行之日，燕之士爲文若詩以贈之者多。僕雖匪藝，可無言乎？僕惟當兹宴熙之代，豪杰接武於廷，以公卓偉不群，而獨後於衆賢也，何居？蓋天將老其才，宏其器，以大其用。不欲其速化而鋭進，以安於庳近焉耳。公自此升矣，一日杖節擁麾來鎮此邦，僕尚當乘單策羸，與燕父老走迎道左也。

【校記】

〔1〕領，《湖北先正遺書》本、四庫文淵閣本均作“鎮”。

〔2〕“宗公德”以下文字，《湖北先正遺書》本、四庫文淵閣本均闕。

茹孝子詩序[1]

孝之爲道，古今一轍，聖愚同天。行之至，則爲堯、舜，爲曾、閔；行有弗至，必騁夫聖哲之軌，而敬持之，而力行之，以至乎其未至，斯可矣。然堯、舜之世，比屋可封，而曾、閔之行，人人所同也。當是時，孰爲孝？孰爲不孝？去古日益遠，淳風日益醨，彝倫日益衰，其視孝爲何爲？一有篤道之士，卓然自奮於流俗，則世必目之爲仁人，爲君子，甚至聞之朝以旌之，書之以史以褒之。然指其名，而稱之曰“某也賢”，則其不賢者必多。摘其實，而贊之曰“某也善”，則其不善者必衆。其亦異乎堯、舜之俗矣。崞茹德遵事親孝，歲戊戌兵亂，傾家逃散，父寢疾不能動，德遵侍湯藥如平時，斯須未常離，而兵不忍戕，已而父竟以壽終。嗚呼！孝者天理所寓，人心所同，雖事勢阽危之際，庯詎無其人乎？矧崞在昔爲要郡，在今爲大縣，土地如此其廣也，户版如此其多也，讀書學道之士如此其不乏也，是宜孝子慈孫之踵出矣。而君子僅有取夫德遵焉？嗚呼！其亦尚也夫，其亦可感也夫！

【校記】

〔1〕本篇《湖北先正遺書》本、四庫文淵閣本僅有篇題，内容闕。

送判官旦侯秩滿序〔1〕

旦侯榮伯於鄂爲宦族，蚤游輦下，以才諝爲大都督府從事。及考登名吏，銓調保定之祈州判官。保爲古冀州之域，秦、漢之名郡也。其地跨趙、魏、冀、代，并而控瀛莫。土壤肥夷，習俗敦樸，而民蹈信誼之行，士子潔修佩服儒素，而城郭田里間弦誦之聲相聞也。故侯以忠信道民而民益親，以豈弟爲政而政日修，以恪恭惠和交上下而人皆歆艷之恐後。故是州之稱良有司者，必以侯爲第一。昔人謂州縣之職徒勞人。予始讀書林下，未與人事接，殊弗然其説。暨河朔淆亂，奔鶩四方，歷亭障，過都邑，官若民之事皆所目擊，予是以知有司之不易爲也。今自一州言之，其上爲大府，其下爲僚佐，又其下爲屬縣，館傳罷於應接，簿書煩於勾稽，錢穀困於考核，而吏胥之徒旁緑貧舔，復棼起若蜂猬，然歐以荆扑，而莫之駭汗，汲汲竟日，不少休勞，亦甚矣。侯以卓偉之才，如錐脱穎，如金出煉，如牛刀之發硎，用能剸紛，劇解盤錯，人皆以爲勞，而侯則易視之，優爲之。非有卓偉之才，能是乎哉？自昔史氏之徒良吏者，首書其幹潔。予於侯亦云。國家方當圖任舊人之秋，侯之此行，必能顯庸乎朝著而刺要郡，尹大府，不足多矣。是爲序。

【校記】

〔1〕本篇《湖北先正遺書》本、四庫文淵閣本僅有篇題，内容闕。

送學生於徵劉素赴成均詩序〔1〕

歲行乙卯春，予來遒邑，以口耳之學爲侗子師。其徒曰於生徵、劉生素，其質甚粹，其行甚潔，而其志甚大，蓋嶄然出乎等夷，而能讀書學道以藻餙厥躬者也。明年秋，兩生慨然欲游京師，以進於太學。此其志豈不敻異人人哉！行之日，其父兄與其族戚及其鄉之人皆憂而惜之，且爲之辭以留之，曰："昔者顔子淵操瓢與簞，飢餓陋巷，卒明大道之要。孟子之少也，其母鄰於墓，徙於市，又徙於學宫之旁，遂由三遷之教以闡絶學。西漢學士，惟董子有儒者氣象，觀其下惟讀書，不窺園圃者三年，而正誼明道之論千載偉之。之三子之賢，其始學也，身固未常去鄉閭矣。兩生也，一旦弃丘壠，違骨肉，涉江湖，而爲萬里之游行，何獨與古人之志背馳若是哉？"予釋之曰："抱材器者不務其細而務其大，學聖賢者不於其迹而於其心。千里之馬牽於纆徽，而難千里之行，有所制也。楛矢之利足以殪虎兕，而不能責其貫虱，有所限也。兩生之志，蓋將肆其業，閎其才，博極其見聞，而爲他日壯行之地，豈能齷齪林莽與草木同腐敗耶？矧太學爲天下之賢關，而鴻儒碩士之所萃也。兩生之往，知所向矣。子輿不云乎'天下之善士，斯友天下之善士'。今也欲求天下之士，捨太學何以哉？且聖賢之道載諸經，存諸人，而見諸事。兩生之至也，既得天下之書而誦習之，又得明師良友以切劘之，又得京師文物之盛以激昂之，孰謂聖賢之德業不可幾其萬一乎！雖然，聖賢之學實爲之綱維，兩生其朝夕持敬，以詣乎六經之奥，必能以儒效表見於時，而爲斯道重也。”兩生其勉旃其行也，邑之大夫士及其朋友皆爲詩以贈，而縣簿葛侯屬予序之。予義不可辭，乃書而揭諸卷首。

【校記】

〔1〕本篇《湖北先正遺書》本、四庫文淵閣本僅有篇題，内容闕。

送林縣丞序〔1〕

辛亥夏五，余自雁門返薊丘，道過繁畤。時榆社丞林侯子茂奉府檄督賦而至。余卧病旅次，未遑造謁，悵然如失者累日。洎余西來，與侯邂逅於代邑，一見如平生歡。時邑宰張侯景仁、主簿段原善、幕長馮敬臣皆賀余得良友。於是傾慕之私始慁，情愛之真亦洽，豈不驚喜過望哉！先民不云乎“尚友千古”，蓋以哲人君子雖生不同時，而高懷雅趣有□合焉者〔2〕。予之於侯，非有一日之交，一面之雅也。而傾蓋相契，求之於今日，可多得哉？侯學識超絶，藻思飛動，酒酣吟咏，詩詞泉涌出，與予同館以處，聯榻以卧，慷慨劇談，佳興無極，不知夜之向曙矣。旦則理文牘，辭朋友，問道所由，膏車南發。余戀戀不忍其去，乃舉觴而言曰：“侯去矣，山水懸隔，相見知何時？余東西南北之人，自中原始兵，無田以耕，無屋以居，無甘旨以養親。周貧恤患，非朋儕吾誰賴。然奔馳千里，知己者鮮。士之相與誠如鮑叔、敬仲，而相好如伯牙、子期，何待環轍天下哉！而世乏其人，固將有望於侯矣。侯立身正，官居廉，待人恕，治民愷悌而慈祥，豈非余所願交者乎？匪朝伊夕必圖往而依之，求侯爲我結屋荒林窮谷之間，爲宴休游歌所，則一丘一壑，自有樂處。敢以望之賢侯也。”

【校記】

〔1〕本篇《湖北先正遺書》本、四庫文淵閣本僅有篇題，内容闕。

〔2〕□，原本漫漶不清，疑为“契”字。

學仙集後序[1]

予識廣信翁士白氏，閱歲已一熟。觀其淬礪古學，則旨趣之彌深；與之商論雅道，則啓沃之甚至。一時朋儕如吾士白，不多見也。一日，出其先子梅窗先生詩一編曰《學仙集》者，徵予爲序。其詩驚人之語句層見疊出。斂衽讀之，不欲去手，以是知先生之學不可及也。予生也晚，恨不得一拜屨前，則興嘆曰：古人謂“不見異人當得異書”，是詩也，不謂之異書可乎？不然，何以名之曰“學仙集”也。夫學詩如學仙，時至骨自換。昔之爲詩者有是言矣。然仙之始學，則必澡體絶欲，煉形制魄，寂如死灰，縮如罝兔，而後仙可學也。詩之始學，則必針腸剔骨，蕩垢湔瑕，弘探四始，備體百家，而後詩可學也。謂仙可易而學，世皆安期、羨門矣。謂詩可易而學也，人皆蘇、李、陶、謝矣。由此觀之，仙固難致，而詩亦豈易得哉！讀《學仙集》者，不可以不知此也。雖然，山林韋布之士，其文章之可貴，而簡帙之可傳者，烏可縷數，自非賢子孫有以紹述之，安知其不與草木同腐敗？士白於其先子之遺稿愛護之恐墜，傳播之恐後，而讀誦之恐忘，此士白所以克世其家學。

【校記】

〔1〕本篇《湖北先正遺書》本、四庫文淵閣本僅有篇題，内容闕。

送永清稅課副使胡彥中秩滿序[1]

周室興龍，定九鼎於郟鄏，以召公奭之有勞也，胙土於燕而旌崇之。今之永清，即其封内地也。當是時，奭雖未嘗就國，而勛烈之大，塞穹壤，照册書，靡間乎四履矣。姬轍既東，入春秋列國，洎乎秦、漢、魏、晋、隋、唐之代，才杰之士炳焉。爲北方之熠熠者，武相踵而肩相摩，千載之下想其英風景烈，猶凛凛有生氣。百稔以來，河朔受兵，禍亂慘烈，城郭田野灌莽塞途，而才杰之裔死徙而莫遺矣。予以洪武丙辰春典邑校於遒，明年秋得告歸里。又明年夏，永清邑宰延平劉侯子初、幕長完邑張彦高氏招致，以攝其鄉學，予樂從之。以謂邑古稱多才杰，倘至而拜其屨前，則於聖君賢行己之大方，與凡古今天下理亂興衰之迹，或可以漸漬而得其什一。今兹操弄朱墨，行將一易天星，而邑之人士惟朝夕過從，而才杰之士聞乎莫間，宜其嘉遁丘樊，而弗獲一識其面哉！雖然，秦人謂隨、武子曰："子無謂秦無人。"夫秦持戰國□靡耳[2]，尚猶不能無人。矧兹宇縣隆平之□□□□其人乎？此予於朋儕凋落之餘，得吾彦中而友之，□□□□彦中，吴興人，質粹而行修，予故樂與之游，而弗□□□□誠以夫人之可親，而傷兹邑之未見也。今兹於□□□□解在告而聽選於京也，徵予爲序以贈。予惟彦□□□□□群固宜籥霄衢而直上，顧乃栖遲下僚，坐老歲月。吾固知宰物之於斯人，蓋欲涉憂患，履囏危，老其才而大其用耳。予旅寄如此，顧影無親。彦中以官爲家，每於公餘過我，相與放情文酒，而陶寫襟靈。若大尹，若長史，若固安侯博士敬方，皆以學行稱於人人，彦中悉與相好，而久要不忘。彦中信才杰之士哉！今之往行，見躋要地沐龍光，而文學政事與二三君子夙所論著者，必能裨贊帝猷矣。於是與彦中慷慨而别。已而人或讓之曰："子薄吾邑爲無人，奚爲有二三君子在！"予謝之曰："予恨弗識其人而與之游，予何人斯爲而以是邑薄之？若夫二三君子者，則所東西南北之人也，夫豈一鄉一邑所得而私之哉！"

【校記】

〔1〕本篇《湖北先正遺書》本、四庫文淵閣本僅有篇題，内容闕。

〔2〕□，係原本闕字。後同。

送北平分教朱有常序[1]

分教，古無有也。分教有學，蓋欲文德之洽，繇京師而暨四方，期於風俗之嬍，合外内而一之，亦庶幾乎古矣。在虞夏之時，有司徒典教於國都，有庠塾敷教於天下，固未始有教分之説也。然則分教之設，其昉於唐，嗣於宋，而盛行於今歟？故韓愈氏由國子博士分教東都；程伯子嘗言諸朝，俾有學德者爲大學之師，次以分教於天下。此其制焯焯著載於册書者也。清河朱有常氏，氣清而質粹，德醇而行修。予足迹半天下，所交海内之士多矣。至於英偉俊逸，若金出煉、錐脱穎，瞭鑑燭而割莫干，其孰愈於有常者乎？故自始冠由國學弟子員分教北平，於是遵教條，嚴訓誨而謹禮節，其於聖若賢之萬墨，躬蹈力行，弗弛以肆。故省憲州府士林之才杰，皆歆艷而揄揚之。甚至野夫賤隸一識其面，皆願執策而不可得。予嘗於風雪之夕過其館下，有常不覺傾倒，亟命童子取酒爲歡，放飲劇談，玉漏下二十刻始各就枕。旦欲爲别，復牽挽不聽其去。其於交友之誼，惓惓若是。人或謂其氣岸峻卓之鮮與儔，予竊以爲不然。予方欲卜鄰以居，翼以啓迪顓蒙，而有常赴召輦下矣。行之日，燕之士咸爲詩以贈，而徵予序之。予惟孟子輿謂人之患在好爲人師，柳宗元謂魏、晋以下益不事師，蓋以師道非細故，人心不易服，自非德藝超絶，而欲冒昧澳㴔，尸處函文，不亦有泚其顙乎？有常之來也，出自帝心之簡拔，非如布韋士，操鉛槧，弄朱墨，求食升斗者，可以比而同之。矧能殫厥心思，以罄厥職是，蓋胄子之出色者。今其行矣，行見奇才偉略，有以裨益乎國是；巨筆鴻文，有以鋪張乎帝勛；而夜半前席，天顔孔昭，得無嘆賈生之久不見乎！有常勉之。由是敷五教於首善之地，增斯道爲九鼎之重，吾非吾有常之望而誰哉！

【校記】

〔1〕本篇《湖北先正遺書》本、四庫文淵閣本僅有篇題，内容闕。

送安肅縣主簿王文昭序〔1〕

安肅簿夷門王文昭氏，以治最稱於人人。今兹秩滿，而上計也、天官也，邑之民謀所以留之。既不可得，則皆倀倀如失父母，謂吾賢倅政在吾邑，德在吾民，聲譽在吾士人之稱頌。吾民之愛人之者無有已時，其忍捨吾民而遽往哉？蓋至是可以觀民之心矣。使其政未有孚澤，或不能下流民固嘆其去之不弗亟，甚至一失其情，且將叫噪於涂，操瓦石以徂擊之者有之矣。其何以能若是哉？予往年典邑校於淶，淶去安肅百里而近，嘗過而宿其傳舍，文昭訪予夜窗風雪中，促席以談至二鼓，始上馬去。其言皆練於治體，鑿鑿可聽。其後，士皆稱説不去口，謂與古循良同一矩度也。矧安肅自兵後，民之凋瘵者半，非其善於輯綏，民固無以更生。大抵民版既登，其貲産也，丁口也，科徭也，而豐而嗇，而多而寡，而繁簡有萬不侔。苟不勘核，而責成於里胥，彼或得以上下其計。乃立推派法，析民物力而甲乙之。邑當南北經涂，師旅往來，蹄雪轂風，官每疲於應接，民常病於轉輸，而車牛丁夫更迭以伺，不敢後。於是悉令散歸，至遞送始徵其旁近户以應之。先是，使客所費悉鳩於民，而官若吏竊取以供饌費者又什之五，皆罷弊。每邑凡千八百户而計口食鹽令甲也，當其赴鹾場以支也，工價由鄉社出，往往爲細民病。乃勸諭役占户以輸之。然鹽雖設局變賣，非有規劃，則富者多取，而貧者莫償其直，甚至鄰壤亦得以私買。於是勘户口，定分數，俾上户無冒取，下户不憂其不給，而鹽亦不復越境鬻者。有旨建燕王邸第，北平隸府八，所調夫十餘萬，挽木於朔代之間，山谷阻巇，暑雨暴蒸，人多逃死，而繩督日嚴，有司奔走駭汗，能勝其任者鮮。文昭所部逾萬人，不防衛，不笞扑，而底於成績，撫馭之有方也。至於攝完六閲月，攝慶都又八閲月，所施有善政，所至有能聲，章章可書也。矧其襟度澄朗，而沉鷙有識，廉礪之操，皭然不緇。居一室門巷，荒寒僅蔽風雨，暇則展玩書史，亹亹不休，故其於世好漠如也。今之往行見膺上，考陟崇階而尹大郡，其益慎厥位，用沐寵光，於以肩茂，恭踵遂霸，是昉於此。人或難之，曰：“兩漢以還，吏稱循吏者無幾，子於文昭以是與之，非溢美乎？”曰：“非也。”

【校記】

〔1〕本篇《湖北先正遺書》本、四庫文淵閣本僅有篇題，内容闕。

送武先生歸里序[1]

《春秋傳》曰："太上有立德，其次有立功，其次有立言。"三復是説，未始不爲之永慨也。嗚呼！士懷抱利器，誠遇其時，輒能乘事會，取功名，附驥尾，而致身青雲。一失其時，借曰道德萃厥躬，制作合《盤》《誥》，往往淪迹布韋而委身山澤，而奕奕不信之氣徒足以薄星辰，賁泉石，蟠鬱乎終古，其何以能傳其不傳之傳哉！武先生周文蚤師汝南尚元素，不三數年盡得其師之説，其于聖賢之傳、釋老之説、兵家之書、卜筮之術縷分刃解，綜其肯綮，已而鄉之子弟執經以師之者，屨相踵於門。先生誨人弗倦，各因其性之所近而迪之，其篤實詳博之學，河、朔間所未見也。先生嘗與客論史，援據精核，不脱一辭，客大驚服，以謂必其專於誦習而得之，不知先生固未始誦而習之也。蓋其天稟傑出，於書數百言，三四讀輒能成誦。至於子史百家，不過與其門弟子點校之餘而得之爾。先生與吾家爲姻戚，先公承旨不恙時籃輿每至，延興以童子侍側，聽其論古今、道政事，與凡理亂興衰之迹，娓娓不斷，由是知先生爲不可及矣。已而先公厭世，中原俶擾，書問不通者凡十春。乙卯之歲，延興以謭學典邑校於淶，時先生講道保之郡庠，過而拜其屨前，恍如隔世。雖其年逾六帙，而神腴色澤不減昔年，豈河岳英靈之氣有以介眉壽、榮晚節，而著德美於厥躬歟！用是知嚮之可傳者，玆不恨其不傳矣。屬者得告歸里，大夫士名能爲文辭者，皆有以贈之。乃執筆叙其兩家之好與其行實之詳，義當然也。延興役滿且有日，春與秋必將裹飯擔笈以問往時釣游處，一丘一壑，其尚許以卜鄰否乎？

【校記】

〔1〕本篇《湖北先正遺書》本、四庫文淵閣本僅有篇題，内容闕。

送胡希一游秦序[1]

歲行己丑，余識胡君希一於輦下，見其儀觀之美，詞章之富，遂與定交焉。君則不外余之庸且陋也，恒以德藝相勉，一行之過，一言之玷，規戒立至。如是者垂十餘稔。後余竊取一第，私用慚甚，謂是雖出自倖致，而前日講學則不可忘，詎可悉謂講學無絲髮助，一切由倖而致哉！未幾，從事掾屬，求食升斗，簿書期會無已時，不獨思前數年肄業之功不可復得，至欲數相往來究論文事亦不遑及矣。今年春，以嚴君佐閫河北，甫得告聞，方圖與我同好讀書爲文，交相砥礪。如往歲時，而君將挈家西矣。暨别，求余贈言。余惟世之士顓務於外而病於内者多。存於内者無赫赫之聲，不足取重於人。務於外者往往自鳴其美，立取大官厚禄，故其高自譽導，百不顧籍，在里巷則炫耀乎一才一藝，游公鄉間則雄辨長説是非古今不能休，揣摩相師，陶濡成風，如水之决而不可閼焉。由聖賢之學觀之，不有仁義道德之説，在乎故用之於身，用之於家、於國、於天下，其揆一也。彼爲口舌學以階梯富貴者，戰國游説之習耳。今七十二子之書且在，自昔通經之士羞稱之矣。君讀書爲儒聖若賢之道，講之熟矣而行之力，且其穎敏俊發之才不易多得。譬之美玉待價，不求人知人自知之，人將不能捨也。夫子之告顓孫師曰："言忠信，行篤敬，雖蠻貊之邦，行矣。"子與公學孔子者也，請相與佩報斯言，使不惑於戰國之習，而成德達財如鄒魯士，豈非善乎！予又聞參政李公慷慨負氣，有古良將風，今總川蜀之兵於隴右，思得才士與之籌劃，有日矣。君之行，其有遇哉？昔者司馬子長游□□□會稽[2]，歷梁、宋、齊、魯之地，以壯其文氣；班定遠不事筆硯□□建侯萬里外。君以聖賢之學抱應變之才，而行之以忠信篤敬，其寧有不遇乎！參政幕下有曰達君成章者，予同年也。予與之友善者也，其至也，幸以予説告之也。

【校記】

〔1〕本篇《湖北先正遺書》本、四庫文淵閣本僅有篇題，且"序"均作

"叙"，内容闕。

〔2〕□，係闕字。後同。

節婦金夫人詩序[1]

《國風》凡十有五，而婦人女子之事居十之七。"二南"尚矣，其下十有三國賢婦人之詩。《邶》止於八篇，《鄘》止於一篇，《衛》《齊》《鄭》合之凡三篇而止，何其不能皆賢也歟？囿於風氣之浮靡，梏於聲教之衰遲，夷而桑濮之謡，鶉鵲之歌，鄭衛之音，更唱迭和，蓋自幽厲之衰則然。及乎王轍之東，尤蕩然矣。然降衷秉彝，聖愚同天，而古今一軌。斯理也，譬諸天地之覆載，日月之代明，河岳之流峙，陰陽鬼神之變化，終古不可死者矣。今節婦義興橘洲参政孫姚侯文臨夫人也，歲壬辰，淮浙亂，義興毁於兵，侯將挈家走，而道棘不可前，且其父耄矣。夫人抱幼女哭江水上，與侯訣曰："我當死。汝策汝父去，否則俱餌虎口，無義也。"遂抱女赴水死。當是時，雄藩巨鎮本戎材者，銜天憲，犬牙参錯也，貴族之家析圭儋爵者，雲仍相踵也，東南文物之邦、童甫逢掖之士，談道德而負聲名者，炳耀乎後先也，而訖無一士之死國難，聞節婦之風，不亦有泚其顙歟！已而薦紳先生爲賦詩侯尹。保定之明年，是爲己未之歲也。是歲杪秋，延興過而謁侯，徵序以冠其帙端。予惟"二南"正始也，當殷之年，州之興也。文王之后妃，諸侯之夫人，大夫、士、庶人之妻，一於正而不失其正，其所始者正也。今夫人之死正矣，夫孰知橘洲一門正身及家而昭示累葉者，世澤未斬也。古者天子命太師陳詩以觀民風，後世因之。古今人詩，雖其體裁與時高下，而正聲要眇起於渾淪之天，今猶古也。是帙也，詩凡若干首，而辭微旨幽，庶其振遺響于古風寥落中，於以貢之明廷，頒之樂官，被之管弦，用之鄉黨邦國。及其至也，江、沱、汝、漢之域，家藏而人誦之，亦足以鼓吹"二南"，羽翼五品而風厲九域矣。侯文學、政事傑出一時，予凡三往返而風誼彌篤，兼之以斯文，骨肉我也。乃序其概於末簡而歸之。

【校記】

〔1〕本篇《湖北先正遺書》本、四庫文淵閣本僅有篇題，且“序”均作“叙”，内容闕。

送雄縣宰程侯後序〔1〕

歲乙卯，予典邑校於淶。淶與雄於保下爲屬縣，其相距百里而近。時括蒼程侯之知縣於雄也，政績之美偉，予已飫聞之，第恨弗獲數相往來，論古今，道政事，而詢夫要政之萬一。明年，予以校事詣保下，與深澤尹董侯方舒、東鹿尹李侯子儀、安肅簿王侯文昭語及有司之良，則皆曰：“程侯九鼎其人乎？”又明年，以預修郡志如薊門，與文學掾盖君九成、葛君道一語及朋儕之賢，則皆曰：“程侯九鼎其人乎？”之數公皆以學行稱於人人，予固信其説矣。又明年，侯以秩滿，上計天官也，燕之士爲文若詩以贊之者，短章大篇娓娓不絶，予奚容置喙其間哉？予觀兩漢史氏之傳循良也，於其惠政，皆詳著於編。侯之爲政，有以儷美之，蓋無愧於古矣。故其闢田野、增户版、均賦徭、導水利、建壇廟、興學校、理郵傳，既詳既周，悉中矩度，人皆難之，侯則易視之而優爲之，才固弗可尚已。雖然，四代之時，岳牧侯伯，咸稱其職，非若後世之曠官廢事也。去古日滋遠，王治不可復，於是慎選守令之制盛於兩漢。後之有民社者皆因之。一行之善必録也，一事之美必褒也，一言之有裨於世必歆艷而不置也，至是可以觀世變矣。國家一四海而家之，循良之吏接武於時，治道復古兹焉可龜若吾程侯者，豈非傑出等夷而炳耀乎君子之林者歟？今其行矣，行見籥足霄衢以近天子之寵光，而刺要郡尹大府不足多矣。侯時趣裝南轅，予與邂逅薊門，夜窗燈火，旅况寂寥，乃拭楮操觚，序其惠政於風雪中。歲晏天寒，山川阻闊，尚顧寄聲寥廓，慰予萬里之思、交友之誼也。

【校記】

〔1〕本篇《湖北先正遺書》本、四庫文淵閣本僅有篇題，内容闕。

送易州奇峰口朱巡檢秩滿序[1]

易於古爲邊壤，周之盛也，奭以功而胙土。其衰也，籍以强而建侯。至其末也，昭王以孱弱之餘崛起紛壤，而能搜羅賢俊弼成霸業，其功烈至今照映簡册。其他若公孫瓚輩盜據其間者，不論也。况其河山巨麗、風氣勁武，而民物富繁。蓋雲霄之藩障，幽并之襟喉，而瀛保之扃鐍也。予壯齒常一游於是[2]，道范陽，歷督亢，略遒城，而繞出易水上，覽周秦之遺迹，慨帝伯之餘威，唾群凶之殘熖，而傷夫興衰理亂之不一也。奇峰在今郡治西，實萬山環合，狀若重墉。予樂其土風之厚也，嘗買田以耕。慕夫丘樊嘉遁之士之可與游也，嘗嬴糧而往從之矣。兵後，奔騖東西，弗遑至焉者，逾十春。及吾友朱君彦明之爲巡檢也，規一往而不可得。戊午之秋，予自鷄泉返薊丘，折北而過奇峰，訪君於空山落木之間，風雨譙樓，觴咏終夕，不知五鼓之作矣。時彦明帙滿，治裝將之南，大夫士皆爲詩以贈，而徵予爲之序。予惟易，邊郡也；奇峰，窮壤也；巡檢，卑官也。自恒人處此，其無聊不平之氣，將喋喋口吻，若不能一朝居者，皆是也。彦明以疏通之才，卓偉之識，蓄而不發，練而益通，老而逾厲，蓋將磨礲世故而大行於他日。夫豈馳逐聲勢之徒，志滿意得，僥倖自快於一時者，可以方其萬分之一哉？矧彦明嚮仕萊邑，今復歷職於是。是職也，蓋兩試之矣。今天下大一統，非如周秦戰國之分裂也，彦明勉之。韜鈐之書，封守之略，警邏之方，山川險夷之勢，尚有以竟其奥而領其概。是行也，其必首膺殊擢矣。一日懸方寸之璽，垂丈二之組，提數萬之衆，操生殺刑賞之柄，握兵閫外，坐鎮一方，使天子嘉之曰："真將軍。"豈終乘一障而汩没於有爲之時也。

【校記】

〔1〕本篇《湖北先正遺書》本、四庫文淵閣本僅有篇題，内容闕。

〔2〕常，依文意當為"嘗"。

鄭氏義讓序〔1〕

浙江義讓鄭氏，其先滎陽人，系出漢大司農，當時唐從讜以下三世爲相。五季散居閩、粤，聞宋工部侍郎登龍徙於温，遂家焉。龍圖文肅公景望、丞相忠定公清之，以勛德爲世所推服。讓德之著，則自德潤昆季始。德潤字東里，工部五世孫，文肅、忠定之諸孫也。其才器傑出一時，與其兄士榮、士堅耕讀爲業，而孝友天至。至於辭田廬，辭帑藏，辭爵禄，皆焯焯表見於鄉閭。先是，元兵下江南，丞相陳宜中、翊廣王益三至温，募忠義士，士堅兄弟以舟師從。丞相欲官之，辭曰："以義許國，要取爵位耶?"俱不受。德潤念其親老，非二兄莫能經紀其家，請代兄從戎。士堅以德潤幼，不閑兵事，又爲母所鍾愛，戒其往，往則貽親憂。德潤固請，遂由海道入廣。既而元兵大索，送二王，乃械士堅赴臨安，丞相伯顔總戎時也。未幾，宜中兵潰，德潤聞兄被執，走臨安，訴兄勤王事，請代死。丞相兩釋之。先是，族兄德堅以歸附，得總管漳州路，病卒。丞相以士堅襲其職，辭不就，乃授德潤兩浙茶鹽提舉，轉行泉府司丞。已而稱疾不出。子俊謹厚而文，當襲官，德潤曰："吾兄士榮之行，鄉里賢之，而白首山林，迄無一命之。"及請以其子景福襲，廷議從之，授海道千户、佩黄金符。後征爪哇，以勞累偕征南右軍上千户，以海道副萬户致仕。恒曰："我之仕，由叔父致，敢悖德乎?請以弟俊襲。"俊曰："父職子襲，令典也。願歸兄子哇。"哇曰："父命也，吾何敢違?"相讓至再四，俱不仕。省憲以聞，久之，有旨旌其門。及命有司立祠墓左。至正間事也。貢士胡世佐、秘書著作郎李孝光、翰林修撰楊三傑有《家傳》，尚書貢師泰有《祠堂記》，承旨張翥題爲扁，學士張以寧有詩，數經亂離，毁於烽燹，可慨也。俊字省心，子二人：瑞、珍、復。瑞母陳，早喪。繼母黄氏鞠育教訓，逾於己子。而瑞孝養彌謹，人罕與儔。復讀書，有氣義。里人有吴姓者，利鄭氏財，誣瑞不法，訴之官。復憂其不能直詣有司，曰："罪在我，兄瑞不知也。"因得辨於部使者，部使者知復爲瑞異母之弟，瑞且察其情無他，吴遂伏其辜。復游京師，受知太師丞相脱脱，辟府掾。上書言事，不合，求外補。適温之屬邑盜作，受本路治中江浙丞相達識帖穆兒以便宜調平江水軍萬户，以討之。尋升僉浙東都元帥府事。轉戰不利，陷於賊困，辱百至竟不屈。久之，乘間走還，乃命諸都兵招捕之，殲渠魁，釋詿誤，全活數千人。衆爲建祠於永嘉，昭其德也。後以江浙行樞密院經歷，調同知黄州、宣慰惠州路總管，以疾辭歸，隱於盤門山。朝廷推恩，贈德潤潮州路總管，追封滎陽郡侯。俊簽書江西行樞密院事，追封袁仁守興化軍。洪武初，大軍入閩，叛將殺曦，弃城遁，民痛悼之。於是柄兵者，禮葬郭門外。今温之人，猶能語其事。予常謂從古稱勛伐之家，非直世禄之顯榮也。詩書之懿，仁義之實，涵濡之久，培植之至，則元氣迴薄而生意舒暢。譬諸木焉，固其本而末自茂；譬諸水焉，浚其源而流必達，固非朝夕使然也。今觀鄭氏讓德之光，累世而不乏絶，豈惟世德之積若是，天之所以報施善人也。故太史遷自叙，歷舉先世之迹，非以矜眩。夫人人欲其由身而子、而孫、而雲仍，知夫積累之非易，則知所以承藉而弗替，古之道也。操之以敬慎，而範之以軌度，守之以敦篤之行，而延之以忠厚之澤，雖後乎百世，世澤滋遠也。予故摭其本末而次第之，庶他日太史氏有所采擇云。

【校記】

〔1〕本篇《湖北先正遺書》本、四庫文淵閣本僅有篇題，内容闕。

蔣氏族譜序〔1〕

大小宗法之廢，久矣。近士大夫家乃能仿古爲世系，故其藏之家者有譜牒，紀之官者有簿狀，而傳之子孫者有徵驗，雖其閱世滋久，而本支藉以弗墜，非細務也。前代之衰，天下失太平幾二十年，而衣冠文獻之裔，流播死傷於烽燹者，多宜其譜亡牒而世系隨之矣。東安邑丞丹陽蔣公出其族譜，以集列宗屬之原，辨姓氏之始，毫分縷析，可以一覽而得之。按蔣氏得姓於周，至漢兗州刺史詡及函亭侯休，皆以勛業著當代。而魏、隋、唐、宋以來，爲公輔、爲州佐、爲縣令、爲進士、爲名儒者，相踵也。數值亂離，譜多散軼，其所存者，僅十一之二三，亦不知其出於蔣氏何代子孫也。公生也晚，惻然傷之，方圖采摭傳記以葺其未備，而究其未詳，雖其未可朝夕遽就，其亦可謂述祖烈矣。唐貞觀中，詔温彦博等撰《氏族志》，首皇族，次外戚而黄門侍郎，而崔氏幹爲第三，凡二百九十三姓，千六百九十一家。及其五季之亂，舊本率皆殘缺，是雖有譜，猶無譜也。自其無譜者言之，世之愚不肖之徒之於先世茫無所知，而昧無所述，往往妄引貴族、名賢以爲之宗，生悖其親，而死誣其祖。悲夫！愚不肖於是譜，知蔣氏世有令德，且重吾貳令之克世其家。公字守約，穎敏天出，而孜孜於學，故其施之政事，沛然有餘，而無仵步，豈聞祖風而然耶？《春秋傳》曰：“公侯之子孫，必復其始。”吾非吾貳令之望而誰哉？

【校記】

〔1〕本篇《湖北先正遺書》本、四庫文淵閣本僅有篇題，内容闕。

送徵君嗣宗赴遂城鄉學序〔1〕

予生長薊門，足迹未嘗及瀛莫。兵後游易、定間，始聞安肅劉侯君嗣宗以儒世其家，鄉之士稱爲善人、爲長者、爲君子。予得之吾友王君文昭，云往來安肅者再四，弗遑一拜其屨前。洪武九年秋，予以預修郡志，詣保下，始甫與相識，前後相從幾兩旬，而笑談樽俎，不翅若平生歡。明年，予過雙乳，邂逅於逆旅邸，風雨連朝，羈思牢寂。嗣宗以百金爲予取酒，遽飲至二鼓，始各就枕。又明年，予自恒山歸東安，復與之傾蓋於途。已而會飲友人霍尚賓館，絶倒之餘，不覺終晷，至是與嗣宗爲相知矣。時嗣宗治裝如遂城典鄉校也，行之日，徵予爲文以贈。予曰："予以譾學玷文名於吾，於儒事未竟其一二，烏乎而能文？雖然，予惟不文，故言不浮而足以傳信於人，此叙之作所以不敢讓也。矧嗣宗潛心正學，以殖其德，而白首窮經，將以踐孔、顏之堂，而紹先世之弓冶，固非一鄉、一邑之士可以比而同之也。夫達焉弗矜，窮焉弗憂，人知否一皆漠然於心，惟欲唱鳴斯道，以淑諸人，以盡吾儒分内事，以扶植名教而流耀無窮，非細故也。或曰：爲非士也。曾不知仲尼以四十、五十無聞爲不足畏，常舉以警門弟子。河朔秋高，予將别嗣宗爲司馬焉。太史萬里游，以壯吾胸中之文氣，非爲名也。"於是，嗣宗與予相視一笑，遂别。

【校記】

〔1〕本篇《湖北先正遺書》本、四庫文淵閣本僅有篇題，内容闕。

卷　四

序

送潘君允聰歸里序[1]

潘士衡氏長雄縣幕之明年，取其父聰來官所，就禄養也。於是邑之士皆稱之，且形之咏歌，而輯於篇什，美其孝也。君先世雲中人，後因仕南徙，始占籍淮安之鹽城云。君爲人精核有識，故不謬於事機；平居言動不浮，故不詘於物議。自垂髫時，承祖父弓冶，已能儉飭守家法，故雖數罹鋒燹，而世澤弗斬。與上下交，不諂不瀆，初終一轍。過賓游，客識與不識，以禮遇人，皆歡洽而去。故人亦以是親信之。教子嚴甚，有典有則，故其子卒能佩服庭訓，知自樹立，以有禄爵而爲父母榮也。君之雅德，固非止是，兹特識其概耳。君旅寓於雄，閱歲一再，卜日南轅，徵言爲别。予惟世之人或悻悻以自好，或齪齪以自保，或皦皦以釣聲勢者，多矣。君豈有是哉？君讀書通大義，雖非如士之爲學，童而習之，以至白首紛然，其律身處事往往不淆於俗，而動中矩墨。予以是益知世之所好，君固無之也。矧君教子有成，方嚮用而未已，今兹之歸，君又何慊乎哉？若君者其亦可謂能矣。而君則曰："凡子之所謂能，皆非吾之所能也。吾平生不過安吾素，守吾分，以順吾固有之天而已。其於人之能不能，吾固未暇計也。夫人自不知其爲能，則能有所能；若無所能，尚何以其所不能爲能哉？用是知能者自能，吾安知其爲能？不能者自不能，吾又安知其不能也？矧吾居當淮海清絶處，菟裘足以宴休，不必華榱廣厦之巨麗也；薄田足以耕播，不必田連阡陌之廣袤也；琴酒之樂足以優游而卒歲，不必鐘鳴鼎食之豪侈也。”予聞其言而敬嘆之，且知君子之所處，信非世好之可同也。然則君之所謂不能，乃其所謂能者歟！軷之日，遂以是爲贈而書帙端。

【校記】

〔1〕本篇《湖北先正遺書》本、四庫文淵閣本僅有篇題，内容闕。

送知縣劉侯秩滿序

儒、吏非二道也。自後世官府有用儒用吏之説，儒與吏始判而不相入。故儒者曰吏胥務深刻，嚴而少想；而吏亦曰儒者博而寡要，勞而少功。曾不思陸賈當漢高祖馬上之時，時時前説，稱《詩》《書》；帝嘗稱其言爲新語。天下既定，蕭何乃次律令。其後，大儒楊雄謂之蕭規。孰謂儒吏之於治體無絲毫裨益，一切視爲竅言哉？雖然，之二者，予固病其弗相濟也。譬則粤之鎛，燕之函，秦之廬，胡之弓車，絶藝也。然粤之爲鎛不爲能燕之函，猶秦之爲廬不能爲胡弓車也。雄邑尹河南劉侯，儒者也，自幼刻苦嗜學，長游江淮之間，聞長老先生，輒囊書擔笈往來拜其門，而禮饋之費傾資不惜也。然其學得之天趣，其言鑿鑿精實語，其行事往往不謬於古人。其於吏家三尺尤明練而整肅，雖簿書塡委，一經繩削，動中矩墨，而老於刀筆筐篋者，皆視其色，聽其言，莫敢出一語以相可否，甚至蹈襲其辭以爲己出。則侯於吏事，固非學而能者也。矧侯以豈弟臨一邑，故政寬而民物相宴熙；以勤愼綜庶務，故事修而僚吏無媮惰，儒效之驗白，吏事之精核也。兹以滿秩而上計輦下也，邑之人皆遮留不欲其去，大夫士皆爲詩以華其行，而屬予爲之序。予惟侯讀書爲通儒，治事爲良吏，牧民爲賢有司。予於是又知儒與吏之相濟以有成也。今之往也，予知考其績居上上，而即官刺史，皆所優爲。萬一得賜歸老，一丘一壑[1]，得以耕釣而自適；東阡北陌[2]，得以杖策而往來。縉紳名公之過之者，得以禮於其廬；小子後生得執經以從先生游。是侯之出處去就，皆可無憾也。乃書以贈之。

【校記】

〔1〕“萬一”兩句，《湖北先正遺書》本闕，四庫文淵閣本僅有“邱一壑”三字，餘闕。

〔2〕東阡北陌，《湖北先正遺書》本作“東阡西陌”，四庫文淵閣本作“東阡陌”。

送北平知府方公序

岳陽方公伯禧尹北平之三年，上計如輦下。其南轅也，予詰旦與之別，且致辭於公曰：“北平居王城下邑大府，綜有司庶物〔1〕，而尹之爲職，寮采之所視效，州縣之所繫屬，民吏之所仰戴，求其公私無撓，外内相安，職職而事事，非易爲也。故飭身之不謹，則軌度之寖弛；治事之弗練，則上下之偷容；待物之弗宏，則謗讟之踵至。是職也，在朝廷雖不以之輕授，而世之紆組綬，建牙纛，揚揚如政事堂美食而安坐者〔2〕，其可視爲易事，幸其滿秩而去，汲汲猶傳舍然哉。夫天下之才，其高下細大不一也。譬諸馬之爲駿，必飛黄、緑耳，然後足以驟康莊，行千里。否則，恒見其蹷隤而玄黄〔3〕，非駿也。木之爲材，必松、楩、杞、梓，然後足以建明堂，構總章。否則，卒至於風摧而雨剥，非材也。公英年登上第，人謂其學問政事，傑出一時，視昔之爲尹者，未見一二與之埒。是何也？學問政事同出於士，而士之軼類而絶塵，立功名以垂霄壤〔4〕，則亦幾何人哉？公襟宇洞廓，故應變疏通，而裁决無壅滯，譬之於馬，其飛黄、緑耳之駿乎！公德度凝遠，故接物周洽，而惠愛無偏頗，譬之於木，其松、楩、杞、梓之材乎！今之往，燕之耄倪皆遮道挽留，而恨其不可得；才大夫皆相率賦詩〔5〕，以寫其遺愛，而徵予爲之序。故特書其學問政事，使士之讀書學道者，皆曰公之學由淬礪而出，是固吾之所當學，由是讀書學道而出仕。則公之學，不私於一身矣。今士之居官食禄者[6]，皆曰政由學問而致，是亦吾之所當學，由是致君澤民而無負。則公之政，不私於一方矣。是公之學問政事，非以自私，而亦非私於人者也。公其勉哉！由是居政府，理憲綱，振勵天下，使士風爲之丕變，將不權輿於此乎？予於公相與未久，而相知最深，故言雖涉於太蕪，而情非出於溢美。若其政績之偉，可以上之太史而儕諸古良二千石，其詳見於計吏簿中，不書，懼復也。”

【校記】

〔1〕綜，《湖北先正遺書》本作“縱”。

〔2〕美食，《湖北先正遺書》本作“矣食”。

〔3〕𢓜，《湖北先正遺書》本作“𢓜”。

〔4〕霄，四庫文淵閣本作“天”。

〔5〕才，《湖北先正遺書》本作“士”。

〔6〕今，《湖北先正遺書》本、四庫文淵閣本均無此字。

送李慎言赴順義訓導序

洪武壬戌秋，薊門李慎言氏將有順義之行，典邑校也。今左春坊大學士安常董先生時爲宛平文學掾，爲序以華其行。而燕之才大夫士，形之歌詩以贊咏之者，前後相屬也。先生之意，大要謂堯、舜、周、孔之授受，周、程、朱、吕之論著，其書《詩》《書》《禮》《樂》《易》《春秋》，其道仁、義、忠、信；叙五品以植民彝之則，萃萬善以盡事物之變，究三才以通天人之運；自灑掃應對以至精義入神，自格物致知以至明善誠身，其終至於篤恭而天下平；體用詳明，而表裏融貫，本末兼該，而細大包絡，其道一也。然道非可以言言也，故天不言而四時行，百物生。聖人不言，而六經之載道，如日月列星之文，昭被九宇。其或規規焉取諸言語文辭，簧鼓以爲説，采色以爲飾，刮劘雕刻以爲姿狀[1]，則凡糟粕之學，濫觴之傳，口耳之見，皆可以爲道矣，其能垂教於不朽乎？愼言邃學而文，其於聖賢之經之傳，子史百家之書，考索之專，淬礪之至，不泥於傳注，不膠於事實，不淆於白黑，據其塗而涉其津。予以是知愼言可以語道也。誠以是爲學爲教，則凡請業請益者，不由是闖其堂奥乎？學禮學詩者，不由是以飾其言行乎？而治己治人者，不由是以爲規矩準繩，而終至於大器乎？吾友宗一氏，與愼言最稔，與予先世皆河南。入國朝，皆占籍北平。兹以順義文學掾攝校於雄，與予共事。則予二人者，皆里閈，皆久要，皆同道也。況順義違雄逾十舍，乃不以其津陸之遠，寓書宗一，以徵予文。予故不讓而爲言，以竊董先生之緒餘，以爲數十年之雅談，重宗一之請，嘉愼言之嗜古文辭而不自畫也。

【校記】

〔1〕劘，《湖北先正遺書》本、四庫文淵閣本均作“磨”。

贈醫士婁傳道序

薊丘劉明善氏，累葉儒官家。自兵起兩河，幽、并俶擾，挈家避亂江、淮間。其後，族戚蕩散，父母妻孥先後死。又其後，中原甫定，完一生於九死中。又其後，得北歸鄉里，再娶，以有家室，年四十始生一男，今尚乳也。先是，天大暑，沴氣方熾，兒右腋間瘡忽坌起。兒瞶亂不帖席者數晨夕[1]，其勢危甚。明善與其家人驚悸，莫知所爲。鄰裏來相視，亦莫知所爲計，則皆曰：“明善，仁厚人，閱播蕩之餘，以有胤嗣[2]，而祖考之血食，其不絶猶一髮。今而若是，天之戕我善類[3]，不亦酷乎？”時東浙婁傳道，以士醫待直燕邸[4]，良師也。明善於其休沐之暇，禮延於家，乃診視兒曰：“此醫所謂丹毒也。蓋小兒爲陽火亂攻，氣不得上，由是蒸而爲毒，乘虚而傍出。”傳道取藥一匕飲之，食頃而愈。於是舉家歡然，若更生。明善乃卜之日吉，具酒饌，賫楮幣，以致禮焉，酬其德也。傳道曰：“吾聞父師，醫以活人爲心，非若市道人覘貨利而取其直也。苟規規於貨利視其人[5]，非吾所聞於父師者也。”傳道力辭不肯受。明善曰：“心，内也；利，外也。先生以活人之心而獲報，而吾以報德之心，寓之於禮意，以報之於先生，非所謂利也。先生之受之實甚宜。况吾之子始雖遘疾而終於勿藥，是先生之俾吾有子綿吾宗祀也，先生何爲不受！”傳道曰：“辭其可受，而受其可辭，二者皆非也。”傳道又不肯受。已而，明善復再拜以請，而傳道辭益堅。明善知其終不受也[6]，則謂予曰：“吾兒之不恙，是傳道之骨肉我也[7]。吾宗祀之弗殄，是傳道之引翼我也。子名能古文，願有述以著其德之不可忘焉。”予曰：“君子贈人以言，言固將暴其德而垂之永久也[8]。傳道以醫爲學，非世之醫家者流比也。考之《周禮》有瘍醫，而史稱扁鵲嘗爲小兒醫，傳道有得於是矣。故其操活人之術，而於利不苟取焉，其所以揚今而視後者，將不在是乎？雖然，德於人[9]，而不圖其報者，傳道也。報莫之施，而不忘至德者，明善也。予故牽聯以書，以歸其美於二君焉，古之道也。古之道不苟毁譽於人，予聞之韓愈氏云爾。”

【校記】

〔1〕帖，《湖北先正遺書》本作“怗”。

〔2〕胤嗣，《湖北先正遺書》本作“嗣續”，四庫文淵閣本作“嗣胤”。

〔3〕我，《湖北先正遺書》本、四庫文淵閣本均作“吾”。

〔4〕以士醫待直，《湖北先正遺書》本作“以醫士待直”，四庫文淵閣本作“以醫士侍直”。

〔5〕“苟規規”句，《湖北先正遺書》本、四庫文淵閣本均作“苟規規於貨利是以貨利視其人”。

〔6〕善，原本誤作“道”，據《湖北先正遺書》本、四庫文淵閣本改。

〔7〕骨肉，《湖北先正遺書》本、四庫文淵閣本均作“肉骨”。

〔8〕而垂之永久也，《湖北先正遺書》本、四庫文淵閣本均作“而垂之以永久也”。

〔9〕德於，原本誤作“得”，據《湖北先正遺書》本、四庫文淵閣本改。

送劉御史榮觀序

予友劉榮觀氏弱齡從予，愛其刻苦嗜學，雖甚風雪，每杖策至其廬，居一室，門巷荒寒，誦讀自若，而林霏[1]暗靄中，隔樹聞吾伊聲。宵則焚膏繼晷，至漏下十餘刻，乃始就枕。平居非有疾病、醫療、祭祀、賓客事，其於聖賢之經之傳，未始暫焉不接乎目；弦歌之趣之樂，未始曠焉不接乎耳。而於師之所傳也，己之所受，朋友之所講，晝夜之所思，研深燭微，期於破扃鐍開户牖，闖夫仁義道德之奥，則又恨其力之不武也。此皆榮觀所自得。予嘗謂之不獨嗜學如是，至其才識超絶，衆皆望洋而自失。故其相從曾未一期也，而景行先哲，慨然有生晚之嘆。已而領鄉薦，試禮部，皆預高選；佐名邑，拜御史，皆赫赫有聲。使榮觀爲士子時，雖不從事科目以取富貴，而學問文章亦足暴於當時，迄於今光顯無疑也。予山林二十年，所與游不啻什佰[2]，而風誼闃寥，友道淪謝，而奇偉不群之士，落落在人耳目，如吾榮觀者，不多見也。今老矣，精神衰耗，志慮銷落，譬之空山之木，煙仆澗河，雨摧溪谷[3]，無幾何時腐朽隨之矣。則夫天下之士，於予何所仰賴，而托交於暮齒乎？榮觀方當英年，其取友也，不獨求之一鄉，求之一國，求之天下，等而上之，以求之於古，則其所友者豈不可以想見其人乎！矧榮觀由文學起家，故其入對大廷[4]，而議論風采，聳動臺閣，炳耀士林，其有得於賈、董之才猷乎？出佐民社，而善政所暨，得一邑百姓心，其有得於陽、元之仁惠乎？立殿階[5]，吐正論，回天聽，其有得於歐、范之風烈乎？惜夫予之固陋，不足以知之，不足以言之也。聖天子憫其親之老，而賜告歸省。其至也，秩秩乎家庭之儀[6]，衎衎乎孝友之風，而恂恂乎鄉黨之敬，豈直爲里閈之美，宗族之慶，父兄師友之榮哉！孝於親，忠於君，而忠孝之行，聖愚同天，古今一轍也。榮觀還朝且有日，期於佩仁服義，樹勛立業，不負乎君親之望，忠孝事也。榮觀勉乎哉！祭酒胡先生，今人之望也，於榮觀爲先輩，故其奬勵之有加；於予爲舊游，故其好交之甚[7]。

至其詳，見於送行序中。予故喜而書諸座右，庶以慰久要不忘之情，而寄江湖萬里之思也乎[8]！

【校記】

〔1〕霏，《湖北先正遺書》本、四庫文淵閣本均作“扉”。

〔2〕佰，原本誤作“伯”。《湖北先正遺書》本、四庫文淵閣本均作“百”。

〔3〕搉，《湖北先正遺書》本、四庫文淵閣本均作“卧”。

〔4〕廷，《湖北先正遺書》本、四庫文淵閣本均作“庭”。

〔5〕階，原本誤作“陛”。據《湖北先正遺書》本、四庫文淵閣本改。

〔6〕庭，四庫文淵閣本作“廷”。

〔7〕交，《湖北先正遺書》本、四庫文淵閣本均作“愛”。

〔8〕寄，原本無，據《湖北先正遺書》本補。

鄧伯言玉笥詩集序

予幼喜詩。十四五時，從鄉先生學爲五七言詩，每出一篇，必曰“是子可教”[1]，由是專意於詩，詩日鍛月煉，不輟也。今老矣，藻思荒落，詩久不作，作亦不工。思古人之不見，悼斯文之絶響，每廢書而永慨。大抵詩之體裁，各以其類：《雅》《頌》有《雅》《頌》之製，《風》《騷》有《風》《騷》之製，漢魏人則漢魏人語，六朝唐人則六朝唐人語。譬諸公輸子之成方圓，必由規矩；師曠之正聲音，必範律度；而庖丁之解牛，必中肯綮。故其詩，高者薄霄漢，深者溢河海，振之沮金石，奏之諧《韶》《濩》。由是而薦郊廟，感鬼神，廣聲教，移風俗，振古不可廢也。西江鄧伯言先生，以能詩鳴東南。其名《玉笥集》者，予因其北來，得而讀之，大抵本之於《騷》《雅》，支葉魏晋，而於杜甫氏則其專門也。先生道過於雄，留邑校信宿。其隙也，爲予言詩，予爲之傾耳以聽。其於古今事勢之變，山川人物之異，是非得喪之由[2]，興衰理亂之實，一寓於詩。而和平之音，愁思之聲，歡愉之辭，窮苦之言，合乎體裁，而無偏頗之失。當兹風雅闃寥而有此古製[3]，何異聆空桑之瑟於瓦缶紛擊之餘乎[4]！予以先生不以庸愚遇我，又念其行數千里之遠，歷歲月之久，而忘夫道途之艱，覊旅之勞也，故爲序其詩[5]。

【校記】

〔1〕教，原本脱，據《湖北先正遺書》本、四庫文淵閣本補。

〔2〕喪，《湖北先正遺書》本作"失"。

〔3〕兹，《湖北先正遺書》本作"之"。

〔4〕紛，《湖北先正遺書》本作"搏"。

〔5〕故爲序其詩，《湖北先正遺書》本、四庫文淵閣本均作"故爲其詩集序"。

送太常太祝張敬方任滿序

太常掌郊廟社稷之禮，古大宗伯之職也。嘗讀其題名，而見文學聲望之士，彬彬接武後先矣。張君敬方以蔭補入官，再轉爲太常、太祝。凡在同官，愛其質美而行修，方與之優游共事，議論考索，用裨禮文之闕。一旦以秩滿而謁選天官也，皆戀戀不忍其去。遂崇酒載淆[1]，盛賓客以餞之。酒行，有言於列者曰："夫官使得人，則職修而事治。故上自宰相，下逮百司，有軍國之寄，黜陟之柄，甲兵、金穀之務，於是人之能否可見焉。太常則異是。其職雖重，其務至簡。至有事於大禮也，始克奔走奉職於其間，否則優游暇豫，經旬不一署文牘，非如宰相之與百司[2]，有軍國之寄，黜陟之柄，甲兵、金穀之務也。然則若是職者[3]，借有兼人之才，亦將何所見，而何所徵耶？"有解之者曰："萬石之鍾，不待較而知其有容，極其量也；千鈞之弩，不待發而擬其殪兕，極其力也。觀人之術，即其抱負可以驗其設施，奚庸以已試未試而必其能不能耶！敬方以宦業名家，其於政事，蓋自其事父兄師友之餘，已耳濡而目染，有不待臨事而可見者。宰相以之從事於禮儀，而不欲其親百司之細務，蓋將培植其材而期之以遠大也。國家制禮作樂，方將徵禮典於文獻之家，敬方以有其才，而適際其時，奚華要之不踐，而功名之不白?”於是，衆賓歡甚，洗爵而起曰：“斯論善，願有所識。”遂書以爲秩滿序。

【校記】

〔1〕崇，《湖北先正遺書》本作“置”，四庫文淵閣本作“送”。

〔2〕百，四庫文淵閣本作“有”。

〔3〕若，《湖北先正遺書》本、四庫文淵閣本均作“居”。

送王經歷使廣東序

余少時，聞里人王惟善君掾荆憲，有聲，恨未識。及壯，從薦紳先生游，聽其較論古今人物，咸以君爲才。世之名一藝，擅一能者，不足比數也。於是益以不及見爲恨。至正十九年冬，君以使事至京，適會故中書左丞月輪失不花公之門〔1〕，一見如平生歡。公之子丑仲禮氏，與余至契，不妄許可，爲余言：“左丞爲四川右丞時，惟善爲左右司都事，雖政務至劇，而處之裕如，衆稱爲幕府第一。”余聞其言，益信。後惟善調國史典籍，余亦由詹事掾爲太常奉禮，則又同日授除。由是往來相親，商論雅道，志同誼合〔2〕，未始一日置也。然自聞譽逮識君，幾十年。自始識君迄今〔3〕，又三數年。以幾十年願見之切，僅獲三數年情好之密，豈非難歟！今君聲藉甚，倍往時什百，方期入贊政柄罄布矣〔4〕。未幾，宰臣奏入山東、河北下四方之未附者〔5〕，以次入款，非一切宥之，何以惠活元元哉。二十三年春，遂大赦天下，選文學之臣識通變者，分道往諭。於是擢君崇福司經歷，使廣東。余以相與有年，不忍一旦别去中國最遠〔6〕。昔國家之一宇縣，實始要荒，矜恤黎氓，至仁畢遠〔7〕，雖在僻壤，治罔怠缺，所以保養生全，革心沐化，不忍視爲外遠而鄙夷之也。及乎宴熙之久，中朝之士不樂外仕者多〔8〕，朝廷念遠人之失治，每授官比常秩增兩階以優之。由是吏來其土者[9]，志在徼冒名爵於靖綏之方[10]，漫不之省，甚至賊殺其人若禽犢然[11]。故其人憤惋竊發，依阻弄兵，劫官府，阻城郭[12]，以肆威焰，莫可猝制也。君措慮周遠，治事明練，至則必能殫竭心膂，宣揚國靈於逆順利害；又必能辨析無隱，行見顓蒙挑釁之衆振厲感泣[13]，潛録奸慝以拭目更新之治[14]，且指而誦之曰："中朝有人如此，其於恢復之效，不少贊乎！"且古昔立功者，不在朝廷，則在邊隅。余於君，生同鄉，交同好，入官同進用，庸敢以是祝之，君其無負兹行哉！是年月維夏十又二日序[15]。

【校記】

〔1〕月輪失不花，四庫文淵閣本作"伊埒森布哈"。

〔2〕誼，《湖北先正遺書》本、四庫文淵閣本均作"議"。

〔3〕"自始"句，《湖北先正遺書》本、四庫文淵閣本作"自始識君也迄今"。

〔4〕罄布矣，《湖北先正遺書》本作"罄其所長"。

〔5〕下，《湖北先正遺書》本作"及"。

〔6〕"不忍"句，《湖北先正遺書》本作"不忍一旦别去廣東去中國最遠"。

〔7〕遠，《湖北先正遺書》本、四庫文淵閣本均作"達"。

〔8〕仕，《湖北先正遺書》本作"視"。

〔9〕來，《湖北先正遺書》本、四庫文淵閣本均作"乎"。

〔10〕名爵，《湖北先正遺書》本、四庫文淵閣本均作"爵名"。

〔11〕犢，《湖北先正遺書》本、四庫文淵閣本均作"獸"。

〔12〕阻，《湖北先正遺書》本、四庫文淵閣本均作"焟"。

〔13〕蒙，原本脱，據《湖北先正遺書》本、四庫文淵閣本補。

〔14〕録，《湖北先正遺書》本、四庫文淵閣本均作"鑠"。

〔15〕"是年"句，《湖北先正遺書》本作"是年四月十有二日序"。

備荒雜録序

漢史書"張良謝病辟穀"，惜其法不傳，蓋亦托言云耳[1]。其後方士者流，往往能神其説，於是丹藥之書出焉。世之險辟之士，復效其法而修煉之，謂“一餌其藥，可以終身不食，而長生久視”。噫！以吾眇焉血肉之軀，非有得於保真養性之妙也，一涉乎詭誕之説，遽以爲秘訣，而用之以求不死，世寧有是理耶？晋鐂景先表進辟穀方，名曰《救荒仙術》，見《活民書》最詳。往歲，京師饑，庶民家多製而服之[2]，悉無驗。兹予所因製者[3]，因竊思之：人之一身，胃爲之主，胃實則氣充，充則神完而不死，詎有絶去水穀，使胃虚腑憊，而能久生者耶？然則昔賢謂“刀圭一入口，白日生羽翰”，何也？此蓋學仙之説也。其法本於製煉形魂，使氣質銷鑠，而陽剛純全如天之輕清，其氣上升也。其爲刀圭也，豈方士者流所謂修煉之術哉？余亂後躬耕山中，見溪谷間人有草食者，因謂值歲之凶，草木之可食，不過二三種而已。及觀伯高所著《備荒雜録》，乃知草木無不可食[4]，要在用之有法耳。余讀其説而異之，亟欲手寫一帙，藏之篋笥，以塵物嬰世，未遑也。翌日，君命童子録以相寄，方之世所謂辟穀之術，其終至於誤人者遠矣。嗚呼！自含哺鼓腹之樂亡，則世亂民窮，而人之不得其食者多。故讀夷、齊采薇之咏，園綺[5]、紫芝之歌，杜子美歲拾橡栗之句，可以觀世變矣。伯高是録，夫豈虚傳也哉！伯高始以國學弟子員入官，累就外補。自兵進，携妻子避地四方，於草木之品皆嘗試之[6]。予故信其説，而爲之序。

【校記】

〔1〕耳，四庫文淵閣本作“爾”。

〔2〕庶，《湖北先正遺書》本、四庫文淵閣本均作“士”。

〔3〕所因製者，《湖北先正遺書》本作“因所製方”。

〔4〕乃知草木，《湖北先正遺書》本、四庫文淵閣本均作“乃知凡草木”。

〔5〕綺，《湖北先正遺書》本、四庫文淵閣本均作“葵”。

〔6〕試，《湖北先正遺書》本作“思”。

送西臺侍御史阿都剌哈蠻公彦𤣑叙[1]

三秦形勝甲天下，河山險固，丘陵盤紆，控隴蜀之會，當晋衛之衝[2]，守之易如鍵就扃，攻之難如卵就壓，歷周、漢而來，號爲百二之區，勢使然也。吾元混一之初，升雲南廉訪爲行臺。大德之元，徙置奉元號陝西諸道行御史臺。於時人才輩出，罔有冒進，諫無不從，言無不聽，法度修明，民物清晏[3]，今西州父老猶能道之。《春秋傳》曰："不有君子，其能固乎？"[4]漢祖之盟，謂功臣與河山同帶礪，誠不刊之論哉！自盗起河、淮，中原披靡，民焉麋爛，物焉殫殘，城郭焉蕩焚無幾。秦雖至險難犯，及其怠於封守，暴兵深入，受禍最慘。相臣將臣，入禀廟謨，出掌兵柄[5]，固願削絶亂階，策勛帝室。然藩翰四匝，不受縻制，一摇手怨輒隨之，禍且叵測，雖有智能，閟莫敢發。思義之士[6]，至欲以死樹功，動爲童氏權奸沮不得行。事機之失，若簭羽之速不可障，何嗟及矣。今大亂已極，人心思治，豈特三輔之民欣見漢官儀乎？據形勝之便，審緩急之宜，開拓舊服，實惟其時。若夫懲往轍之失，遂無意於事功，君子不取也。噫！是責也，誰實尸之？僕嘗書平亂一策，稿成復毁不上，蓋以其言過直，有犯時忌，則人將目以迂，目以狂，目以闊，視爲多言[7]，是以不敢。至正二十四年春正月朔，皇帝受朝賀，既進，臺臣等曰："天下方多事，軍國之務寖弛，豈風紀未張之故歟？兹欲興舉廢墜，非一二老成人何賴！"由是阿都剌哈蠻公自大都路總管拜陝西諸道行御史臺侍御史。命下，守成往賀之[8]，曰："上方汲汲圖治，得公二三輩用之，治效著矣。且天下事諫官得言。公至，宜以恢復責省臣，以忠義責將帥，以逆順利害責悍鷙反側之徒，奮揚國靈，風勵有衆，以起前日久安沉墮之氣，則金湯之險，增舊觀矣。矧明天子聽斷如神，其或牽制難爲，尤當吐出肺肝[9]，謇謇上白，使萬里之遠，如在旒黈之下，可也。"公學粹而通，才宏而遠，登第爲名進士[10]，牧民爲良有司，持憲爲才御史。至於專城以却敵稱，尹京以理劇聞，尤焯焯可書者也。守成辱知雅厚，曩嚴君之掾中書，公實薦之，故余兩家爲世契。則夫罄海内之知公者，宜莫余父子若也。將行，僾送道左，未忍無言，輒序時事以贈，大要謂三秦之險，易於封守，誠得其人，足以有爲。公既當重寄於軍國之務，其必能斡旋圖畫，俾朝廷無西顧之憂，如國初時乎。所謂帶礪河山之烈，豈宜讓他人先哉？俟其偉績既上，鋒車入覲，僕雖才薄，猶能效諫大夫王褒作《聖主得賢臣頌》，命童子鼓瑟爲秦聲，以助燕喜也。

【校記】

〔1〕阿都剌哈蠻，《湖北先正遺書》本作“阿圖拉哈曼”，四庫文淵閣本作“温都爾哈瑪爾”。下同。

〔2〕衛，原本誤作“魏”，據《湖北先正遺書》本改。

〔3〕民，四庫文淵閣本作“人”。

〔4〕固，《湖北先正遺書》本作“興”，四庫文淵閣本作“國”。

〔5〕柄，《湖北先正遺書》本、四庫文淵閣本均作“枋”。

〔6〕思，《湖北先正遺書》本、四庫文淵閣本均作“忠”。

〔7〕多，《湖北先正遺書》本、四庫文淵閣本均作“哆”。

〔8〕成，《湖北先正遺書》本作“城”，誤。

〔9〕尤，《湖北先正遺書》本作“猶”。

〔10〕名，四庫文淵閣本作“明”。

送内史僉院董公景寧赴河間路總管序

至正二十有二年，山東下，河南北悉平。上以元元之甫蘇，而總總以望治也，思得良二千石錯布諸郡，以綏拊之，詔丞相擇省憲之臣，往踐其任，重民事也。於是，以内史僉院董公爲河間路總管。先是，公已累官至第二品。至是，又增一階之秩以優之。洎軷，又親被德音，陛辭以行，皆異數也。然朝之大官貴臣之知公者，則謂：“公文學政事，宜謀畫廟堂，宜激揚風紀，宜論述館閣，不宜使就外補。”或曰：“匪朝廷惜要階方寸地，勞之以理劇之任，俾不得朝夕近天子之清光，若弃置然也。意者兵興十年，民勞孔棘，撫字久曠，澤不下流，兼之郡縣毁敗，守令之職，人每不樂爲之。蓋非不爲，實不能爲，亦不可爲也。今偃兵息民，外中之政悉歸條法，首以朝臣任之，欲其知民牧之重，則成績之可俟。此則朝廷付托意也。"然走嘗閉門讀《史記》，考古循吏之迹。又嘗避地四方，與田父野老語，而知民生之艱，爲守令者之難矣。請於公之行白之。古諸侯得專征伐，近郡守剖兵符以授之，今之守令與古諸侯埒。有方千里之地，而無專征之柄[1]，有防禦團練之御，而不假以寸兵，一旦有警，始驅丁壯禦之，往往力不能支[2]，城遂失守，一難爲；往年百姓殷富，不廢耕桑，今井屋墟莽，瘡痏之衆，無糠籺救朝夕命，又無從假種糧，備耒耜與牛以墾荒蕪，使徙流東西者[3]，有鄉里而不克保聚，二難爲。然則守令之職，其終不可爲乎？蓋天下事雖成於不易爲，而常怠於不足爲[4]。公才足以立事，智足以達變，惠足以恤下[5]。是行也，必能推上之澤，使如川流；宣上之德，使如風行；布上之化，使如春煦；廣上之聰明，使如陽光之下燭，震霆之莫掩也。朝廷慎選守令，思革前日之弊，而不拘以常法，俾才幹之士得罄展布識治體矣。昔龔遂治渤海，願無拘文法，得便宜行事，於是化盗賊爲良民。今乘凋敝之餘，欲勞來而安集之者，昔人之遺法在乎河間，古稱禮樂之國，在今三輔之内，文物衣冠之盛，比於鄒魯，國家仁、義、《詩》、《書》之澤，陶濡百年[6]。公於富庶之餘，以此倡之，教化可成也。公，儒者，真儒之效久不白，欲求通儒用之又不可得。俗儒迂闊，率爲人所詆侮。至有能脱去故常，卓然見之事功者，人將愧伏嚮仰之恐後焉。公之往，吾儕得不以望之[7]？兩漢而下，郎官宰百里，刺史爲三公。朝廷方取通民事、有才略者，以經濟天下，加以歲月，考績既上，公之車其北轅乎！走辱知最稔，行當書其行實，附古《循吏傳》後。

【校記】

〔1〕征，《湖北先正遺書》本、四庫文淵閣本均作"城"。

〔2〕往往，《湖北先正遺書》本、四庫文淵閣本均作"往來"。

〔3〕徙，《湖北先正遺書》本、四庫文淵閣本均作"徒"。

〔4〕常，四庫文淵閣本作"實"。

〔5〕"智足"二句，《湖北先正遺書》本作"智足以達惠，變足以恤下"。

〔6〕陶濡，《湖北先正遺書》本、四庫文淵閣本均作“涵濡”。

〔7〕不以望之，《湖北先正遺書》本、四庫文淵閣本均作“不以是望之”。

傅子敬紀行詩序

《詩·大序》曰：“詩者，志之所之也。”詩非本乎志，而規規守繩墨以學爲聲律之細，詩則陋矣。虞之歌，周之《雅》，十五國之《風》，雖所感異趣，所發異情，所出異時，本乎志也。時乎楚、漢，去古未遠，王澤未涸，士生其間，當風氣樸茂之餘，其志大以宏，故發之爲詩，悉和平正大之音。觀乎屈原之《離騷》《九歌》，宋玉、景差之《九辨》諸作，蘇、李之贈答，無名氏之《十九首》，哀而不傷，怨而不怒，其風之遺音乎？至東漢、曹魏，降及六朝，宇縣幅裂，古道風靡，作者自三曹、七子以還，至沈、謝諸人，才雖傑出，志則骫骳，故穠麗夭好之詞倡，而恚怨哇淫之風行，體裁音節，視古敻殊。時非無一二追古之士[1]，顧往往囿於氣象之衰，不能振而起之。如瓦缶交擊，而空桑之瑟不能獨勝也。唐之興也，以神武翦積世之亂，三光五岳之氣復混。士之生也，鍾乎天地之英，其爲志岸然而不淆於俗[2]，其爲詩炳然上麗乎古，其擅名於後先者[3]，若陳子昂、孟浩然、崔顥、李白輩是已。至杜甫氏起，大振絶響[4]，志則咎[5]、夔、稷、契之志，詩則虞、周、楚、漢之詩，藻發乎天趣，聲繫乎風教，詩與志混然不鑿也。余少也志於詩，而學不充溢，不能爲詩。及壯，盡取古詩讀之，始鋭意於詩，而聞識庳近[6]，規模纖委，不敢爲詩。洎乎日月滋久，頗會其要，操筆就紙，寖有生意，而知己者鮮，無誰與言詩。後是[7]，竊取一第，代匱小官，而塵物委瑣，不暇爲詩。嗚呼！自余少時迄今，逾十五年，追惟數歲之間，始則不能爲詩，終則不敢爲詩，又終則無誰與言詩，又終則不暇爲詩，宜蓁塞之深已固也[8]。惟其志不衰於少時，故頗能覃思於聲律之細耳。傅君子敬與予同年進士，年先於余[9]，余兄之，相好也。初，君以上第授官，累陟要階，拜監察御史。劾權宦人，謫官吐蕃。權宦人死，調僉山北道肅政廉訪司事。未上，改中書左司都事。其召至輦也，與予問之隙[10]，口誦其《紀行詩》若干首，且曰："吾被謫數千里，去國幾三周。投瘴毒之鄉，涉窮荒之地，而冒虎狼之叢，雖行道之人，有見而出涕者。我則恬不介懷，謂'死生命也，何必惴惴焉禍患之是懼'，遂屏去一切營謀，而寓志於詩[11]。"觀其羈危遷竄之極，而撫時悲世之意，憂君許國之念，懇懇乎短章大篇，放而不流，壯而不棘，非生鍾天地之英，有崖然拔俗之志，能是乎哉？矧其志日益篤，詩日益進，他日充而大之，又將爲《騷》、爲《風》、爲《雅》、爲《頌》，下視漢、魏、唐人之作，九牛一毛耳。昔原之放逐，乃賦《離騷》，不忘乎君也。淮南王安贊之曰："推此志也，與日月争光可也。"今君以謫官而有詩，獨非古人之志哉？噫，君子曷志乎？志乎古也。余何志乎？志乎君之志也。知君之志莫余若[12]，故序君之詩不敢辭。

【校記】

〔1〕追，《湖北先正遺書》本、四庫文淵閣本均作"道"。

〔2〕"其爲志"句，《湖北先正遺書》本作"其爲志岸然不移於俗"，四庫文淵閣本作"其爲志岸然不淆於俗"。

〔3〕後先者，《湖北先正遺書》本、四庫文淵閣本均作"後先"，無"者"字。

〔4〕大振絶響，《湖北先正遺書》本、四庫文淵閣本均作"遂大振絶響"。

〔5〕咎，《湖北先正遺書》本、四庫文淵閣本均作"皋"。

〔6〕庳，《湖北先正遺書》本作"卑"。

〔7〕後是，《湖北先正遺書》本作"自後"。

〔8〕蓁，《湖北先正遺書》本作"茅"。

〔9〕於，《湖北先正遺書》本作"生"。

〔10〕與予問之，《湖北先正遺書》本、四庫文淵閣本均作"與予勞問之"。

〔11〕寓，原誤作"富"，今據《湖北先正遺書》本、四庫文淵閣本改。

〔12〕余，四庫文淵閣本作"予"。

送陳都事使還浙東序

始淮、潁盜作，所向奔突，巨鎮大藩，望塵摧陷，吴粤之交，魚餒肉爛。江浙等處行中書丞相方公，起布衣，倡大義，集兵東甌，以捍一面，歲時朝貢不輟。兼之一門昆季，雖致身顯榮，而知尚學術，豈古所謂“説禮樂而敦《詩》《書》”者歟！其於君臣之分，忠孝之節，凛然常存，焕然可述。比故予以請以往迹之暴於天下者[1]，次第書之。朝廷歲遣使督吴之賦，越其境，丞相必躬率僚采約舟於津，具馬於郊，同迎使節，其恭敬王命，未始一日替之。往歲有盗犯邊，故江浙行省右丞丞相之仲氏也，力戰死之。事聞，旌封有加，臣節偉哉。至正二十四年秋，逆孛入朝[2]，自爲太師、丞相、皇太子，撫軍於晋。朝翦大患，而外内之臣，昧於順逆，速於强弱，不知死君父者多。檄至，丞相亟遣使請命於軍，誓簡師以從[3]。明年秋，逆孛伏誅[4]，東宫班師還，於是遣江浙等處行樞密院都事陳君彦明奉表來覲。時皇帝御大明殿，省臣以其事入奏，錫爵賚之，以旌丞相爲國敵愾之勞，使臣奉命之勤亦光耀矣[5]。竣事將歸，朝之士咸賦詩以贈，而請序於予。予與彦明相與日淺，其出處之詳，誠所未知，雖欲竭片語塞命，以剿説耳[6]。顧惟先民謂尚友千古，蓋雖不必親覿其人，而高懷雅趣，有冥合焉者。矧彦明與余定交幾半歲，彦明之賢，獨不可知其什一乎？彦明，儒家也。其學敏而通，其治事練而達，其剖裁紛糾辨而捷，尤優於使事。讀至仲尼氏專對之語，必慷慨奮激，思起古人於九京[7]。其襟抱脱略，敻出一時輩流萬萬也。且丞相一頻笑，能輕重人。在恒人惟圖倒衣趨事，覬一朝之顯拔，譬之升九層之臺[8]，欲一躍至焉。彦明官不過幕佐，而未聞其競進，遑遑焉恒抱家國之憂，彦明誠忠孝人哉！今甲兵將偃息，海宇將晏熙，彦明歸見丞相，當以君臣之分，忠孝之節，娓娓爲説，期於力靖南服，益修乃職，以垂千萬歲之烈勛。余也雖乏藻思，猶能吐詞爲鋒[9]，揮筆爲陣，寫休聲於鐃歌鼓吹間也。

【校記】

〔1〕比故予以請以往迹，《湖北先正遺書》本作“予知之深，請以往迹”，四庫文淵閣本作“此故予請以往迹”。

〔2〕逆孛，《湖北先正遺書》本作“外夷”。

〔3〕晢，《湖北先正遺書》本作“哲”。

〔4〕逆孛伏誅，《湖北先正遺書》本作“既平外患”。

〔5〕命，《湖北先正遺書》本作“明”。

〔6〕以，《湖北先正遺書》本、四庫文淵閣本均作“亦”。

〔7〕京，《湖北先正遺書》本、四庫文淵閣本均作“原”。

〔8〕層，原本作“成”，《湖北先正遺書》本作“層”，據改。

〔9〕詞，四庫文淵閣本作“辭”。

送王平口巡檢陳允莊叙

自王教遠，而《伐木》絶響矣。風雅之衰，友誼之喪，民俗渾渾乎末流，非一朝夕致兹也。大抵友爲五倫之一，而世之人一是目爲窾言，此隆古之治所以不可復，蓋自四代以還則然。唐、虞之盛，若稷、契、夔、龍，協贊帝猷，以底雍熙之治。周之興也，若旦、閎夭、散宜生之徒，同心同德，以弼岐、豐之化。宣王之繼起也，若申伯、方叔、仲山甫、尹吉甫之流，協謀共事[1]，以濟中衰之厄，而友誼章章於天下矣。予生也晚，思古人而不見，歌《伐木》而傷之。竊嘗觀世之爲友者矣，炎而趨，寒而置，雖儒其服而佣賈其心，由、夷其言而跖、蹻其行。如是者，果可友耶？挾貴以驕人者，不知一朝而勢去，人亦得以驕之矣[2]；飾詐以欺人者，不知一旦術窮，人亦得以欺之矣。如是者，果可友耶？予取友半天下，而未見有如古人者。豈予之愚，人不我友歟[3]！及兵後，游山西，僅得一人而友之。睢陽李子實氏，非義不取，非力不食，有古君子之道，良友也。久之，至保下，抵薊門，若安肅縣簿王文昭氏、祈州判旦榮伯氏、永平府倅梅秉玉氏、灤州守劉復仁氏、昌平邑長舜言氏，皆今之良有司，予既得而友之。至於文章高古，如燕府紀善王蘊德氏、及其弟修德氏、睢寧邑尹葉夷仲氏、布韋士董安常氏；而學行修潔，如國子助教王政民氏、大興邑文學掾王庭實氏、處士宋彦中氏，予又得而友之。尚何以友誼斷喪爲嘆哉[4]？予雅聞王平口巡檢陳允莊氏有能名，及其秩滿，將如輦下也，甫得邂逅於逆旅。性嚴而裕，寬而和，言論慷慨而詳實，第恨其友之太暮，又惜其去而不得與之友也。雖然，才如吾允莊，以之宰劇縣，刺要郡，蓋優爲之，而允莊則未嘗以爲我能爲；職巡邏之職，而久淹於四稔之久，而允莊亦未嘗以爲我久淹。允莊誠吾友也。今之往，吾知其首膺柄用，於一時良有司接武後先矣。予既嘆流俗不古若，而終之自賀其得良友，雖不能盡如隆古時，亦足以卜王教之復古也。予於是喜而賦《伐木》。時吾友魏德謙、李道勤在。

【校記】

〔1〕協，《湖北先正遺書》本、四庫文淵閣本均作“叶”。

〔2〕得以，《湖北先正遺書》本、四庫文淵閣本均作“得而”。

〔3〕人不我友歟，《湖北先正遺書》本、四庫文淵閣本均作“而人不我友歟”。

〔4〕喪，《湖北先正遺書》本、四庫文淵閣本均作“絶”。

送宛平縣主簿陳汝霖序

天下郡縣弟子員，凡三歲一貢於京師。至則吏部考其藝而升國學，加以歲月，始第其高下而官之。以故，士之通經術、識治體者，由是以進，皆即得仕。不由此者，雖得仕，至其陟朝著，理民社，而以事功表見於外中者鮮。宜興陳汝霖氏，由太學生分教定遠，一仕爲北平之宛平縣。宛平素號劇縣，有藩翰，有分閫，有郡府，符檄積几案，館傳相雜沓，師旅衆而征役繁，不有殊常之才以任其剸治[1]，往往至於廢事。汝霖通經術，識治體，惟其小試一邑。人皆難之。殊不知以爲難者，恒見其難；以爲非難者，固未始見其難也。觀其均户徭，審刑讞，董營造，歸條法而不紊。至於壇廟也，學校也，郵傳也，以繕以營，既詳既周矣。予識汝霖久，玆當佐政之三稔，將上計於朝也，不忍一旦别去，則爲之言曰："器如干、莫，利器也，而良冶之鑄[2]，必取之於百煉之餘；材如楩、梓，美材也，而良匠之用，必求於十年之後；士如材傑，良士也，而善爲治者之任之，必拔之於累試之中，非一昕夕可驟致其功也。"汝霖誠良士，於郡校，於國學，於分教，礲礪漸漬，亦既至矣。譬之干、莫也，而鍛煉之滋久，楩、梓也，而培育之滋厚，其於斸斗牛，剸犀象，棟大厦，柱明堂，無難也。國朝仿唐、虞官人，而以九載爲秩滿久任之法也。汝霖行哉！其至也，必有膺柄用於常制外，而朝廷之上孰不指而誦之，龐士元非百里才，吾恐霄衢迥而枳鳳騫矣。《詩》曰："靖共爾位，正直是與。"予敢舉是爲説，期於力蹈前修之軌，而大行於時。是之謂通經術、識治體，其於爲天下國家也，夫何難哉！

【校記】

〔1〕剸，《湖北先正遺書》本作"專"。

〔2〕"而良"句，《湖北先正遺書》本、四庫文淵閣本均作"而良冶之治之"。

送穆原鼎先生還照縣序

安次宋彦中氏，學古學，其於人不妄許可。予近過薊門，留其寓館幾旬餘，酒酣氣作，每以友誼凋喪爲嘆。因語其友原鼎穆先生之賢，曰："先生前代文獻家[1]，而才氣之偉迥出一時。"予用是惓惓於心者久之。已而，先生自東海來，予因彦中，遂與相識。見其風神峻整，而襟靈坦夷，譬之明月夜光之珠，令人不敢狎玩。益信彦中之不妄許可矣。一日，先生招予三數人小飲逆旅，言其祖墓在西城西，兵後圮於礫莽，邈焉不見蹤迹，於是招魂以酹於中野。惟先人之墓在北城之東北，迄於今不廢，因得摒除菑翳而展祭之[2]。言訖，泫然泣下，而悲動一座。人人謂其孝行若是，則夫篤於友誼也奚惑？先生燕人，兩河亂，避地東海上，遂家焉。其典校於照邑也[3]，群弟子一經指授，咸中矩墨，豁如也。今之歸，凡在同志，皆賦詩寫别，爛然成帙矣。於是大興邑文學掾王庭賓氏，徵予爲序。予以友誼，不敢讓，謹避席而言曰："先生之學，求以至乎道也。道也者，窮天地，亘古今，不與物物同澌盡，未始離萬物以爲道，亦未始梏萬物以爲道也，顧可以淺鮮之言言乎哉？夫言出於淺鮮，而曰我將以行道，是之謂求道於口吻，而斷喪其本真，非道也。蓋嘗稽之《易》矣。天地之始，有象而後有辭。當其太極稔而萬物之未茁也[4]，象何寓？六畫呈而群象之始著也，言何有？及乎文王、周公、孔子，始立言有象之後，發前聖之不言，以昭示斯道於無極。以是知之，言不可以已也如是，非空言也。先生之學，講之熟，蓄之素，而行之力。其言也，其不言也，一是足以啓迪來學，道蓋若是矣。彼呫呫焉形諸口吻，而以爲道者，予前所謂淺鮮之言，非道也[5]。矧先生以孝行爲鄉閭所稱道，友誼爲士類所推服，其所以植天常，礪名教，而昭燭乎穹壤，孰非道耶[6]？吾聞參、路二子，其行爲吾儒軌度，而聖門之言孝誼者，皆宗之。予生也晚，其於聖哲之高躅，每起望洋之嘆。先生行，固願執策以從，而問津洙、泗矣。"

【校記】

〔1〕前，四庫文淵閣本作"先"。

〔2〕挤，《湖北先正遺書》本作"揃"。四庫文淵閣本作"攘"。

〔3〕"其典"句，《湖北先正遺書》本、四庫文淵閣本均作"其典邑校於照邑也"。

〔4〕稔，《湖北先正遺書》本作"渾"。

〔5〕道，《湖北先正遺書》本、四庫文淵閣本均作"過"，誤。

〔6〕耶，《湖北先正遺書》本作"也"。

送東安縣鄧侯朝覲序

皇帝十有三年有旨，設賢良方正等科，徵用邱樊士，圖治功也。於是金壇鄧侯由聰明正直一仕爲東安邑令，北平所司也。昔者召公奭，此其封域。西都盛時，民咸沐其休澤。姬轍既東，王室板蕩，人情風俗與古敻殊。至於近代，金革屢起，創殘之氓大抵皆其喘蘇悖定之餘。矧北平大方面，藩翰也，分閫也，臬司也，大府也，其所需一是取給於近縣。自非節其力而恤其翿，民病其能少瘳乎？侯能宣上澤以拊循之，故能得一邑百姓心。侯端慎而質直，不求名，不近功，不與物競，而退讓若不足，藹然仁義人也。其學純正而净實，其詩連編累帙而忠君許國之念一飯不忘[1]，人謂其如杜拾遺。諷諫之旨，寓於言表，讀之可以懲勸人，又謂其如白居易云。兹以户口田糧事上計於朝也，大夫士皆爲詩以贈，而僕以譾材辱知，於後最稔，兼之以斯文骨肉我，以雅道熏陶我，以直言正論啓迪我[2]。其輊也，曷能已於言乎？於是致辭於侯曰："民者，邦之本。財者，民之心。稽諸方册，其所以固邦本、收民心之説，詳矣。今天下黔黎涵濡乎仁風化雨中，而吾邑也藉侯之惠之力之至，故其户田不逾歲而加多於往時。侯行哉！其至也，奏對文石之陛，俯伏主臣而敷宣洞達，必有以動於聰之聽，而喜溢乎天日之表矣。若夫增秩賜金，古所以旌循良吏故事，朝家自有公議在。"

【校記】

〔1〕"其學"二句，《湖北先正遺書》本、四庫文淵閣本均作"其學純正而詳其實，詩聯編累帙而忠君許國之念一飯不忘"。

〔2〕"以直言"句，《湖北先正遺書》本、四庫文淵閣本均作"以直言正論啓迪我也至矣"。

溪山送别圖詩序

嚴陵邵仲舉，由文學起家，再轉爲密雲隆慶倉使。未幾，因禁令解去[1]，遂得歸養，輊有日矣。於是燕人李居中氏，爲作《溪山歸隱圖》，一時名士爲賦詩[2]，而府紀善王藴德氏爲序其顛末。是行也，不亦煊炳而光榮哉[3]！予以朽木耕牧草澤，而混迹樵農，其於士之有官位、負名聲者，鮮蒙其梯接。故於仲舉，恨其弗獲簉後塵，聆雅論，締久要，實甚恧也。近過婺，諸葛伯衡氏出詩一編相示[4]，曰："吾友邵仲舉之詩也。"觀其詞氣和平，律度嚴整，斐然忠孝之著[5]，讀之可以想見其人。而伯衡曰："仲舉之南轅也，有退休之喜，有歸養之樂，有溪山之適。雖未與之識，可無一言以賁其行哉？"余固讓不獲[6]，則爲之言曰："窮天地，亘古今，不與物物同澌盡者，忠與孝也。是以古之君子，未始不仕，亦未始必仕。未始不進，亦未始進而不知退。故其進也，非徒仕盡其忠於君焉爾；其退也，非忘君盡其孝於親焉爾。仲舉始冠而舉於其鄉也，鄉之人固以忠孝事望之已。而職倉庾之職，一束乎廉慎而不敢肆，則其服事乎熙朝也，忠矣。而今也，鄉之人亦必望之曰：父母老矣，盍來歸乎哉！其至也，具滫瀡，時温清問起居，稱觴爲壽，而喜動顔色，豈不可以言孝乎？仲舉行矣，矧嚴陵當溪山佳處，而桐江之濱、富春之麓，豈無嚴光之徒耕釣乎其間也？固宜與之礪清節，植名教，激頹波而滌澆風也。"

【校記】

〔1〕禁，原本誤作"楚"，據《湖北先正遺書》本、四庫文淵閣本改。

〔2〕士，原本誤作"勝"，據《湖北先正遺書》本、四庫文淵閣本改。

〔3〕煊炳，《湖北先正遺書》本、四庫文淵閣本均作"炳炳"。

〔4〕出詩一編，《湖北先正遺書》本、四庫文淵閣本均作"出一編"。

〔5〕斐然，《湖北先正遺書》本、四庫文淵閣本均作"宛然"。

〔6〕余，《湖北先正遺書》本、四庫文淵閣本均作"而"。

卷　五

記

潞州崔府君廟靈應記

府君在唐尹長子縣，有異政，民甚德之。其地萬山環列，險而多虎。嘗有采樵者道觸虎死，其母泣訴於府君。君遣使投檄城隍祠。頃之，正晝霧塞，陰庢風生，虎自林薄出，震慄爲俯伏狀，遂縛以歸。君立命磔之，自是虎屏迹無遺類。非君至誠以動之，曷能焯焯如兹？君之没也，民遂廟而祀之[1]。一有禱祈，若響若答，故閲歲雖滋久，而民心則益虔，可以見府君之德被之人人矣[2]。庚戌春，僕代匱山西行中書省理問官，承堂帖如京師，常虞不職獲譴，道次潞州，拜祠下，遂潔齋以禱之，神鑒厥忱，賜之吉卜。已而朝廷不以僕才識下授同知太原府事，寵澤優渥，紱綬焜煌。卜兆之叶若符券然，神之相之，亦既侈矣。蚤夜兢惕，思答神庥，而官事叢委，未遑及也。乃涓日命工設色肖像，用展歲時之祭，兼述其莅官之異政，爲神之靈感，以傳不朽焉。嗚呼！神之德著矣，而感孚之機，則有非吾人所能力致者。然而有可致之道焉。何也？吾盡吾誠焉耳。誠或未至，而求神之我格，借曰“祀事孔腆，神其吐之”矣。信乎！有其誠，則有其神，嘗聞之先哲云。

【校記】

〔1〕祀，《湖北先正遺書》本作“祝”，誤。

〔2〕被之人人矣，《湖北先正遺書》本作“被於人遠矣”。

淶水縣學記

淶爲古燕地。周胙召公，此其封域，王化漸被，莫先於兹。繇戰國來，宇縣割裂，民涉鬭争，士廢禮教，古風由是泯泯也。元之有土，校庠勃興，中更亂離，文教寖熄〔1〕。皇上龍奮之初，遂大振儒風，以文萬世之太平。於是國有國學，府有府學，而州而縣，莫不有學。兼之設教有條，肄業有科，師徒供給有廩膳，有司勸沮有升黜，甚盛舉也。河東董侯紹顔，繇儒起家，擢國子學録，尋以選知縣事。縣之學政，侯實領之〔2〕。學故有先聖廟，有講堂，規模庳隘〔3〕，人以爲弗稱。侯乃於政務之餘，興廢補敝。洪武七年春，作東齋三。明年春，作西齋，如東齋之制。堂後作小室，一與堂楹相屬，軒户空明，几席瑩靚，諸生受業之所也。又明年夏，堂東作庖屋，用器悉完，諸生會食之舍也。西南作射圃，中爲“觀德亭”，諸生習射之地也。廟前作東、西廡各三，先賢從祀之室也。廟旁樹學規石刻〔4〕，示永久也。廟外曰“神門”，又其外曰“櫺星門”〔5〕，以繕以營，悉中儀矩。繚以崇垣，植以名木，嚴廟貌也。且其地與代郡、鴈門相聯屬，其勢控居庸，閫紫荆，而距飛狐之口〔6〕，師旅往來，使傳絡繹，符檄積几案，酬接無休期。侯乃於紛劇之辰，而寓整暇之意，於注措之際，而有先後緩急之規，俾數十年瓦礫灌莽之墟，於是俎豆而弦歌之。匪才且賢，曷克臻兹？部使者凡再莅之，檄奬有加，而薦書上矣。延興猥以譾才，代匱學職，鉛槧之厪，而章句之怠，夏楚之瀆，而教育之疏，視侯有不愧乎！縣父老以侯政有裨風教也，將勒文於石，以垂不刊，而謁延興記之。嗚呼！聖人之道，昭垂如日星；王者之化，無私如天地。誠使任民社者，有以闡聖道，敷王化，維世教，淑人心，行見有首有趾，咸樂育乎覆燾之中〔7〕，照臨之下。一日，碩才出，美化行。是邦也，將不爲伊、洛，爲洙、泗，爲堯、舜之俗，以彰儒效於無窮哉？侯之此舉，增斯道爲九鼎矣。先是，縣簿朱子魯、典史劉中，以侯鋭意於學，克相厥功。八年夏，朱以秩滿去任。冬，劉以得解在告。細大之務，侯獨任之，其於學事，功倍厥初。他如社稷壇、風雲雷雨山川壇[8]、無祀鬼神壇、城隍廟，制度宏偉，皆焯焯可書，玆不詳著。

【校記】

〔1〕寖熄，原本作“玆熄”，《湖北先正遺書》本作“寖熄”，據改。

〔2〕侯實領之，《湖北先正遺書》本作“寔領之”。

〔3〕庳隘，四庫文淵閣本作“卑陋”。

〔4〕學，原本脱，據《湖北先正遺書》本、四庫文淵閣本補。

〔5〕櫺星門，原本作“靈星門”，四庫文淵閣本作“櫺星門”，據改。

〔6〕飛，《湖北先正遺書》本、四庫文淵閣本均作“蜚”。

〔7〕燾，《湖北先正遺書》本、四庫文淵閣本均作“冒”。

〔8〕風雲雷雨，《湖北先正遺書》本、四庫文淵閣本均作“風雷雲雨”。

易州山北鄉學記

洪武乙卯春，詔天下立鄉學，蓋以崇美化，育群材，臻至治也。易州古稱要郡，風氣高厚，民俗樸淳，順而迪之，易與爲理，不可遽以沿徼外之也[1]。州之北，其鄉曰“山北”，有山泉林壑之美，蔚然爲一州最。太守葉侯子粹至而樂之曰：“此勝境也。以此建學，實甚其宜。”由是倡耆宿，勸諷士民，士民助工，乃創“明倫堂”三楹，門垣崇焕，几席瑩潔，肅如也。尋以禮招致何君大用爲之師，弟子員凡三十人。大用遵教條，嚴訓誨，而謹禮節。士子鱗萃佩服儼若，揖讓進退，咸中矩墨，匪侯鋭意於學，曷克臻玆？大用徵余記[2]，則爲之言曰：“自唐而宋而金，易之士登巍科，躋膴仕，代不乏人，今可某某數也。百稔以來，文教滋息，工佣農賈競以貨利相長雄，弦誦之聲闃乎莫聞，非古易州矣。以侯之興學，以大用之典教，行見斯道大行，炳耀後先，是鄉之士，固以聖學著天下，匪直爲鄉人以自畫也。”學創於是年夏四月之吉，落成於五月之望。判官黎侯某、長史任處中實贊成之。

【校記】

〔1〕沿徼，原本作“治激”，據《湖北先正遺書》本、四庫文淵閣本改。

〔2〕余，《湖北先正遺書》本、四庫文淵閣本均作“予”。

柳居後記

北平憲僉三衢徐公之未仕也，居其鄉之華川里。其地豐腴而爽塏，實東南山水佳絶處。有田廬，有琴，有書。人之過者，必式之，曰：“此隱君子之居。”於庭於垣，柳凡十株，公手植也。弦歌之隙，觴咏其間，而蕭遠曠逸，超然有出塵之趣〔1〕。而是柳也，當暑雨舒霽之朝，風日清美之候，蒨以濯，濯以滋〔2〕，繁陰滿軒，凉思入袂。客至，晤語乎煙霏杳靄中，懷之滯者以宣，心之鬱者以舒，萬慮之膠固湔除而無玼〔3〕。蓋雖陶元亮之植柳於其門，韋虚心之植柳於其庭，未足以易公之樂也。及公之入仕也，始爲御史，繼爲部使者，炳焉振風裁於外中〔4〕，人皆榮之。而公則曰：“自吾筮仕以來，邇清光，躋要地，而沐恩寵，欲一如疇昔，寄傲華川之野，以接武乎元亮之徒，其又烏可得耶？”予解之曰：“韋虚心之在唐，不過以貴富期子孫〔5〕，無焯焯過人之迹。而元亮也，丁晋之昏而不欲仕，遘宋之篡而不欲臣，韜英斂華，以放迹於詩酒間，此其志概可知已〔6〕。公以俊偉軼群之材，抱醇德，藴古學，發爲用世之文章，以黼黻熙載之太平，其所際者盛矣。使不遇治理之朝，則亦終於韋布而已耳，又何至於元亮之宰彭澤，托於耻見督郵，而解組以去也？矧公早著蹇諤之聲，而復弼澄清之寄，聖天子付畀之意，不其重於人人乎？然則華川之柳，其榮其悴，固宜不在所懷也。他日功成名遂，角巾還里，賦元亮《歸來》之辭，撫吾柳而愛惜之，戒子孫重爲之培育，其尚能遺芘於無窮哉！”

【校記】

〔1〕趣，《湖北先正遺書》本作“想”。

〔2〕“蒨以”二句，《湖北先正遺書》本作“原以濯濯風姿”，四庫文淵閣本作“舊以濯，濯以滋”。

〔3〕玼，《湖北先正遺書》本作“疵”。

〔4〕外中，《湖北先正遺書》本、四庫文淵閣本均作“中外”。

〔5〕貴富，《湖北先正遺書》本作“富貴”。

〔6〕概，四庫文淵閣本作“樂”。

曲河軒記

雁門之東，有邑曰繁時。其山秀雄，其水清瑩，其風氣勁武而樸茂。予往歲驛過其間，故老指以示予，曰某峰爲某山，某水爲某溪，某田廬爲某隱居處。時秋高木脱，天宇空闊，毫末皆在目中。邑之東，其水曰“曲河”。河之北，梁先生惟敬居之。碧嶂清流，映帶上下[1]，樵浣之聲，響振林樾。跨水缔室，爲碾，爲磨，迅湍激之，機輪自轉，勝地也。先生讀書之隙[2]，與二三同志，葛巾野服，流憩水上，飲酒以樂，不知晷景之西。其蕭閑曠逸之趣，雖龐公之鹿門，杜陵之韋曲，李愿之盤谷，不是過也。然斯境也，前乎此而人莫之先，後乎此而世莫之奪。先生乃能專有之，獨樂之，則雖一泉石，一草木，炳炳有輝矣。先生白首丘樊，隱德弗曜，林壑足以適其性，琴策足以娱其心，而子而孫，足以佩服乎庭訓，過賓游客，足以延揖讓而資笑談，則先生之優游是軒也，其樂寧有涯涘哉？嚮當中原淆亂，閭巷之士往往以材氣相雄，以功業自負，踵不及旋，皆徙死而莫遺，良田美園罄爲墟莽矣[3]。先生於是深自保閟，介然不爲勢利奪，此其志，人固不得而知也。予以歲辛亥至自薊門，訪先生於林下，一見即傾倒。明年，予歸。又三年而復至，而先生之情愛猶一日。予以是知先生之篤友誼，義也。顧以奔馳西東，靡所底止，欲卜鄰而不可得。矧兹又復别去，回視曲河勝地，其何能不眷眷於懷耶？而今而後，或得以謝絶塵鞅，擇是名山水而宴休，與先生再修客主之禮，當效王逸少故事，寫蘭亭一觴一咏之樂也。

【校記】

〔1〕上下，《湖北先正遺書》本、四庫文淵閣本均作“下上”。
〔2〕隙，《湖北先正遺書》本作“處”。
〔3〕莽，《湖北先正遺書》本作“已”。

觀德亭記

射之爲藝，古矣。自軒后爲弧矢，其後因之，遂有五射之制，此射之所由起也。是故天子、諸侯、卿大夫、士，有大射，有燕射，有賓射，有鄉射，皆因是以觀人之德，非細事也。今天下郡縣，庠序林立，師弟子員授受之際，必習射於學，其鄉射之遺意乎？淶水縣學，故有射圃，而湫隘囂塵，觀者病焉。洪武丙辰春，僉北平等處提刑按察司事徐公按部之餘，乃重作之，且構亭其中，而以“觀德”扁之，規制之偉，前此未之有也。當斯亭之落成，弦誦之休暇，而士子之揖讓也，予竊嘗拭目其間矣。其射也，有一中、再中者，予以爲難能；有三發三捷者，輒賞其爲奇中；至於連發而連破的者，固恨其不多見也。予不善射，而自幼喜射，然張弓挾矢，而恒病力之不至；揖讓周旋，而每患儀之弗謹。嗚呼！射以觀德，尚何足以觀之哉？今老矣，將返故廬，與田父野老樵弋山中，亦足暢吾志意。夫何能與髦俊之士，角失得於一時，而以得雋爲奇哉？雖然，射，六藝之一，若聖賢之樹德〔1〕，實於此乎權輿。諸生方當英年，可不致其謹乎？有以謹之，則其射也，志必正，體必直，持弓矢必審固，而百發百中矣。故射者之中鵠，猶學者之詣聖域，德固不外乎兹也。苟無其德，借有貫虱之巧，穿楊之技〔2〕，殪虎兕之能，關六鈞，徹七札，君子不取也。不然，古善射者，如后羿之勇，荀瑶之才，共叔段之得衆，皆不得其死，亦獨何哉？圃與亭，知縣董侯孟宗實經理之，不逾旬而斷手〔3〕。諸生請記是語於亭壁。

【校記】

〔1〕若，《湖北先正遺書》本、四庫文淵閣本均作“名”。

〔2〕技,《湖北先正遺書》本、四庫文淵閣本均作“俊”。

〔3〕斷手,《湖北先正遺書》本作“措手”,四庫文淵閣本作“蕆事”。

東安縣邵家莊鄉學記

鄉學,古也。四代之制,術有序,以教其子弟,材成,則賓興其賢能而官之。於是内之輔相,外之岳牧,與凡小大臣工,胥此焉出。則鄉之有學,所係蓋亦不細矣。《記》曰:“良冶之子,必學爲裘;良工之子,必學爲箕。”况吾齊民之子,其可不以學爲士乎?學之,則德萃於躬,道著於時,故三綱叙,九法彰,而陶斯世於熙皥。苟以學爲末務,而師心任意,以妄施之,是之謂不學無術,多見其顛倒舛訛,睢盱惶惑,而莫之適從。譬之群御乎莽蒼之野,而疾馳以逐禽,一或御非其道,禽終不可獲。借曰獲之,則亦出詭遇耳。東安,古名邑,風氣渾純,而民俗質直。治得其道,則妥順以安;非其道,亦强忍慴伏而不敢肆。非如他邑之民,寬則馴,急則擾,若羊豕之暴悍,未易綏柔也。邑之北,其鄉曰邵家莊,邑長王侯即是以建學,乃延致李宗昭氏爲之師。宗昭前代衣冠家,而能遵教條,嚴訓誨,藹然鄒魯文教之風。予草堂去學館,不數里舉武。嘗於躬耕之隙[1],聞吾伊於風雨之夕,以謂吾鄉由兵後,久亡弦誦聲,孰意其振絶響於大雅寥落之餘乎?雖然,以吾宗昭之才,夫豈久於鄉學者?毋謂其爲侗子師[2],而瑣瑣焉苟歲月以爲事故。師之於弟子,貴乎迪之以善;而於童蒙,尤貴乎啓之以正。蓋所以謹夫始入之途,而不爲多岐所惑,此小學之教也。由是而進於大學,則税駕乎高明光大之域[3],而可以大行於時。宗昭有志於古學,其亦以語其諸高弟子[4]。

【校記】

〔1〕隙,《湖北先正遺書》本作“餘”。

〔2〕侗,《湖北先正遺書》本、四庫文淵閣本均作“童”。

〔3〕大,《湖北先正遺書》本作“人”。

〔4〕語其,《湖北先正遺書》本、四庫文淵閣本均作“其語”。

文安縣譙門記

洪武二十有六年，制詔天下郡縣作譙門，一制度也。先是，有司踵近代之弊，事無巨細，往往因陋就簡，玩歲愒日，以幸其解去，鮮克殫竭心思，興舉廢墜，以潤色昭代不刊之典，識者病焉。文安知縣尚侯，登甲戌進士第。歲之夏五，視政於兹，月易六弦晦矣。雖其政務填委，應接不暇，而能綜核名實，悉歸條法，以其練習治體，洞達民情，簡慎自持，以事其所事耳。矧譙門在所當爲，宜其不敢後也。門距縣治不盡一射，而歷歲滋久，摧剥於風雨震凌之餘。乃卜日之吉，隳殘墉，撤敗屋，擇材之良而重新之[1]。門上有樓，樓之四周繚以闌檻，栖鼓角以警晨夜[2]，挈壺水以定刻漏，嚴巡邏以防寇暴。與夫啓閉之謹，譏察之密，前此未有也。自始役迄告成，前後兩閱月，而城郭田野不知官府之有興作，而民之蜂屯蟻附，樂於勸助者，固自若也。嗚呼！讀《詩》之“鮮民之生”，而知民之勞苦；觀《春秋》之“新作南門”，而知興作之不時。夫孰知説以使民，民忘其勞，有由然哉！予以侯善用民，而於國家之制度，虔恭而張大之，故喜書其概，俾邑之人誦而傳之，以示永久焉。是役也，主簿王某贊其事，宜牽聯得書。侯名肅，字惟知，濟南人。

【校記】

〔1〕新,《湖北先正遺書》本、四庫文淵閣本均作“修”。

〔2〕栖，原本誤作“灑”，據《湖北先正遺書》本、四庫文淵閣本改。

蘭莊記

洛師任宗一氏，學行醇正，薦紳大夫多器重之。當勝國時，其先大父憲使公與予先公承旨，皆占籍河南，而聯仕臺省。入國朝，予與宗一累佐邑校，而以文字爲職業。故予兩家爲里閈，爲世契，爲同道。出薊門東兩舍，許宗一之别業在焉。蘭莊，則其讀書之室也。客至，舉觴嘯咏，留連終晷。暇則焚香清坐，而静以觀物。非知道，不如是也。予聞莊廣不逾十餘弓，蘭也多不逾三數本，而風披雨沐，吐芳氣而出塵氛，迺時之隱處者，未易得此也。然萬物之在天壤間，可以愛玩而適情者，不一也。觀其助吟眺，則有山林泉石之美；供燕樂[1]，則有歌舞臺榭之勝；角豪侈，則有象犀珠玉之富。至於以智計得者，非智計則莫能致；以聲利得者，非聲利則有時而失。物累使然也。若夫韜智計，遠聲利，遺得喪，布衣韋帶不爲辱，珪組軒冕不爲榮，磅礴萬物不能累，出乎物而不能物於物也，况於蘭乎？夫蘭雖佳植，而匪金匪玉，雖得一易致[2]，而與凡草木殊。宜其爲人之所好，而不爲人之所同好；爲人之所得，而不爲人之所同得。故惟君子，爲能獨得之，而獨好之。其視挾智計，衒聲利，得所願爲以自快一時，此市道人所愧爲，而士大夫争爲之弗藉，亦獨何哉？於是，好事者以蘭之可愛玩也，掇蘭以娱心目，鼰蘭以頤性情，援琴以鼓《猗蘭》之操，攬佩以寫紉蘭之歌，浴蘭湯而澡雪其天質，入蘭室而想其善人[3]。矧蘭之生，不離乎衆卉，類乎不潔身以亂倫；不植乎槁壤，類乎遠濁世以自藏；不以幽獨而自媚，類乎衣錦而尚絅；不以無人而不芳，類乎弸中而彪外。予以是而知宗一於是焉是取，非世好之可同也。雖然，以蘭爲莊，猶以藝爲圃也。《詩》《書》以植之，道德以樊之，禮誼以穮芸之[4]，聖澤以浸溉之。吾知蘭非孤植，而與九畹同其芳；莊非一地，而與九逵同其軌矣[5]。宗一有見於此，其忍捨其種之美，而蕪薉不治？譬之五稼弗獲[6]，而幸其稊稗之有秋乎！予嘗以爲知道者，非過也。予又聞宗一之幼也，見背於父，承訓於母。其長也，教授於鄉，有榮耀矣。矧其讀書學道，礲礪未已，而日增月益乎？朝廷方柄用天下士，予知束帛賁丘園，蓋始乎此。豈宜嘉遁蘭莊之野，顧瞻童子時耕牧處，山青雲白，低回而不忍去！予將爲子歌《招隱士》矣。

【校記】

〔1〕燕，《湖北先正遺書》本“讌”。

〔2〕一，《湖北先正遺書》本、四庫文淵閣本均作“亦”。

〔3〕想其，《湖北先正遺書》本、四庫文淵閣本均作“想見其”。

〔4〕芸，《湖北先正遺書》本、四庫文淵閣本均作“蕓”。

〔5〕逵，《湖北先正遺書》本、四庫文淵閣本均作“達”。

〔6〕弗，《湖北先正遺書》本、四庫文淵閣本均作“不”。

紫芝亭記

芝何爲瑞？秀擢乎萬植，曠世而一見者。瑞何由興？和氣之充，假物以昭其異也。夫天地之清淑，迴斡於十二萬年之會[1]，人得之爲珪璋瑚璉之英，物得之爲景星鳳凰之異，均瑞也，匪直芝也。然芝之生也，不蔓以繁，使叢委於山谷原隰蕭艾等耳，雖瑞，匪瑞也。惟難遇也，人始異之，故曰曠世而一見也。以曠世難遇之物，倏爾賁發於槁壤，故曰和氣之充也。蓋吾人之和，與天地之和流通，故動乎冲漠，達乎幽隱[2]，被乎山川草木，匪若凡物之有生有息，有榮有悴者也。余聞郝思道氏之先子湖州府君，德醇而政平，鄉閭化之，州人德之。其氣之和，善積乎中[3]，發乎外，而及乎物矣。墓在杭之南山，葬之四年，盜發山中塚無幾，而府君之墓獨存。是歲之春，旁有紫芝生焉，色理瑩潤，生意畼舒，質粹而氣腴，蒸雲繚霧於佳城白日之表，甘泉所出，商皓所歌也。斯殆和氣之充，感通乎天地，則有神物以相之耶！《傳》曰“和氣致祥”，其弗信矣乎？思道作亭塋次，仍以紫芝名之，紀瑞也。郝氏之子若孫，歲時上塚，顧瞻紫芝，煒煒其光[4]，展祭之隙，相與芟榛剔穢，襲芳咀華，眷眷而不忍去，亦足見子孫之多賢哉！雖然，杭當山水佳麗處，自五代及乎勝國，其民完富，不識金革。帝元辟南壖而撫之，至仁旁洽，玆逾百稔。後雖小值弗靖，尋復輯綏，民之桑梓無恙，松楸逾茂。又數稔於玆，國家餘澤之所溉，亦優渥矣。使丁鬬争搶攘之年，則墓也曷保其固，芝也曷保其榮，而亭也曷保其輪奂之美。繼自今往，思道其式固以圖自身，而子而孫而雲仍，修祼獻，妥丘墓，繩繩引翼於孝理之世，則曠世難遇之瑞，將益衍於十二萬年之後矣。一日，傑人碩士之群出，使事業聲光照天下，嶄嶄然爲人中之瑞，吾於郝氏子孫卜之。

【校記】

〔1〕幹，四庫文淵閣本作“乾”。

〔2〕幽隱，《湖北先正遺書》本作“隱憂”，四庫文淵閣本作“隱幽”。

〔3〕善，《湖北先正遺書》本、四庫文淵閣本均作“蓋”。

〔4〕燁燁，《湖北先正遺書》本作“燦燦”，四庫文淵閣本作“煜煜”。

雪舫齋記

居山林則有登臨賦咏之趣，涉江湖則有飄泊放浪之懷，蓋志其志而不汩乎塵壤之迫隘，適其適而不淆乎世慮之糾紛，此古之曠逸之士，出乎物而不物於物也。雄邑尹周侯，構齋於公宇之偏，既成而落之，招予與嘗所來往者[1]，讌集其中。一室瑩潔，其質猶雪[2]，四顧穵明，其狀猶舟然。是日晝漏下二十刻，飲酒以樂，而天大雪，迴乎若放舟江之浦[3]，而山川皓縞，天地渾淪，不知吾身之在人世間也。侯起而屬予曰：“齋不可以不名。”於是以“雪舫”顔其額。又起而屬予曰：“齋不可以無記。”於是識歲月以書其概：是齋也，廣不逾尋丈，樸不事雕藻。壁以楮，不堊不丹；榻以木，不管不簟。左有圖，右爲史。蓺蔬有圃，漑藥有池。豁然而疏，邃然而靚。雲容天影之洞焕，琴韻書聲之流暢，神情道氣之融寫。其爲樂也，則雖獵天山，奪蓬婆，獻賦兔苑，而藻思横出，未足以狀其奇概也。然而山林之清邃[4]，不若江湖之夷曠；浮游之險遠，不若端居之閑適。而“雪舫”名齋，侯獨何取於是哉？蓋侯自宦游以來，跋涉山川，而湖海之氣，颷舉乎迴隘之中[5]，則其器識之閎也；冰雪之質，蟬蜕乎塵埃之表，則其操行之高也；以歲寒之盟，而托交於千古，則其友誼之篤也；以濟川之材，而載道於無窮，則其文學之富，政事之偉也。吾知“雪舫”名齋[6]，豈不爲後日之嘉話哉？雖然雪之降以天，舫之運也以人，而齋不隳於風摧雨剥之餘，則又在天與人交相勝者也。非知道之君子，烏足語是哉？嗚呼！太素一雪也，太虛一舟也，安得策汗漫而游無窮，出乎萬物之外，扣至道於鴻濛之初，則雪也，舫也，齋也，孰有而孰無？奚暇於致詰耶？侯徵予記，予故書是語以志其志，而因以自適其適也。侯字士瞻，松江人。

【校記】

〔1〕嘗，《湖北先正遺書》本、四庫文淵閣本均作“常”。

〔2〕猶雪，《湖北先正遺書》本、四庫文淵閣本均作“猶雪然”。

〔3〕江之浦，《湖北先正遺書》本作“之江浦”。

〔4〕邃，《湖北先正遺書》本、四庫文淵閣本均作“寂”。

〔5〕颷，《湖北先正遺書》本、四庫文淵閣本均作“猋”。

〔6〕“吾知”句至篇末，原本無，據《湖北先正遺書》本、四庫文淵閣本補。

卷　六

傳

劉義士傳

孟軻氏遭七國亂[1]，至梁爲魏侯嶅辨析義利。蓋仲尼、子思之緒論，而軻也有以發之[2]，於是天下始知蹈義而不迷其途，軻之力也。寥寥千載餘，古風滋淪晦，士之所趨，聲勢耳；民之所尚，貨利耳；巫醫百工之所習，末術耳，譎計耳。予以是重傷之。雄於保下爲屬邑，實天水氏、金源氏割據處。予過而欲詢前代事，故老無在者。於是有野夫，黄冠杖策自林下出，鬚髮盡白，而骨貌清古，若有道者。問之，劉其姓，寧其名，而士安其字也。士安，邑人，少孤貧，鞠於祖母，而依其從父以居。及壯，耕釣爲業，而信義感慨動鄉閭[3]。從父卒，爲諸幼畢婚娶，營貲貨，友愛之至，人鮮與儔。先是，人有以錢寓士安家，未幾兵興，道窒不復至，即冒鋒燹以往，盡以其物歸之。河朔之亂，連歲不熟，民多爲饑卒所食，胔骼遍野，腥穢塞天。遂率子弟，操畚鍤，埋掩無遺。已而，遠近大饑，餓殍滿道，則又堰河取魚，以釜竈置水次，烹魚食往來人。由是，四方之逃亂者多歸之。事平，還鄉里，無一死散，皆其保完之力也。邑丞扈文振老而喪明，骨肉蕩析，士安延致於家者五年，而禮敬猶一日。及疾作，復極力療治。其死也，士安哭之哀，於是具棺斂，擇善地以葬，而吊祭一以法。文振在時，有白金、楮幣、布帛悉若干[4]。死之明日，士安悉緘附紫泉人劉成。成，文振婿也，貧而有孱疾，及得此，感泣者累日。邑之令佐嘉其義高，議復其身以敦勵之。士安曰："吾民也，吾盡吾民分内事；吾心也，吾又奚所望？"士安生長農畝，今旄矣，使早知力學，雖詩禮士有弗能及。然其制行，與古人同處甚多。而邑長程侯九鼎、安肅簿王文昭氏、縣博士李好問氏，爲予言其二三，作《劉義士傳》。漢水李延興曰："馬之馳峻坂也，有纏以制之；車之走康莊也，有柅以止之；舟之涉大川也，有檣楫以迴泊之；人之於身也，一束乎義而不敢肆，天之正路，豈難至哉！一或昧焉，吾見顛倒惶惑，而不知返駕者，滔滔皆是。人常言，劉士安見卿大夫講説《孟子》書，輒踴躍喜，於是益知士安之重義也[5]。"

【校記】

〔1〕孟軻氏，《湖北先正遺書》本、四庫文淵閣本均作"昔孟氏"。

〔2〕軻也，《湖北先正遺書》本、四庫文淵閣本均作"孟氏"。

〔3〕感慨，《湖北先正遺書》本、四庫文淵閣本均作"凛然"。

〔4〕悉，《湖北先正遺書》本、四庫文淵閣本均作"總"。

〔5〕是，四庫文淵閣本作"以"。

清白生傳

清白生，陜之興平人，任其姓，子勉其字也。平生嗜欲不萌於心，而制行之高，如層冰沍寒，積雪皓縞，玉瓚黄流之兩萃厥美也。自童丱，嶷然如老成人。遇族戚，遇里閈，非其義，一介弗苟取予[1]。苟當於義[2]，則勇往直前，無難色。其學研深燭奥，益肆其力。聞明師良友，不憚津陸之遠，而往從之。於邠，於冀，於河雒，囊書擔笈，風雨寒暑自若也。始冠，爲隴州文學掾。其教切近而篤實，一灑浮艷而趨乎古。久之，當路者薦之天官，一仕爲宛平邑長。其政明肅而簡静，世之所謂良有司者，鮮與之埒也。子勉學古學，而與時背馳，謂昔司馬光代以清白顯，每讀史傳，輒攘袂奮臂，想見其爲人。鄉先生高其行，而以"清白”許之，由是鄉之人皆稱爲“清白生”。其友李延興曰：“光，昭代偉人，生西北勁武之鄉，得天地精英秀卓之氣，故其道德勛伐，爲士類所矜式，爲四夷所尊服，爲兒童走卒所稱誦，凝然炳然於塵埃之表，而不混也。後乎百祀，侯以殊常之器，而穎出秦晋之間，蓋其地實先民之所發迹，而山川炳靈，迴薄乎終古，宜其代不乏人矣。矧侯學古入官，朝廷一日大用，侯其必能以清白礪天下，如光之爲輔相時乎！”子勉曰：“世常言古今人不相及。予何人斯，而敢自比於古人？彼嘐嘐然曰古之人，古之人，非我也。”子勉儒學，其先世皆有聞人，雖其流俗渾渾，而世德彌盛。大夫士之過其門者，必式之，曰：“此陝右清白生家[3]。”論曰：太清之清，氣之至清也，天下之清無以加；太素之白，質之至白也，而天下之白莫能掩。君子揆之，于是養其氣而弗梏，則發而爲天地之氣；完其質而弗鑿，則凝而爲聖賢之質。其於清白也何有！是道也，鴻蒙傳之太始，太始傳之副墨之子。志乎古者，問諸清白生。

【校記】

〔1〕弗苟取予，原本作“弗取苟予”，據《湖北先正遺書》本、四庫文淵閣本改。

〔2〕於，四庫文淵閣本作“乎”。

〔3〕清白生，《湖北先正遺書》本、四庫文淵閣本均作“清白”。

房氏家傳

歲壬辰，安次李延興爲雄邑招致親夏楚事，而賓友凋落，恒抑鬱無誰語。是歲，嘉平封丘王好謙氏來爲邑之幕長，一見如平生歡。幕長學行醇正，而言論詳實，人有寸善，極口稱道不置，否則掩覆百至，非如淺淺之爲大夫者[1]，一不合，訾議横出，不少貸也。間語其友房德麟之賢，且曰：“房氏繇上世來，雖隱德弗耀，而善之積也甚遠。歷宋而金而元，俱占籍東昌之博平。高祖配翟氏[2]。曾、祖皆逸其諱。曾妣胡氏。

曾從祖信，仕元爲前衛百夫長。祖妣李氏，早失所天，守節不渝以終。父燠，字士明，幼孤，知自樹立，竟以孝行著鄉閭，年七帙卒。配高氏，繼李氏。四子：長守信，字德誠；次早世；次守義；字德宜，高出也；次守仁，即德麟，李出也。德麟天稟毅沉，見誼必爲[3]。非其誼[4]，雖壓以賁育之勇，弗奪也。弱齡刻苦嗜學，聞明師良友，鋭意往從，囊書擔笈，不以川陸之阻爲辭，不以寒暑夜晝之變而作輟也[5]。洎壯，從公餗張先生學，繼從維齋楚先生學，研深燭微，大肆其力，粹如也。喪二親，絶口水漿者數昕夕，雖服除，不近葷酒，而哭泣哀慟，三年如一日，人以爲難。後東昌路以儒薦從事吏牘，凡兩稔，繼遷東平路吏，又四稔，俱以幹潔最一時。路尹張孝則，良二千石也，雅愛重之，嘗薦之憲府，不果用。丁酉秋，兩河始兵，縣父老鳩民爲丁，捍禦閭井，推守仁爲萬夫長，亦善其職。戊戌春，暴兵猬起，糜爛濟、兖州郡，乃與鄉之老稚挈家走河間。先是，連歲饑餒，而疫氣大作，人多逃死。妻張洎三男皆物故，惟少子綱在，纔八歲耳，乃襁負而北。時樞密副使答蘭，領兵鎮古北口，與語，奇之，辟充掾史[6]。德麟强起領簿書，爲禄仕也。明年，山東監察御史牒薦補憲吏，居五月，遷遼憲。又明年，以老病辭歸。再配李氏。綱年二十，娶張氏。其孫又新，生三年，戊申亂，相失戎馬間。癸丑，始物色得之。年十七，娶趙氏。洪武初，德麟仍籍博平，因之教授鄉里。未幾，邑長禮聘爲文學掾，讓不獲已，於是横經泮席，再易天星。癸亥春，以目眚在告，得展丘墓，葺田廬，課耕織，暇則以《詩》《書》教子孫。矧其性夙好山水，去邑三里許，則其菟裘也。其先墓，舊有老柏數十丈，高軼雲表，巨可汗牛馬，充棟梁。至亂作，悉戕於薪檌。徵諸一木之微，而累葉之承籍，可概見也。墓前後，腴田二百畝，非歉歲，可以無饑。草屋八九間，隱見林霏杳靄中，而士類之過從者，歆其氣誼，輒戀嫪不忍去[7]。非慶吊，歲時不一至城市。至則未盡晷即歸。歸則扶笻吟嘯，而蕭遠曠逸，超然有出塵之趣。或曰：昔之隱者，若戴逵、龜蒙、林和靖[8]，皆清介自守，不齷齪與世混濁。房德麟豈其人耶?”延興往年兩過東昌，未聞語及房氏者。今長史能歷歷口其詳[9]，且謂延興曰："子名能古文，幸而傳其實，以示後之人，庶其不與物物澌盡也[10]。"君子曰："好謙可謂樂道人之善矣。"故書。好謙與德麟同里，兵後始家封丘云。論曰：房氏自鼻祖植德，其後培根，而食實者綿數世，弗殄絶。雖中土數十年，金革戰鬬，民死相藉，大姓之家，噍無遺類，而房氏由子而孫而雲仍，皆能保完萬死中，則其鬼血食不餒矣。世德之報，其至此哉！

【校記】

〔1〕"非如"句，《湖北先正遺書》本作"非如淺之乎爲文夫者"。

〔2〕高祖，《湖北先正遺書》本、四庫文淵閣本均作"高祖忠"。

〔3〕〔4〕誼，《湖北先正遺書》本作"義"。

〔5〕夜書，《湖北先正遺書》本作"晝夜"，四庫文淵閣本作"夜盡"。

〔6〕史，《湖北先正遺書》本作"吏"。

〔7〕戀嫪，《湖北先正遺書》本作"戀叉"，四庫文淵閣本作"戀戀"。

〔8〕若戴逵、龜蒙、林和靖，《湖北先正遺書》本作"若陸龜蒙、林和靖"，四庫文淵閣本作"若戴龜蒙、林和靖"。

〔9〕口其詳，《湖北先正遺書》本作"道其詳"。

〔10〕澌，《湖北先正遺書》本、四庫文淵閣本均作"斯"。

李樵翁傳

保定之容城，有隱君子，自號"樵翁"，李其姓，問其名而好，問其字也翁。生而穎秀，六七歲時，與群兒嬉戲，鄉人見其貌骨清古，舉止不凡，爲驚嘆曰："此非里中兒比也。"稍長，讀書鄉校，衆皆推服，以爲不可及已。而囊書擔笈，以游京師，搢紳先生見其循循雅飭[1]，則又誘掖獎進，而許其可與入道。其於學[2]，朝夕淬礪，不以事物是非亂心，故能至其所至，而得其所得，表裏貫徹，體用兼該，悉有條理，而蔚乎其可觀也。已而以經學教授鄉里。時科舉制行，學者争先慕效爲舉子業。登其門者，一經指授，動中肯綮，而不病其爲難也。其所識皆海内知名之士，若光人龔友輔、齊人潘述古、汴人答禄道夫、邢人宋彦貞、燕人楊九萬。翁從之游者，殆三十年，親其顔色，薰其德誼，讀其文章，聆其言論，沛乎若江海之涵濡，而無有畔岸也。及乎兩河始兵，中原板蕩，骨肉殫殘，而衣食無所取給[3]。朝而樵於山，不知跋履之爲難也；夕而樵於野，不知寒暄之改候也。伐木而歌，弛擔而休，不知暑濕之爲勞，而積薪之凡幾也。此翁之所自得，而世之不知翁者，謂其視王質翁子輩實相伯仲，不知鄙且誕乎！翁之言曰："吾衰暮以來，惟嗜樵采，雖於一草木之細，取非苟取，故不斷喪吾道真；弃非慢弃，故不暴殄吾天物。吾於是得取予之道焉。吾今旄矣，捨荒山窮谷，吾誰依？吾固願世之士以忠信爲本根，六藝爲枝葉，《詩》《書》爲灌溉，含其英，咀其華，而食其實，將見環洙、泗，際關、洛，而極於海濱鄒、魯，鬱然道德之垣，而蔚乎君子之林[4]，何適而不可樵故爲乎[5]？冥栖山林，水石爲伍，而鹿豕與游乎？"其友李延興曰："子之説，非鄙且誕也。"翁從祖父景陽，受業劉文靖公之門，累官户部司計。父近道，累官易縣簿。翁無子。論曰：或曰："李樵翁，何如人也？"曰："翁端慎老成人也。觀其讀書學道，不矯矯以釣名；佩仁服義，不悻悻以自好。鄉黨稱其善，則雖童兒女婦無異辭；言行孚於人，而視州里蠻貊同一軌。其爲人，亦可少見其概矣。惜其白首丘樊，不沾一命以行其道，天之報施，善人何爲恝然若是乎？孔子曰：'道之將行也與，命也；道之將廢也與，命也。'從古智能之士，富貴而磨滅者，不可縷數，獨非命與！翁能不以貧賤移其志，而順受其命之正，雖老於樵牧，無怨悔焉。非修身慎行，於道爲有得，孰克臻兹？故曰：翁端慎老成人也。"

【校記】

〔1〕飭，《湖北先正遺書》本作"善"。

〔2〕於，原本誤作"餘"，據《湖北先正遺書》本、四庫文淵閣本改。

〔3〕無所取給，《湖北先正遺書》本、四庫文淵閣本均作"無取給"。

〔4〕蔚，《湖北先正遺書》本、四庫文淵閣本均作“鬱”。

〔5〕故，《湖北先正遺書》本、四庫文淵閣本均作“牧”。

栖霞子傳

栖霞子，姓陳氏，名□□，字士文[1]，南昌新建人。其上世以儒業顯。元季，天下亂，父祖皆隱德弗耀，而衣冠《詩》《禮》，濟濟彬彬，雲仍相襲，閭比相望也。栖霞子生而有異質，望之如芝蘭玉樹，照映階戺。稍長，變化不測，嶄然露頭角於群兒中。鄉之人見而異之，謂其軼類絶塵如是，必能大其門閥，以光昭先烈[2]，無疑也。始冠，益自樹立，而循蹈規矩，端慎如老成人。人勸之學，則曰：“吾耻讀非聖書，吾安能呻其占畢，耗精魄故楮中耶[3]！”勸之仕，則曰：“吾雅無仕進意，吾安能與時下上，脂韋一世，而墮壞名節耶！”夫輪扁之斲輪，非譏夫讀書也，懼夫學焉而不綜其要，徒學也；楚狂之歌鳳，非惡夫行道也，惜夫仕焉而與時背馳[4]，徒仕也。已而渡河、淮，涉江、漢，歷閩、越，王公大人忘其勢而與之善，先生長者忘其年而與之交。而襟宇曠夷，見者悦服；談鋒横出，聞者竦聽。雖居家不問有無，至與人交，洞徹底裏，而一觴一咏，自放於山水間，澹然忘世，泊乎若無所營，非流俗可及也。久之，去隱匡廬山中，學道之士多與之游。由是學行益高，蓋其山林之日長，故其積者厚，增者多，出者益遐也。未幾，有司以其才薦於朝，一仕爲保定府尹。當其在畎畝時，若將終身，雖千駟萬鍾弗顧也。及其登宦途，尹大郡，慨然以爲己任而不辭，行其道也。其所居近赤岸山，其間朝夕多霞氣，故自號“栖霞子”。而好事曰：“栖霞子喜談神仙事，殆將餐六氣，飲絳霞，冥栖塵滓之外，而藏其神於不朽乎？”栖霞子曰：“吾學道也，世豈有神仙，若方士者流公孫卿、李少君輩所云哉？”栖霞子善詩[5]，其詩舂容温厚，如其政云。雄邑尹周士瞻，口其爲人，陳其概，且徵予言。予故信其説，而次第之。先是，予在薊門，聞栖霞子名甚習，心竊慕之。及聞士瞻説，欲往拜其門，而牽於塵役，未暇也。作

《栖霞子傳》。論曰：天地藏乎太虛[6]，日月藏乎夜旦，依乎物而栖焉者也。蛟鼉藏乎江海，虎兕藏乎山林，圓首方趾之藏乎宮室，囿於物而栖焉者也。雖然，栖焉而得乎藏，藏焉而頤其神，是其備萬物，兼三才，趨鴻濛而入太始，終古不朽者也[7]。若天地萬物之藏，吾又安能語其端倪耶？

【校記】

〔1〕"姓陳氏"三句，原本"名"後闕，無"字士文"，《湖北先正遺書》本、四庫文淵閣本作"姓陳氏，字士文"，據補其字。

〔2〕昭，四庫文淵閣本作"照"。

〔3〕楮，原本爲空格，據《湖北先正遺書》本、四庫文淵閣本補。

〔4〕夫，《湖北先正遺書》本、四庫文淵閣本均作"其"。

〔5〕栖霞子善詩，《湖北先正遺書》本作"栖霞善詩"。

〔6〕太，《湖北先正遺書》本、四庫文淵閣本均作"大"。

〔7〕終古，《湖北先正遺書》本、四庫文淵閣本均作"終"。

劉則禮傳

劉則禮，字景淵，世家大梁，墨莊九世孫。高大父仕西江，因家臨江。大父始遷安陸之京山。則禮聰慧有識鑒，平居呐呐不能言，洎衆務叢委，片語折之，即中肯綮。讀書通大義，無經生學士氣習。年四十，猶不遇，衆論惜之。至正辛卯，兩河亂，乃割財募兵[1]，隸四川平章爻著麾下，攻安陸、襄樊、唐、鄧，悉討平之。兄弟子侄多死於兵，積功受沔陽府判官。歲戊戌，河南丞相達毫八都魯[2]，克夾河、大康、鈞、汝、許、亳有勞[3]，升同知安陸府事。丞相死，其子孛羅帖木兒爲平章[4]，代領其兵，討豐州、雲南[5]，下之，遷同知大同路總管府事。明年冬，京師饑，平章貢糧五萬石，委則禮董之。時蔚州未下，道塗阻塞，嚴衛周防，善達無虞。又明年春，從河南平章方脱脱北討[6]，拔全寧等郡，擢同知荆湖宣慰司事。尋奉旨領兵，與平章完者帖木兒合攻保定[7]、祁、蠡等處，拜河南行樞密院副使。歲甲辰秋，孛羅帖木兒入朝，自爲太保、中書右丞相，授崇福司使[8]，兼河南行樞密院副使，鎮白羊口。明年，中書左丞相擴帖木兒[9]，總兵南伐，授湖廣等處行中書省左丞，隸太子同知詹事脱因帖木兒戲下[10]。尋奉旨受平章貊高節制[11]，調集賢學士，有文綺尚醞之賜，皇太子以璽書旌之。歲戊申，京師失守，車駕北巡，則禮所部兵潰散，僅餘百人，止於易之龍門山。居無何，從十餘騎，由間道謁總戎雲中，至即俾還徵兵[12]。時將作院使田買驢[13]，團結沿山諸寨，留則禮共事，遂與畫策封守。未幾，總戎敗績太原，聲勢日斷，則禮謀於衆曰："守栅以待王師也，今内無供，外無援，而敵兵四匝，諸寨或破或降，獨欲堅守，得乎？不如擁衆赴行在，否則徒餌虎口，無益也。"買驢爲下所沮，無去意。則禮請先往，不聽。自是日夜請不置[14]，買驢恚，曰："汝去即去，汝部曲斷不可去！"則禮語人曰："事已如此，恐終陷於敵。我幸有子弘[15]，我必令北奔，不使與我俱陷也。"於是弘往至蜚狐，遇亂兵，還。時都事佛家奴至善亦避地山中[16]，其挈家北也，則禮泣送之，曰："至善去，我弗能與俱。公到朝廷，庶以明我之心無他也。"言訖，哭復不已，哀動路人，今山中人猶能語其事。明年春，敵兵至。買驢遇人少恩信，平日托爲心旅者，往往潛出通好。買驢知事不可爲，趨則禮亟見敵，爲遷延計。則禮難其行，衆曰："公不去，恐見禍。不若挺身見敵，活一寨人。"則禮復固辭，衆曰："死生存亡之機，形於目中。公倘受禍於此，是死於無名。不若見敵而死，死則無愧，況未必死乎！"則禮曰："我去，公輩宜死守，勿我慮也。"遂往見其主帥，衆歡甚。則禮謂買驢曰："我幸不死，公之庇也。且我之形勢，未爲敵有；而彼之虛實，反爲我得。及今尚可守也。"買驢曰："人無固志，糧無宿儲，今又曷可守？"則禮曰："公不守則死，死則我願以身徇。"遂相與痛哭失聲，舉座皆哭。明日，買驢等率其衆降。帥愛則禮之才且勇[17]，俾代領其衆，乃辭。後欲奏以官[18]，又辭。今旅寓薊門，以澹泊自處，每與朋儕語及忠孝事，輒嗚咽流涕云。李延興曰："則禮嘗宣勞帝室矣，而功未崇，而才未究，而志未就，天也！

自古才杰之士，其生不辰，其死無譽者，不可殫述，獨則禮歟？”

【校記】

〔1〕財，原本誤作“則”，據《湖北先正遺書》本、四庫文淵閣本改。

〔2〕達亳八都魯，《湖北先正遺書》本作“實巴圖嚕”，四庫文淵閣本作“達實巴圖爾”。

〔3〕亳有勞，《湖北先正遺書》本作“積有勞”。

〔4〕孛羅帖木兒，《湖北先正遺書》本作“博羅特穆爾”，四庫文淵閣本作“博囉特穆爾”，下同。

〔5〕雲南，《湖北先正遺書》本、四庫文淵閣本均作“雲内”。

〔6〕方脱脱，《湖北先正遺書》本作“方脱”，四庫文淵閣本作“方托克托”。

〔7〕完者帖木兒，《湖北先正遺書》本作“旺扎勒特穆爾”，四庫文淵閣本作“諤勒哲特穆爾”。

〔8〕授，《湖北先正遺書》本、四庫文淵閣本均作“受”。

〔9〕擴帖木兒，《湖北先正遺書》本、四庫文淵閣本均作“庫庫特穆爾”。

〔10〕脱因帖木兒，《湖北先正遺書》本作“托音特穆爾”。

〔11〕貊高，四庫文淵閣本作“摩該”。

〔12〕即，《湖北先正遺書》本作“則”，四庫文淵閣本無此字。

〔13〕買驢，《湖北先正遺書》本作“邁嚕”，四庫文淵閣本作“邁律”或“邁努”。下同。

〔14〕不置，《湖北先正遺書》本、四庫文淵閣本均作“去值”。

〔15〕弘，《湖北先正遺書》本、四庫文淵閣本均作“宏”。下同。

〔16〕佛家奴，《湖北先正遺書》本作“佛家努”，四庫文淵閣本作“佛嘉努”。

〔17〕愛，《湖北先正遺書》本作“受”，誤。

〔18〕後，《湖北先正遺書》本、四庫文淵閣本均作“復”。

卷　七

文

代乞封故太師中書右丞相脱脱文[1]

嘗謂大臣匪罪而獲罪，既昭雪其往愆，明主念功而酬功，當旌褒以優典。竊見故太師某，英姿開朗，雅度毅沉，廊廟之才，珪璋之器。其初焉入相，百度俱舉，庶績咸熙。人誦君明而臣良，民樂海涵而春育。引身求退，而年方盛富；舉賢自代，而心益忠誠。九重有撫髀之思，累詔有秉鈞之命。其終也再相，孜孜盡力，蹇蹇匪躬。弊政苛刑，一切除罷；良法美意，隨即舉行。洎盜賊竊發以弄兵，命將帥屢征而不克。本官志圖靖亂，親乞總戎。如救焚拯溺之靡寧，乃枕戈待旦以自誓。先出師平徐土，成功而奉詔還朝；再出師攻高郵，垂破而削官安置。譬基成九仞，俄傾一簣之功；而舟涉大川，遽失中流之楫。蓋奸惡構讒，復私仇而奪相位，使忠良不幸，抱深恨而陷非辜。有臣如此以隕身，所在聞之而切齒。且其出師纔三月，而指以老師而廢財[2]。厥後討敵無寸功，實由於臨敵而易將。事幾既失，追悔莫前。我國家軍令隳，兵威弛，盜賊多，蓋從此始。迄於今朝政紊，人心離，生民困，其誰之尤？雖元凶已誅，天下尚有無窮之憤；使本官不死，海内豈有今日之危？御史臺已嘗聞奏昭雪[3]，復其官爵，給其家産，獨於封謚之典，尚未舉行。竊詳本官將天下之兵，受閫外之寄，行便宜之事，專生殺之權。及一旦解其兵柄，俾萬里竄之遐荒，無纖須懟怨之辭，無幾微沮拒之意[4]，束手以聽詔旨，甘死以盡臣忠。比之擁兵抗命之徒，拜表輒行之輩，迹其忠逆之異，有如霄壤之殊。况其子知樞密院事某，冒涉險艱，翊儲皇，撫軍於全晋；誅除凶惡[5]，秉大誼，宣力乎皇家。忠孝萃一門，聲光垂百世。如蒙憲臺明白聞奏，錫以王封，表以謚號，庶死者獲雪其幽冥之憾，而生者愈勵其報稱之心。

【校記】

〔1〕脱脱，《湖北先正遺書》本、四庫文淵閣本均作“托克托”。

〔2〕而，《湖北先正遺書》本、四庫文淵閣本均作“爲”。

〔3〕聞奏，《湖北先正遺書》本、四庫文淵閣本均作“奏聞”。

〔4〕沮，《湖北先正遺書》本、四庫文淵閣本均作“抗”。

〔5〕誅除凶惡，原本作“誅凶惡”，《湖北先正遺書》本、四庫文淵閣本均作“誅除凶恶”，據補“除”字。

東安縣勸農文

洪武十二年春二月望，□□勸農於東郊[1]，而告之曰：《洪範》八政，食貨爲先；周《詩》“二南”，風化爲首。蓋食貨者，生民衣食之本；而風化者，邦家政治之基也。我□聖天子恭儉愛民[2]，勵精圖治。故田野之中，克勤於耕織；而庠序之内，益勉於《詩》《書》。予欽奉德音，來領縣事，大懼微才無補，有虧於承宣之功；復慮惰農自安，有妨乎生養之計。今四陽布德，而萬物增輝，祥風送暖於花朝，瑞雪融春於麥隴。予當勸農而務於本[3]，爾宜竭力以治其生[4]。耕爾田，播爾穀；畜爾鷄[5]，種爾桑麻；督并工程，愛惜時日。既效勞於春夏，必收功於秋冬。下可以免家門之飢寒，上可以應官府之賦役。然衣食之既足，則風化之當興。其修爾身，飭爾行；孝養爾父母，友愛爾兄弟，和睦爾鄉鄰，賙恤爾宗族。男則訓之以學業，女則教之以絲蠶。毋怠荒，毋游蕩；毋違律令而陷刑憲，毋肆奸欺而行暴凶。將見民安物和，政平俗美。無老無幼，無不沾皇上仁漸義磨之風[6]；一社一鄉，舉皆被聖世海涵春育之化。故作勸農之語，以開示民之心。爾農其毋忽！

【校記】

〔1〕“勸農”上，原本空二格，《湖北先正遺書》本、四庫文淵閣本均無空格。

〔2〕“我”下，原本空一格，《湖北先正遺書》本、四庫文淵閣本均無空格。

〔3〕務於本，《湖北先正遺書》本、四庫文淵閣本均作“務本”。

〔4〕治其生，《湖北先正遺書》本作“治生”。

〔5〕鶏，《湖北先正遺書》本、四庫文淵閣本均作“鷄犬”。

〔6〕磨，《湖北先正遺書》本、四庫文淵閣本均作“摩”。

勉學文

勉爾學子，植爾天君。爾志不惰，爾德乃新。爾年漸長，爾業當勤。六藝六經，爾其孜孜而汲汲；五常五教，爾其勉勉而循循。勿矜己長，將招謗而損德；勿議人短，必取禍而殺身。勿謂記問爲餘事，孰可爲康成之同倫；勿謂文章爲小技，孰可儷史遷之雄文。勿謂天可欺，積善之家有餘慶；勿謂人可罔，暗室之中有鬼神。勿謂今年不學有來年，恐老矣耄矣而徒悔；勿謂今日不學有來日，懼四十五十而無聞。勉爾學子，植爾天君。廉讓是蹈，禮義是遵〔1〕；正直是與，善良是親。敦吾儒素，味吾道真。補過爲實行，頤性爲純仁。誠篤爲踐履，忠孝爲本根。泝洙泗正派，軼關洛芳塵。偉哉君子，允爲百世之士，豈曰一鄉之人而已乎！

【校記】

〔1〕義，《湖北先正遺書》本、四庫文淵閣本均作“節”。

禱雨告城隍文

蒼生無告，值九夏之旱乾；赤地如焚，妨三農之耕播。仰干玄造，俯瀝丹衷。竊念維神恩佩朝章，位居州佐，職在撫字，心切憂勤。兹當平秩之時，倏遇乾封之日。百種皆未入土，群黎何以爲生？沴氣衝霄，天討寬風伯之罪；炎光礫石，地靈縮海水之源。林碉不聞鶴鳴，澮甽已成龜坼[1]。周《詩》之憂旱魃，空歌《雲漢》之章；魯僖之焚巫尫，徒費《春秋》之筆。望霓仰傾盆之澤，灌園竭抱瓮之勞。生意永違[2]，昊天不吊。共惟城隍之神，洋洋如在，赫赫厥靈。祐我州民，載諸祀典。用虔祈懇，拱俟來蘇。伏願亟馭飈車，上箋玉帝。叱豐隆而鞭列缺，震霹靂而驅飛廉[3]。月離畢，豕涉河，應三日甘霖之沛[4]；麥連雲，禾同穎，占四海有年之祥。

【校記】

〔1〕甽，《湖北先正遺書》本作“畝”。

〔2〕違，《湖北先正遺書》本、四庫文淵閣本均作“迴”。

〔3〕飛，《湖北先正遺書》本、四庫文淵閣本均作“蜚”。

〔4〕沛，《湖北先正遺書》本、四庫文淵閣本均作“霈”。

禱雨告風雲雷雨山川文

惟神玄化孔昭，威靈赫奕。祐我州民，永永無斁。兹當平秩南訛，而旱暵方熾。四民告災，五稼不殖。嗟予下官，夙夜憂惕。用是披露丹心，仰干矜恤。神其陟青冥，箋紫極，駕雲軿以先驅，命蜚廉使服役，鼓元氣於九霄，瀉天瓢於四裔。俾膏雨之降，既沾而既足；則嘉穀之成實，穎而實栗。將見邦有貢賦，民有黍稷，而鬼神不廢乎血食，神之錫也。尚饗！

代嚴君辭中書參議文

某族本寒微，起由下列，既乏行能，又鮮學術，徒以虛聲，縻兹好爵，日夜懷慚，罔知攸措。曩因漕事出使閩中，誓竭心膂，以效細勤，以圖上報。既而至閩之後，邊鄙弄兵，熾如炎火。寄息城中，凡三閱月，始克解圍。偶爾成功，幸其不死。聖恩汪濊，遂獲生還，退伏田野，實爲至願。不謂譾才，過蒙拔擢，俾參大政。峻命倏臨，惶惕無已，亟圖懇辭，復中止之。以謂聖天子方急於求賢，雖小技亦見收録。由是感激於中，黽勉就職。故於論思之際，知無不言，所以答恩寵，盡職分也。頃自多故以來，屢嘗披瀝肝膽，指陳利害。而當時秉國者，謂其議不足用，計不足行，使一時忠鯁之士，箝口結舌而不敢言。由是處置失宜，號令不行，禍機一起[1]，不可障閼。以至强藩煽威，嗾兵向闕，脅制天子，劫虜相臣，九廟震驚，兆人痛憤。此政主辱臣死之秋，豈宜含垢忍耻，以貽朝廷之羞；容身固位，以重妨賢之罪？况卑職事功不著於平時，才猷不孚乎衆望，罪既莫逃，理宜退避。兹當更化之初，誠宜廣搜才賢，以收恢復之功。不宜掩覆有罪，仍居重位，使中外士大夫解體也。且薦賢爲國，匪爲其私。輒敢僭舉所知，列其姓氏職名於後，用備采録云云。凡此諸人，雖其器識才行之不同，要皆一時之賢才，朝廷果欲循守舊轍，奉行故事，勾稽簿書，考核錢穀，便可置之不問。如欲洗刷舊弊，卓然有爲，則此諸人者，可以建議，可以樹功，可以撥亂世而反之正，在聖君賢相鋭意而用之耳。卑職既已懇辭，又復有所薦聞，蓋不敢以妨賢，尤不敢以蔽賢也。

【校記】

〔1〕起，《湖北先正遺書》本、四庫文淵閣本均作“啓”。

鄉飲酒司正文

《禮》鄉飲酒，蓋以序齒德[1]，别尊卑，勵廉讓，敦俗化也[2]。故六十者坐，五十者立，禮之節也。擯以接賓，相以贊禮，射以觀德，司正以糾過，設几筵，設籩豆，設鐘鼓管弦，歌《鹿鳴》，歌《四牡》，歌

《皇皇者華》，禮之文也。陳之以六德，導之以六行，申之以六藝，禮之教也。敬以束之，情以恩之，威儀以飭之，一獻之頃，賓主百拜，爵雖無算，不酗不淫，禮之謹乎始終也。於斯時也，凝然其齋莊，煦然其和浹。譬之調琴瑟於一堂，而宮商相宣；羅星緯於昊穹[3]，而分次不紊也。凡我諸君子，今其萃於斯，飲於斯，觀禮於斯，有賓焉，有主焉，有執事焉，其敬爾威儀，慎爾德度，謹爾話言，不諠嘩，不怠傲，斯不墜彝典，而永有令譽矣。

【校記】

〔1〕序，《湖北先正遺書》本、四庫文淵閣本均作“叙”。

〔2〕俗，《湖北先正遺書》本、四庫文淵閣本均作“風”。

〔3〕昊，《湖北先正遺書》本、四庫文淵閣本均作“靈”。

代涞水邑令告土神文

走以譾才，尹兹下邑。自承匱來，昕暮兢惕。原隰既春，稼穡方亟。而牛日踵斃，未有紀極。民田蕪，民力罷，而民脉息。炯炯寸丹，憂懼交集。天非不仁，尹實寡德；神非降灾，尹實不職。夫牛服耒耜，乃有黍稷。牛焉茁壯，地焉墾闢，穀焉豐穰，民焉樂育。則國有貢賦，人有衣食[1]，而神有饗神之秩[2]。嗚呼神哉！其銷大沴以揚靈庥，暢和氣以昭鴻績。毋咎於民，惟尹是斥；毋戕於物，惟尹是殛。百爾灾尤，悉萃於尹而毋恤！

【校記】

〔1〕人，《湖北先正遺書》本、四庫文淵閣本均作“民”。

〔2〕神，四庫文淵閣本作“祀”。

代友人祭妻文

吁嗟夫人，命止斯耶？何運之蹇而數之奇耶？豈人之修短有宰，物以尸之耶？吁嗟夫人，柔順其德，貞淑其姿；衎衎樂易，棣棣威儀。自歸我家，殆三十期。奉我祀事，興我門楣，助我孝養，毖我本支，閨壼肅睦，族戚和怡。方期同處貧賤，以介壽祺；豈謂一朝殞逝，遽成永離。有憂誰釋，有愆誰規？家計誰理，寒饑誰知？况我老矣，淪落天涯。妻子俱喪，不死何爲？哀哀幼女，哭母寢帷。萬感填臆，曷有已時！家山焉在？旅殯江湄。歸葬有日，魂其安之。陰風遠饗，愁雲低垂。致奠客次，靈其來思。千古萬古，相見無期！

祭王守敬先生文

洪武丁卯春二月十有六日，秦鄄王疏齋先生以病死於雄邑。越二十有四日，槁葬邑城之東。其友王宗嗣榜第三甲進士東安李延興謹具酒饌，爲文以祭之。其詞曰：先生禀淮海俊逸之氣，而才華挺拔乎千丈；抱伊洛醇正之學，而識趣杰出乎凡壤。攻漢、魏高古之詩，而音節鬱乎其悲壯；蹇儀、秦縱横之口，而議論越乎其慨慷。温粹如玉璧，而驍騰如駿駔[1]。炯焕如木難之珠，而密麗如珊瑚之網。走於先生識之恨晚：其始往拜逆旅之家，燕府之左，破席衡門，飛雪虚幌；其後相值交衢之間，薊門之曲，秋風布袂，夕陽筇杖；又其後歲暮南轅，過小齋而揖讓，樽俎風流，襟期豪宕，寫宫商於笙琴，聯珠玉於編簡，登眺之餘，以寄遐想，界河之渺茫，郎山之高爽，三關之盤紆，九源之浩蕩，抒奇節以崢嶸[2]，逐雄詞而奔放。已而携離，閲歲凡兩。將以謝塵坌之煩囂，而放迹乎江海之上。去冬之杪，倏理歸槳，乃復過我，中心惓惓。未幾卧疴，神惰惚恍，藥物甚良，病孽滋長，竟於不起，聞者慘愴，吊者感傷，識者沮喪。友道爲之斯淪[3]，斯文由是絶響。紛難孰與排解[4]，骨肉無所倚仗。至道欲扣而無門，正聲欲和而誰唱！雖然，先生以六十翁而抱道以死，而身後文章，復有賢嗣以紹述於既往。執紼多故人之相從，卜地得佳城而寓葬。宜其瞑目泉壤之中，而吐氣星辰之上。金臺荒寒，易水滉瀁。陰風怒號，愁雲莽蒼。撰蕪詞以寫心，慨音容於髣髴。嗚呼哀哉！尚饗。

【校記】

〔1〕駔，《湖北先正遺書》本作“馬”。

〔2〕奇節，《湖北先正遺書》本、四庫文淵閣本作“奇概”。

〔3〕斯，《湖北先正遺書》本作“沉”。

〔4〕孰與排解，《湖北先正遺書》本作“孰與解排”，四庫文淵閣本作“誰與解排”。

祭王冰雪文

維洪武二十年歲次丁卯，九月戊寅朔，越四日辛巳，將仕郎燕府紀善天台王璞遣甥應毅以清酌時羞之奠，敬祭於故友冰雪先生王君之靈。曰：嗚呼！秦郵之原，淮海之堧。重湖連浸，浴日呑天。清泠滙鍾，夙産多賢。莘老太虚，武踵肩聯。文輝詩采，鵷翥鸞騫。氣運徂伏，寂寥幾年。神珠夜光，亦逝而遷。有美王君，踔厲無前。憑高凖立，顧眄後先。少年嶄嶄，經史貫穿。攘臂藝場，擬奏凱還。老既不酬，易軌改轅。擲弃陳腐，掇挹茂鮮。古人性情，著於詩編；吟咏陶寫，至樂在焉。君深嗜之，幾忘食眠。《雅》《頌》《風》《騷》，靡不究研。六朝漢、唐，悉扣其玄。月席風蓬，雨帽雪韉。撚髯擁鼻，捉袂聳肩。攬括造化，剜剔山川。巨而覆載，細而蠢翾。收拾靡遺，以陶以甄。製爲清詞，調高意圓。欣戚喜愠，厥意以傳。薦剡飛騰，聲譽著宣。衣冠籍籍，共推浩然。官於吴中，志潔以堅。人皆稱之，露鶴風蟬。間遇勝流，喜抃欲顛。滿眼沽酒，解衣質錢。古人已逝，渺如飛煙。文采風流，庶幾在旃。老隱故鄉，有宅一廛。扁舟漁釣，可以永年。胡爲北來，道里數千。辛勤曷辭，要直子冤。我居官舍，坐客無氈。楊雄寂寞，蓋性所便。與君締交，情篤誼全。意氣相與，勢利可捐。君嘗見謂，我將歸旋。課兒躬耕，甓社水邊。遲子南歸，共相留連。嗚呼！行李在途，車載犢牽。賢媲白首，扶衰共憐。遠希鹿門，偕我園田。霧露所嬰[1]，疾病攸纏。天胡不愸，竟以弗痊。我遠自越，君已去燕。別弗執手，斂弗拊棺。仰思疇昔，哀貫肺肝。嗚呼！雪朝杖履，月夕杯盤。豪談逸興，雅句清言。今其已矣，曷任悲酸！令子克孝，枕塊旅阡。返柩桑梓，營度車船。大事既襄，無愧九原。君亦庶幾，目瞑魂安。僕身如繫匏，惴惴守官。過車腹痛[2]，聞笛興嘆。炙鷄絮酒，遣奠殯筵。何以侑觴，抒此些篇。嗚呼哀哉！尚饗。

【校記】

〔1〕嬰，《湖北先正遺書》本作“侵”。

〔2〕過車腹痛，《湖北先正遺書》本作“通車痛腹”，四庫文淵閣本作“過車痛腹”。

祭歸附元臣文

汝惟昔在元季也，掌戎柄[1]。及我聖朝，文軌混一，九域之廣，含生之屬，不毛窮髮之壤，壹是囿於仁風化雨之中。而汝以元社既墟，提一旅之衆，委其茅土，鋭意來歸。上以體天心之鑒燭，下以協人心而翕從[2]。至使圓臚方趾之類，激昂其聲烈，而與之俱化。汝之貞亮[3]，簡在帝心。方欲畀以穹爵，酬以重禄。豈謂一朝隕逝，使汝翊戴帝室之心，汨没而莫信；垂勛竹帛之志，落寞而弗遂。嗚呼！其始也，承先世之餘祚，以綿延於累葉；其終也，荷國家之寵靈，以榮賁於九幽。而子而孫，嗣其爵，聯其芳，襲其蔭，以揚熙載之鴻庥，以耀穹壤而照册書，容有既乎！今遣官牲醴致祭於汝，汝其來享。

【校記】

〔1〕柄，《湖北先正遺書》本、四庫文淵閣本均作“枋”。

〔2〕而，《湖北先正遺書》本、四庫文淵閣本均作“之”。

〔3〕貞，《湖北先正遺書》本、四庫文淵閣本均作“真”。

代雄縣祭本縣土地文[1]

一邑之務，至劇以繁；六吏之役，至勞以艱。神實司之，陰相其間。矧兹雄邑，九水洑環，五稼鮮獲，濁流澶漫。居六雄十緊之區，而爲朔南之襟帶；距九馗五達之道，而當軍旅之往還。郵傳急星火[2]，符牒積丘山。餉挽者雷蹄而電轂，征役者雨卧而煙餐[3]。日不暇給，大小憂患。自非坦坦素履，炳炳寸丹，御煩以簡，濟猛以寬，將見政柄旁落，民物殫殘。所利不救其所害，所廢不補其所完。走也承匱，局蹐不安。處己愧循途而守轍，臨事忍推波而助瀾。其剸裁也，乏利器之解盤錯；其才華也，非繡腹之呈琅玕。黄霸之外窮内明，瞠後塵而却武；壽延之令行禁止[4]，溯高風而汗顔。惟思先其急而後其緩，勉其易而圖其難。綜核條法，煦濡恫瘝。移風易俗，崇善擿奸。使一邑相安於無事，以表神貺於不刊。於是特建祠宇，以潔歲時之祭。期於感神於冥冥，而非徼福；化民於昭昭，而不至曠官也。

【校記】

〔1〕雄，原本誤作“熙”，據《湖北先正遺書》本、四庫文淵閣本改。

〔2〕急，《湖北先正遺書》本、四庫文淵閣本均作“激”。

〔3〕煙，《湖北先正遺書》本、四庫文淵閣本均作“風”。

〔4〕壽延，《湖北先正遺書》本、四庫文淵閣本均作“延壽”。

代房山盧應徵等祭彌至善祖母文

嗚呼！將謂夫人之死，死而無憾，而光賁於九原耶？則子在萬里，山川阻闊，抱終天之遐思。將謂夫人之生，生而不辰，而恩怠於三族耶？則年逾七帙，閨壼潔修，爲吾黨之令儀。自歸名門，殆七十期。以奉祀事，以介壽祺，以助孝養，以皀本支。謂宜保艾乎上壽，乃至奄弃而莫追。板輿軌軌其何在，風木慘慘以含悲。嗚呼！人誰無母，而彌氏之母，有子而歡會之無期；人誰無子，而彌氏之子，有母而音容其何之！兩孫在侍，燦燦瑶芝。雖支子不祭，而承重以享，非孝孫其誰宜；有嗣子舉奠，而祭統之傳，則於是而可知。由子而孫而雲仍，涵泓演溢，煦乎若雨露之滲漉，勃乎若草木之華滋。用是知夫人之生世，幼爲女，長爲婦，老爲母，始終乎德性之中而弗渝。展祭通衢，祇送靈輀。逐銘旌而雨泣，望魂氣而飈馳。一以表枌榆之義分，一以寫母子之暌離。燕山之麓，盧溝之湄[1]，埋黄壤而深窅，繚青山之委蛇。神其來格，安靈於兹。

【校記】

〔1〕盧，《湖北先正遺書》本、四庫文淵閣本均作“瀘”。

祭許生文

嗚呼！死生命也，懸於天而不可以力爲；修短數也，寓於人而不可以智計。孰能燭其理於命數之中，而扣其道於天人之際？謂作善降之百祥，有德而無位，仁者之不壽。孔子之接淅以行，窮厄而轉走；顔子之操瓢與簞，夭死而莫救。使天下賢聖，顛倒惶惑，而以自咎謂不善，降之百殃，讒諛得志。不賢者比肩盗跖之横行[1]，侏儒之飽死，使天下凶暴，貪噬攘敚，藉以得志。若許生璘之死，豈非命數使然，不可以力爲而智計者耶？嗚呼，璘哉！使天而使之壽，則德可使甄陶，行可使砥礪。

浸淫乎《詩》《書》，沉潛乎仁義，收視反聽，以凝其神；滌瑕蕩穢，以養其氣。敷玉潤，揚金暉，以周旋乎高明光大之地。鄉里稱善人，國中有顔子；卿相呼小友，品題作佳士。一言取宰相，三長典國史。其才之逸，如九河崩奔，四溟蕩潏[2]，而兩儀爲之軒輊；如蛟龍之得水，上下於天，莫窮其詭異。其文之雄，如丹葩之芬腴，青雲之綺麗，明珠之耀波濤[3]，白璧之出氛翳。今天而使之夭，徒悼夫殞霜之殺菽，黄壤之埋玉。去白日之昭垂，襲厚夜於窀穸，等浮世於蝸角，逐飛光於駒隙。朝菌不爲晦朔所移，蟪蛄不爲春秋所役。苗而不秀，秀而不實。堂之未升，室之未入。根之未培，實之未食。未定之天，未完之質，夫誰得而致詰？且夫天之生物，細大不齊，同歸於斃。何異蜩與鷽鳩，决起而飛，搶榆枋，而笑鵬飛之九萬里，寓形大塊，而莫能與天壤相弊？何異覆杯水於坳堂之上，芥爲之舟而斯滯？如是而生，如是而死，夫孰窮其涯涘？烏乎！天不生汝，則一氣永存，而精神蟠鬱於青天；天而生汝，則一朝永逝，而骨肉澌盡於黄泉。五百年，吾不知其宿契；二百歲，吾不知其永年！天耶？人耶？莫探其玄。命耶？數耶？莫測其淵。故爲之文，以寫靈襟之塊磊[4]，而寄冥感於渺綿。尚饗。

【校記】

〔1〕賢，四庫文淵閣本作“肖”。

〔2〕四，《湖北先正遺書》本、四庫文淵閣本均作“泗”。

〔3〕耀波濤，《湖北先正遺書》本、四庫文淵閣本均作“射濤波”。

〔4〕塊磊，《湖北先正遺書》本作“磊落”，四庫文淵閣本作“磊”。

祭徐志道文

吁嗟乎！人之有生，孰有常生而不死者哉[1]？夫惟死得其所，是故無愧乎古往與今來。魂氣之升，昭乎若九天之雲漢；體魄之降，迥乎若萬仞之瓊臺。天荒地老，煙沉霧霾。青磷宵冷，玄猿曉哀。宰樹翳白日，佳城閟蒼苔。是夫人之無不死也，而蓋代之名，邁往之材，照汗竹而銘鐘鼎，豁乎若地闢而天開。是雖死猶不死也，宜其振耀乎八埌與九垓。是宜比干之獻其忠，曾子之正其斃[2]。夫子謂不敢毁傷，孟子云舍生取義。燭之乎昭昭之中，而剖之於冥冥之際。不汩乎滔滔者流，不懼夫飄飄以逝。吁嗟乎！公坦坦素履，炯炯寸丹，明霞絢采，清冰凝寒。其遇也，彤庭紫樞，逐冠蓋而容與；其退也，素琴白鶴，擇溪山而往還。堂堂高誼，超出庸俗之表；凜凜正氣，蟠鬱天地之間。是公之生，生逢其時，於身所安；公之死，死得其所，在人所難。吁嗟乎！公今其已矣。公雖已矣，爰有孫子。子也承家，孫也守禮。如播穫焉，以之而豐登；如搆堂焉，因之而芘倚。交友之中，如公能幾？見義必爲，聞過則喜。方欲托金石以永歲寒，誓久要而植倫紀。風雨蓬茅，塵埃硯几。歲時往來，論説書史。器度之無瑕，言行之不疵。匱乏之相賙，氣誼之相比。行其所當行，止其所當止。而遽至淪亡，情怊悵而曷已？吁嗟乎公！公其聽之，我有一語。我輩蹤迹，墮乎塵滓。代匱下僚，猶拘縶耳。久乖起居，中心愧只。其始也，莫知一旦以卧疴；其終也，不遑一朝而送死。中心悼之，此故曷以[3]。謂予言之不信，有滔滔之白水。幸心旌之徹九幽，爲寫其永訣之情如此。嗚呼痛哉！尚饗。

【校記】

〔1〕生，《湖北先正遺書》本、四庫文淵閣本均作“存”。

〔2〕其，《湖北先正遺書》本、四庫文淵閣本均作“而”。

〔3〕此故曷以，《湖北先正遺書》本作“以此之故”，四庫文淵閣本作“此故之以”。

禱雨祭龍神文

維大明洪武二十七年歲次甲戌，夏四月庚午朔，越十五日甲申，承事郎知保定府雄縣事周士瞻等，敢昭告於五方行雨龍神：蒼生告病，值首夏之旱乾；赤地回蘇，沐甘霖而優渥。溥施玄惠，俯慰丹心。竊念士瞻等，恩佩朝章，倖居邑尹[1]，職在撫字，心切憂勤。兹當平秩之時，適遇乾封之日。憫五稼之初植[2]，懼沾溉之愆期。方遇灾而歌《雲漢》之詩，乃喜雨而秉《春秋》之筆。望雲而仰傾盆之澤[3]，灌園而釋抱瓮之勞。鴻造無私，太平有象。謹陳詞而伸謝，遂致禱以祈庥。伏惟五方行雨龍神，赫赫厥靈，洋洋如在，無致不遂，有感必通，再駕飈輪，重箋玉帝。叱豐隆而鞭列缺，震霹靂而驅蜚廉。月離畢，豕涉河，變化式隨於默運；麥連雲，禾同穎，豐穰向冀於湛恩[4]。謹以剛鬛庶品，清酌之奠，式陳明薦。尚饗。

【校記】

〔1〕倖，《湖北先正遺書》本、四庫文淵閣本均作“位”。

〔2〕植，《湖北先正遺書》本、四庫文淵閣本均作“殖”。

〔3〕雲，《湖北先正遺書》本、四庫文淵閣本均作“霓”。

〔4〕向，《湖北先正遺書》本、四庫文淵閣本均作“尚”。

代祭劉自牧尚書文

嗚呼天乎！胡賦公以淳龐之質，而不假以耆耄之年；胡畀公以弘博之學[1]，而不位以匡輔之權。殆猶龍媒騕褭，權奇俶儻，而終不能稅駕於昆侖之巔；如長江大河，汹涌蕩潏，而終不能東滙於溟涬之淵。此所以哀公之深，惜公之至，而歸咎於彼蒼之天也。嗚呼！惟公凜凜正氣，挺然不群，少志古學，嚌嚅道真，蚤擢大科，聲光著聞。其政事之卓絶，如利器之解盤根；其文章之富艷，如繁星之麗秋旻。剛健如中流砥柱[2]，而不没以頹波；廉介如秋霜夜月，而不翳以纖塵。其贊晝省垣也，既欲經濟乎天下；其擢拜春官也，又欲裨益乎禮文。孰謂大志竟弗克申？寥寥千載，古道日湮。平生知己，如公幾人！死生不渝，道義相親。我昔南邁，逮兹兩春。猶記别時，話言諄諄。曾未會面，遽賦《招魂》。生也，有斷金之契；死也，乏執紼之勤。浮雲世變，慨會合之難再；落月屋梁，恍音容之尚存。嗚呼天乎！孰陶甄乎？孰經綸乎？善人委矣，復何云乎？豈在天爲星辰，在地爲河岳，而非若泉流之胥淪乎？將遠逝如岐山之鳳，而失時猶魯郊之麟乎？雖然有實以副其名，有善以淑其身，愈遠愈盛，愈久愈新，尚有以敷遺於後昆。

【校記】

〔1〕弘，《湖北先正遺書》本、四庫文淵閣本均作“宏”。

〔2〕砥，《湖北先正遺書》本、四庫文淵閣本均作“底”。

贊

畫像自贊

烏乎汝乎！氣餒而弱，貌樸而愚，行方而滯，志大而疏。雖讀書，而不求甚解[1]；雖體道，而僅得其粗。雖同乎今之人，而以聖賢爲矩墨；雖食太倉之禄[2]，而視軒冕猶泥塗。我固以爲至拙，人亦笑其甚迂。烏乎汝乎！胡不挹學海之浩瀚，溥時雨之沾濡。使萬里融貫，而寸善不遺；中扃靈明，而一塵不污。炯如一段清冰出萬壑，置在迎風寒露之玉壺！

【校記】

〔1〕甚，《湖北先正遺書》本、四庫文淵閣本均作“其”。

〔2〕太倉，《湖北先正遺書》本、四庫文淵閣本均作“夫今”。

陸漕使畫像贊

醇德積躬，正氣軋霄。腹貯五經笥，文涌萬斛潮。匪賈之在漢[1]，而雄辨以駭世人之聽；如贄之在唐，而嘉謀以開中興之朝。學非迂學，將繼墜統於鄒魯；仕非苟仕，將躋斯世於唐堯。言非空言，將爲朝陽之鳴鳳，以破狌鼯之嘵嘵[2]。走辱公知，匪曰一朝。投迹山林，而侶漁樵。朱弦寡和，白鶴誰招？俟公功成而名遂，從赤松而友王喬。山雲引藜杖之矯矯，天風吹幅巾之蕭蕭。所謂伊人，於焉逍遥。

【校記】

〔1〕“匪賈”句，原本無“在”，據《湖北先正遺書》本、四庫文淵閣本補。

〔2〕鼯，《湖北先正遺書》本作“鼪”。

睢寧主簿陳世能畫像贊

其貌清，其神王。其心塞而淵，其氣偉而壯。其謀畫，宛然而恢弘[1]；其論議，沛然而慨忼。黔黎方沐其撫綏，山林未許其疏放。甘棠之惠周，五袴之歌廣。此所謂恭茂之匹儔，而輝映乎千載之上。

【校記】

〔1〕弘，《湖北先正遺書》本、四庫文淵閣本均作“宏”。

辭

冰雪先生哀辭

先生王氏，諱顒，字守敬，冰雪其號也。世爲高郵人。性清介，善談理。自幼刻苦學爲歌詩，老而不衰。其詩蕭散簡遠，得之趣韻，非苟作者，故以此交天下之士。若潯陽張羽來儀、吴門徐賁幼文、天台王璞蘊德、璞弟琦修德、北平李延興繼本，多知名者，皆推許先生在作者列。先生當元至正末，嘗一仕吴中。時兵革多事，爲吏者率黷於貨，冀幸全活。先生獨以清白自持，又節俸以給士大夫之避難者，家無餘貲，世以此稱之。洪武乙丑秋，余如北平，始識先生，目其禮度，耳其談説，心竊敬焉[1]。明年六月，雄縣荆聿宗禹過余深校。聿善詩，每爲予誦先生所作，皆可喜者，又并言其出處爲詳。又明年秋，大比，余再如北平[2]，謂先生可復見，幸授余詩法。行至雄，有衰麻來謁者，曰先生之子絅也。詢先生，客歿於雄數月矣，年六十有三。權厝城東二里，將卜日歸葬於故原。先生襟懷洞豁，情意繾綣，遇人接物，怡怡如也。好游從之樂，遇親朋，輒復傾倒徜徉，雖窘匱，不顧也。晚築於石梁之上[3]，嘗曰："吾清寒士也，以冰雪名吾居爲宜，人將呼我冰雪翁矣[4]。"已而果然。嗚呼！世謂詩人少達而多窮。夫窮達，命也，有不係於詩不詩。顧世之詩人多窮，而不窮，詩不工，其説若有足徵者。歐陽公則以"詩者，窮人之所宜，非真能窮人也"，稍爲之破其説。余意詩能達人則有之，未見其窮也。不有達於今，必有達於後[5]。從古以來，富貴磨滅與草木同朽腐者，不可勝紀。而詩人若孟郊、賈島之流，往往有傳於後，豈非所謂達人者耶？以是而論，先生可以謂之窮耶？非歟！先生志不獲伸，可見者詩而已。使其遭時而奮，以嘗試吴中者拓而施之，則凡貪墨者，豈不泚然發愧興起爲廉讓，而吾民之病不其有瘳乎？雖謂之不窮[6]，可也。然何有於先生哉？亦豈以其詩哉？絅惓惓於發潛德，數有請於士大夫，可謂克子矣。予念其勤懇，故作哀詞以相之云[7]。辭曰：人之禀受萬不同，命之賦予有窮通。惟士之生秀所鍾，達與不達適其逢。富貴在天安所蒙，德義在我斯鞠躬。吁嗟先生獲所終，聲名在人豈詩窮？得非其有雖萬鍾，弃而不顧猶蒿蓬。當時豈無明且聰，利欲膠擾變盲聾。一室蕭然囊屢空，孰能似我冰雪翁？惜哉罔與成厥功，我作哀辭表心衷，死而不亡媲喬松。

【校記】

〔1〕竊，《湖北先正遺書》本、四庫文淵閣本均作“切”。

〔2〕余，《湖北先正遺書》本、四庫文淵閣本均作“予”。

〔3〕“晚築”句，《湖北先正遺書》本、四庫文淵閣本均作“晚築室於石梁溪之上”。

〔4〕我，《湖北先正遺書》本、四庫文淵閣本均作“吾”。

〔5〕必，《湖北先正遺書》本、四庫文淵閣本均作“當”。

〔6〕不窮，原本作“窮”，據《湖北先正遺書》本、四庫文淵閣本均作“不窮”，補。

〔7〕詞，《湖北先正遺書》本、四庫文淵閣本均作“辭”。

卷　八

書

代與左司郎中王獻道書

僕從戎之日，以王事有程，不得詣門左乞一言而别，曷勝愧負。朝使至，知進拜左司，斯道有輝，士林增氣，非獨僕之私喜也。蓋朝廷進用一賢者[1]，天下莫不歡然相慶。苟奸邪欺負之徒之猬進，則四海有輕朝廷心，天下事亦潰爛而不可收拾矣。今公一登廟堂，萬物叢集，然至簡而至要者，惟用賢爲第一事。今天下一家，群賢滿朝，固不取才於異代，第恐用之未盡，則沉抑於山林者多。姑以僕所知者言之。楊鵬南，字九萬，保定人。淬礪古學，穎敏天出。其才藻富麗，其論辨雄偉，其謀畫超絶，其文章有先秦、西漢氣象。其人品之曠達，度越一時輩流萬萬也。耕田讀書，凡二十年不離鄉里。自兵起，始挈妻子避亂遼東。往年，賊據永平，嘗以片言下之。朝廷授以翰林待制，命下，即日辭歸。衡茆短褐，疏食水飲，若將終身。當事紛糾之際，貧賤患難日萃，其躬而處之泊如，故知之者謂高士，嫉之者每以爲狂爲迂，不通國事矣[2]。公明達者，苟以此士力薦於朝，委之以政，必有過人之績[3]；與之謀畫，必有折衝樽俎之能[4]；使於兵間，必有談笑却敵之功。他日人將指而誦之，曰某士爲某官所薦，顧不足以成公之名聲乎？如必拘舊日之轍，遂謂布韋士非省部舊人，非歷練老成之器。若如此論，雖振古之豪杰，終亦委弃林莽矣。此近世文法吏之積習。公素以直亮清忠稱於人人，詎肯甘效常人之見，而取譏於賢人君子之清議耶？僕非黨於楊也，直以時方多故，政當廣搜人豪，共圖治效之秋，一有曠世之才，視之若衆人然，僕恐天下士自此散之四方，豈非却之以業諸侯乎[5]？楊之所長，僕固白之。其所短者，獨不知吏家之條例與其行移耳。夫聰明特達之士[6]，視此至爲細事。使其一旦入官於此，稍加之意，雖老於吏事者有弗能及，豈可以纖微之短掩其殊常之器乎？楊之爲人，士君子多知之。而家君與景寧左丞雲翰侍郎知之尤詳。倘就而問之，其才識之異，出處之概，從可知也。僕素戇直，不敢輕譽一人，輕毀一士，惟公亮之。謹奉書，不備。

【校記】

〔1〕進用，《湖北先正遺書》本、四庫文淵閣本均作“用”。

〔2〕不，原本脱，據《湖北先正遺書》本補。

〔3〕績，《湖北先正遺書》本、四庫文淵閣本均作“迹”。

〔4〕樽，《湖北先正遺書》本、四庫文淵閣本均作“尊”。

〔5〕業，《湖北先正遺書》本作“與”。

〔6〕夫，《湖北先正遺書》本、四庫文淵閣本均作“蓋以”。

代與張副樞書

檀溪别後，日遠日深，欲與景元學士一詣宥府，塵物嬰累，遂爾不果，曷勝悵惘也。賤子近到雲中，見西諸侯，語及使君，無不歆羨。在鳳儀平章座中，又嘗以兄事功極口言之，滿堂豪杰，雖不識公者，亦皆以公爲奇傑之士。胡都事來寅，審閣下啓處靖嘉，又知以捍禦之功擢尚書，升宥府。在公固不以爲重輕，在賤子豈不喜自慰耶？僕，迂書生也，然而見知於公者，惟以契舊之故耳。丞相以憐恤之[1]。俾賤子挈家西上，旦夕與景元到公處一别，遂長往也。家業蕭然，幸公有以周之，不可只作一場説話[2]。槖駝山雖佳，所謂小敵之堅，大敵之擒耳。公豪傑也，惜無用武之地。若肯捨此西行，滔滔事其來未艾，胸中活法[3]，不可拘滯也。惟公亮之。止善鄔公[4]、公輔歐公、宋先世真聞在公所，幸斥賤名申敬。十月二十六日。

【校記】

〔1〕以，《湖北先正遺書》本作“已”。

〔2〕只作一場説話，原本作“只作□場話説”，闕字據《湖北先正遺書》本、四庫文淵閣本補。

〔3〕活法，原爲空格，據《湖北先正遺書》本、四庫文淵閣本補。

〔4〕鄔，四庫文淵閣本作“鄒”。

代與劉仲德尚書書

向在軍前，旅況牢落，深仗慰藉之情。既而又辱引拔。及歸，復承贐物，高義古道，薄俗所無也。近有人自山後來，云兄以使事如上京矣。賤子本欲奉老母西上，以天氣寒沍，難以動轉。只待符至善回，即與同往。即因避亂山寨，密邇敵境，兵一到，不降則潰。不知者以爲得策，以僕觀之，何異几上肉耶？況長鎗李、田買驢輩，兵各不滿二三百人，而授以平章、知院，分鎮於此。其力既不足以禦，其設施措注有同兒戲。兼之避亂之民，供給浩繁，上下之間，勢將崩沮。本以靖亂，反以啓亂者也。明公贊畫軍政，何乃容此庸竪之徒，以口舌虛文輒取大官厚禄，以致名器泛濫，使天下謂朝廷無人耶？劉則禮學士，文事武備，色色俱通，留滯山中，坐老歲月，政自可惜。其子弘[1]，今往軍前謀西行之計，望兄有以周旋之。十一月二十四日。

【校記】

〔1〕弘，《湖北先正遺書》本、四庫文淵閣本均作“宏”。

與慎言博士書[1]

中秋前三日，老友李延興端肅書奉慎言博士賢友硯右：一向阻闊，曷任馳念。某五月間，因旦起跌損左足，至今假息枕薦，跬步不能履。此時宗一往順義，不知也。辱書存問，至於再三，未暇奉答。又以蹤迹無定，值此蹇厄，愈益懶散[2]。吾友昔相知，何忍遽相誅絶耶？所喜動定安穩，又知歲貢高徒中選，足見吾友於學事用心，而英俊之樂從者，孜孜有向上工夫，信可樂也。某已成篤廢人，送行序宗一督取嚴甚，不久當寫寄，以求是正。但老朽於文事素拙，每於先秦《史》《漢》諸名家之作，雖嘗鼠竊模擬，曷嘗窺見古人用心處！况當衰病之餘，情思雕耗，以之取青配白[3]，不過應酬一時，以悦俗耳，竟成何等文字耶？宋客之寶燕石，楚人之賤荆璞，吾友以爲是耶？非歟？宗一方圖北軒，爲提學官與諸生固請[4]，以典學事[5]。宗一不得去，慎言徒重室邇人遠之思也。奈何？秋高氣清，會面未可卜[6]。惟若時自珍練，以壽斯文。不克悉。

【校記】

〔1〕詩題原本作“與友人書”，據《湖北先正遺書》本、四庫文淵閣本補改。

〔2〕懶散，《湖北先正遺書》本作“挫折”。

〔3〕配，《湖北先正遺書》本、四庫文淵閣本均作“妃”。

〔4〕請，《湖北先正遺書》本、四庫文淵閣本均作“留”。

〔5〕學，《湖北先正遺書》本、四庫文淵閣本均作“校”。

〔6〕卜，原本作“龜”，據《湖北先正遺書》本、四庫文淵閣本改。

與中齋允齋書[1]

四月二十日，辱厚李某端肅奉書中齋、允齋二位尊先生：典謁者來時，以塵冗未遑詣門屏乞一言而别，迄兹耿耿不能忘。迴思燕臺，如在天上。先生以斯文骨肉我，果亦念及羈旅草野之人乎？日外兒東遣人來從，審道履清健，足浣渴懷。某托芘粗遣，無足言者。伯言鄧先生，詩與文佳處不讓古人。先生文章大家，如斯人者，何可多得？矧於風雅寥落之餘乎！今之往，必與傾蓋而對談之，頃知鄙言之不妄也審矣。《倚樹吟軒記》，先生何爲於我吝？審欲於他人乎取之，何患不得記，但自不肯他求，必欲得先生之作耳。先生何爲於我吝？鄧先生行，謹奉書，不具備。

【校記】

〔1〕詩題原本作“又”，據《湖北先正遺書》本、四庫文淵閣本補。

與待用博士書〔1〕

七月十九日，某肅書待用博士賢友：去冬辱書者再，不啻睹風采於青雲之間。不久，王桂説在文安作訓導〔2〕，已定體。待用處事，每每有遠略，我輩何敢望？秋暑動定愈安健，學校有規繩，可喜也。小生自五月得跛不能履之疾，司造者之於衰朽人，亦至是耶！宗一學行甚高，慕吾友胸次出塵俗。走謁下風，故以短札爲先容。宗一有中書君數輩欲致之士林，煩以斯文故力爲主張，毋使滿船空載月明歸。相見知何時，惟萬萬寶愛。不次。

【校記】

〔1〕詩題原本作“又”，據《湖北先正遺書》本、四庫文淵閣本補。

〔2〕作，《湖北先正遺書》本、四庫文淵閣本均作“爲”。

與金臺長史書[1]

二月三日，諸生李某端肅奉書金臺長史相公閣下：客歲雄邑陳倅還，拜領手書并詩，令人喜玩無已。春陽啓達，德履清健，而藩垣翊贊之正流耀士林，曷勝慰浣。牛馬走藉蔭恂遣，不足記憶，恃愛少瀆。知縣劉相公以公務如薊，徵羽言爲先容，以拜下風，益以翹企之素也。劉侯良有司，而仕優益學。閣下念走也干聒之故，必能以一家見待也。謹奉書，不具備。

【校記】

〔1〕詩題原本作“又”，據《湖北先正遺書》本、四庫文淵閣本補。

與麟伯先生書[1]

十二月二十四日，某肅書麟伯先生文侍：向過館下，多沐慰籍，先生於斯道之不薄矣。近審德履清適小生伏芘仍昔某生，才俊可喜，求見左右，望刮目待之，就藉脚力送至新城爲荷。學中諸高弟就書致意，遽中不及某某以數也。謹奉書，不既。

【校記】

〔1〕詩題原本作“又”，據《湖北先正遺書》本、四庫文淵閣本補。

與槱翁尊兄書[1]

槱翁尊兄行軒：别去忽歲餘，思之令人瘦。人來薊門過我，必問：“槱翁何似？”則曰：“槱翁日與樵牧相隨，痛飲狂歌自若也。”僕雖僕僕東華塵土中，未嘗不南望，舉觴爲先生壽。兹留瓦橋，忽忽數晨夕，商販之地，無可與語者[2]。專發長耳去[3]，煩乘之一來，相與對床聽雨，説山間林下質實語，以盡生前有限杯。檲翁忍復疏外我耶？時許生璘方侍坐，顧而笑曰："先生言是也。"四月七日甲子，僕懼有雨傷稼。謹奉書，不既。

【校記】

〔1〕詩題原本作"又"，《湖北先正遺書》本接排上書"不既"後，且無題，四庫文淵閣本則另起行，亦無題。據書信内容擬題。

〔2〕與，四庫文淵閣本作"爲"。

〔3〕長，《湖北先正遺書》本作"悵"。

與衆上舍書[1]

立春後一日，一山叟肅書衆上舍賢友足下：不相見又半月，今年别是一年。賢友輩已非雄陽年少時，吾知必能以向上功夫自期，其於荒怠氣習，一掃無餘迹，何患古人地位不可到？一日使學問文章著天下，炳然北方之焰焰，其視杜拾遺"鄉里小兒狐白裘"之説，果孰爲得耶？老夫依舊草堂過活[2]，濁醪粗飯任吾年，如此而已。諸賢友所少學貨，小兒東來時煩鳩合[3]，并西齋所欠者，更爲稟知廣文契友，從便發至。兩門姻禮，得此相助，皆在諸朋友打快作成，莫濡滯也。鄉友何士留訪聞一老媪通海上方，王杰、焦振常語此，千萬多方訪問，以來診療，陰隲事也。董亮、王瑛等曾在學中看屋否？相會有期，惟萬萬自玉，以擢巍科。不既。

【校記】

〔1〕詩題原本作"又"，據《湖北先正遺書》本、四庫文淵閣本補。

〔2〕草堂，《湖北先正遺書》本、四庫文淵閣本均作"草草"。

〔3〕時,《湖北先正遺書》本作“日”,四庫文淵閣本無此字。

與友人書[1]

前歲兄南時,弟在林下,恨不得餞送。洎兄以病歸,親友皆歡喜,弟時治裝待起發,又恨不得去山中爲數日留,以罄平生歡。今往矣,山川阻闊,相見知何時?念我故人,墮淚滿襟,此時想兄雖未勿藥,而有道者氣象,自與常人殊。但宜屏去一切營謀,澹然自處,人情世事,悉置度外,而理家治生,自有賢嗣爲之。人生如朝露,何乃一向疲心勞慮,以自苦耶?非敢勸兄作迂闊事,顧兄老矣,既已遂山林之願,只可親近方藥,調元氣以登上壽。而又欲諸事求全,汲汲每若不足,世寧有是理耶?弟素辱知,故敢饒舌,罪過!罪過!前歲,弟來自山西時,不肯挈家往易水,而從東安丞李燧招致親夏楚事。未幾,逼爲訓導,至有今日之悔。其過本皆此豎爲之,夫復何言?老親在雁門,兩年無書,止是口信。去歲欲覲省,又山西省亦有吴尚書起取之文,所以一向留滯於此,事已無可奈何。俟到南京,此身一有歸定處,庶母子得以保聚也。舍弟兩人,俱流落無消息,婦人輩知在父母家,小兒子財五歲[2]。弟此行,行李蕭然,必是失所,惡況滿懷,不能一一道也。仲紳説李良兄有相助意,而日久不報,豈忘之耶?乞以此意達之。

【校記】

〔1〕詩題原本作“又”,據《湖北先正遺書》本、四庫文淵閣本補。

〔2〕財,《湖北先正遺書》本作“纔”。

與董淶水書

閣下問學弘深[1],才藻富麗,律身率事[2],視篆來修[3],舉廢墜,炳然一新。他時重吾民甘棠之思，膺要階不次之擢，非閣下而誰！然閣下既已加意於政務之百端，獨未盡美於學校之一節，僕深爲閣下惜之。夫學校之事重矣！爲守令者，誠宜鼓舞而作興之，使庠序之更新，士子之奮厲[4]，士大夫争先爲之快睹也。閣下因循歲月，托之空言，未臻實效，豈因陋就簡，而有所不爲歟？抑亦政務叢委，而有所未遑歟？僕皆不得而知也。閣下之意，必曰："今廟學之規則完矣，生徒之數則足矣，是學校曷嘗不興，士大夫亦曷嘗訾議耶？"殊不知此但可以爲學校之規模，而未足以見學校之實功也。如必欲求其實功焉，則宜常切勉勵[5]，嚴加程督，别其優劣以勸懲之，考其勤惰以黜陟之，稍減二三之科徭，少施纖微之優恤。如此，則雖冥頑之家亦知教子，雖駑鈍之子亦知務學矣。閣下之意，必曰："今生員無除差例，而子言之，非違制耶？"然僕之意，非欲盡免一切差徭也，但欲閣下少垂惠慈，以爲培育之地而已。且未作學户之先，閣下猶當優恤；既作學户之後，可不加之意乎？况里甲之弊，不可縷數。百姓告消乏，則謂貧户有優恤之理；學户訴重并，則曰生員無除免之文。故民間爲之語曰："生員不如百姓，百姓不如祇卒。"學户之家，僅有兩丁，其子既爲生員，其父又當甲首，子既常川在學，父又常川應役。祇卒之家，縱有數丁，一人既充身役，一家并無科擾，本身既已在縣，本社即加畏懼。此無他，蓋緣生員無伸訴之處，而祇卒有相該之時也。僕若隱忍而不言，閣下又安得而知乎？况愚民無知，不嗜儒術，聞其設學，如畏敵仇，使之讀書，如蹈湯火。是以各生員其逃學者往往有之，其托故者比比皆是。僕每見官府之勸學也，不過曰："汝肯讀書，必爲他日之人材。"殊不知彼固以人材爲仕宦之梯，而一登仕途，惟恐其犯官箴，遭禍譴也。以是勸之，愈難而愈遠矣。僕叨預庠事，歲已一周。其於生徒也，不過假官府之法而鈐束之，借夏楚之力而整飭之，是豈久而不失之道哉？閣下聰明絶人，識趣超越，則此二十名之生員，其各户差役固宜減其分數，去其太甚，庶使其子弟見若父兄之得所，必不以家事繫心而務學矣；其父兄，見若子弟之務學，亦不以差役動念而相勸矣。又何勞於官府之法，夏楚之力哉？將見鼓舞乎文風教雨之中，而不自知也。僕前所謂興舉學校之功者，此也。如曰某邑之規模若彼其卑也，某郡之學校若彼其陋也，而人亦不議其非。烏乎！《春秋》之法[6]，責備賢者，彼又烏足與閣下比倫也哉！且閣下之瓜代，僅有七月耳。苟於此事有以力爲之，是閣下於七月之近，而遽能使學校之底於成功也，豈不偉歟？苟不有以力爲之，是閣下於三年之久，而竟不能使學校之及於寸效也，豈不惜哉？且額設生員，雖曰二十名，而事故患病者居常五六七，坐齋讀書止是十四五。知之者以爲各有事故，不知者以爲本無實數。如蒙於額坐生員外，再簽五六以充增廣之數，則衿佩有濟濟之儀，弦誦有琅琅之聲，其規模豈不度越尋常萬萬哉！或有行謗者曰："李某之欲增廣生員，優恤學户，其計蓋將廣求束修也。縣宰之不增廣，不優恤，其意蓋將沮其所爲也。"夫貪求束修，咎在於僕；興學校，責在閣下。閣下直當存其大體，而不可拘於嫌，否則因噎而廢食也。人又曰："閣下之舉事公矣，其如不能剛斷何？閣下之律身廉矣，其如不納規諫何？"僕則以謂："非閣下不能剛斷也，以居官者往往有生事之患故也[7]；非閣下不能納諫也[8]，以進言者往往有行間之弊故也。"雖然，閣下之意，可謂得之此而失之彼者矣。今有人焉，勸閣下謂妄生事端，謂之生事可也。至於閣下，以興舉學校，增廣生員，其可謂之生事乎？遽又有人焉，勸閣下以戕害善良，謂之行間可也。至於勸閣下以興舉學校，增廣生員，亦可謂之行間乎？《語》曰："季文子三思而後行，子聞之曰：'再斯可矣。'"《詩》曰："如彼築室，於道謀是，用不潰於成。"蓋誨人以剛斷之意也。《書》曰："好問則裕，自用則小。"

【校記】

〔1〕弘，《湖北先正遺書》本、四庫文淵閣本均作"宏"。

〔2〕事,《湖北先正遺書》本、四庫文淵閣本均作“物”。

〔3〕篆,《湖北先正遺書》本作“事”。

〔4〕厲,《湖北先正遺書》本作“勵”。

〔5〕常,原本誤作“嘗”,據《湖北先正遺書》本、四庫文淵閣本改。

〔6〕之,《湖北先正遺書》本作“一”。

〔7〕患,《湖北先正遺書》本、四庫文淵閣本均作“害”。

〔8〕不能納諫,《湖北先正遺書》本、四庫文淵閣本均作“不納規諫”。

附 王璞書〔1〕

王璞端肅書奉繼本廣文先生尊契侍史:不奉言論,倏又一載〔2〕。每閑獨中思憶,風采談議,一座盡傾。久闕披睹,企慕爲何如耶!近高弟劉翥來,蒙寄示新製,雄邕宏放,有一瀉千里之氣。因此獲稔吾兄學之愈肆,養之愈充,横逸縱恣,無施不可,深足喜賀也。區區雖在散澹,然於此事,日覺荒弛。每覽前人邁往之轍,惟興望塵之嘆而已。舊歲得告還南,臘返北〔3〕,在郯城過歲。訓導申斯道一見如故,相留數日,每置酒欵洽,淋漓引酌,慷慨談笑,亦一代偉人也。自言與吾繼本甚快,且言:“吾舊爲保斯道〔4〕,乞爲致意。”天涯故人,如此有幾?想爲憮然也。新寒,諒惟文候清佳。瞻晤未期,切冀自愛。不宣。

【校記】

〔1〕王璞書,《湖北先正遺書》本作“王璞與李繼本書(附)”,四庫文淵閣本作“與繼本廣文先生書”。

〔2〕一,《湖北先正遺書》本、四庫文淵閣本均作“數”。

〔3〕臘,《湖北先正遺書》本、四庫文淵閣本均作“臘底”。

〔4〕吾,《湖北先正遺書》本、四庫文淵閣本均作“我”。

又〔1〕

八月二十日,聞高弟欲還館下,因作一家書達左右。然高弟更不來,兹伯欽學正携舍甥游深州，因令其拜謁座下，就伸起居之敬。高弟領鄉薦，足見吾兄陶鑄之效，深可喜賀。冰雪翁死於道路，誠堪悲愴。吾兄祭文，足伸其九原之氣，想冥冥中亦藉自慰也。僕令舍甥就致鷄黍之奠，率摅一文[2]，叙交誼之概[3]，望爲一覽，便中冀示教爲幸。相見未期，惟希自愛。九月初四日[4]，王璞簡奉繼本廣文契侍史。

【校記】

〔1〕《湖北先正遺書》本、四庫文淵閣本均於上篇末“不宣”後接排本篇，無“又”題。

〔2〕摅，《湖北先正遺書》本作“成”，四庫文淵閣本作“撰”。

〔3〕概，《湖北先正遺書》本作“梗概”。

〔4〕九月初四日，原本無，據《湖北先正遺書》本、四庫文淵閣本補。

説

李慎言字説

薊丘生李敏慎言嘗從予學，謁予製其字説。予告之曰：“言須慎也。慎則弗盭於行，而爲榮爲吉；不慎則多至謬迷，而爲辱爲凶。故言不可以不慎，非謂箝其口而不言也。矧道原於天而寓於人，使皆置之而不言，何以詔斯今而垂方來？言焉而不慎，何以植言行而繕厥躬[1]？昔者仲尼氏非法不言，故道貫乎古今；顏子淵非禮勿言，故學優乎諸子。参之質魯，魯則其言也訥，至於勤三省，契一貫，守約不貳，而卒承道宗，言固慎也，非訥也；軻之才高[2]，高則其言也放，至於言仁義，道性善，風動衰世，而上配禹功，言固慎也，非放也。去古日遠[3]，聖賢不可作。楊、墨之教興，而正言廢；儀、秦之説倡，而雄辯起；稽、阮之風靡，而清談盛。其終至於壞人紀，殺天下而賊後世[4]，蓋所謂一言而喪邦者。

嗚呼！言曷可以不慎哉？走素樸愚，每以多言得謗。已而自誓：言之當言者，吾何敢默？至於摇吻鼓舌，以逆夫利口之鋒[5]，吾知其無益於身，而卒以取敗，吾固將閉口矣[6]！予聞衛武公慮其有口過，賦“白圭”之什以自警。其後，南宫縚日誦其言，至於數數而不置，孔子以爲賢而稱道之。予用是稽諸方册，而得其慎言之義。其高非哆言，其近非妄辭，蓋爲狂之砭礪[7]，作聖之矩矱。生質粹而氣清，種學而樹德，誠於是而締審之，而固執之，則言其言也，行其行也，無絲髮之可訾議，斯不亦敏於事而慎於言乎？”生揖且謝曰：“敏之不德，言也弗慎，而行也弗敏，兹辱訓辭，何異扣萬石之鍾而破群響也？雖然，敏嘗讀書山林，見夫栖真匿景之儔，委身空寂，一念不起，而坐待其冥會於不言之表，斯亦可以慎言目之耶？”予大噓曰：“彼蓋忘言，非儒家者流所謂慎言也。慎言者，必如洙泗之教而後可。且予曷嘗教賢忘言哉？”

【校記】

〔1〕繕，《湖北先正遺書》本、四庫文淵閣本均作“善”。

〔2〕軻之，四庫文淵閣本作“孟氏”。

〔3〕日，《湖北先正遺書》本、四庫文淵閣本均作“日益”。

〔4〕殺，《湖北先正遺書》本、四庫文淵閣本均作“攖”。

〔5〕逆，《湖北先正遺書》本、四庫文淵閣本均作“逞”。

〔6〕矣，《湖北先正遺書》本、四庫文淵閣本均作“矣乎”。

〔7〕爲，《湖北先正遺書》本、四庫文淵閣本均作“易”。

愚溪説

水至信也，而狀類有萬不侔。是豈水之性也？繇於土壤之厚薄，形勢之激發耳。予嘗觀於海，浮於江，亂於河、淮，知中泠之水居天下第一，而廬山之泉次之。與夫渭之清，涇之濁，湯泉之不火而熱，醴泉之非飴而甘，弱水之不勝芥，貪泉之蠹人心，潢汙行潦之朝滿而夕除，豈非繇於土壤之厚薄歟？夫江出岷，漢出嶓，河出昆侖，而淮出桐柏，其初一髮之細耳。由是放而之東也，則沿流淪漣[1]，淵澄漫渙，而一瀉千里，迴若建瓴。洎乎經龍門，抗底柱，滙吕梁而注之。江涉葭萌，排灩澦，走瞿塘，而入於海也，則洶涌震蕩，噴薄飛流，鼓爲驚霆[2]，峙爲喬岳，而滔天沃日，渺茫無涯[3]，豈非由於形勢之激發歟？故方其出也，抵澗壑[4]，觸沙石，而不汩不汙；其逝也，彌夜晝[5]，窮歲年，而不涸不止；其來也，朝而潮，夕而汐，而不亟不徐[6]。是豈天下之至信[7]，而孟軻氏所謂水之性者也？汪仲常以“愚溪”自號，而徵予爲説。余惟水之爲性也，其靈長與天地同體；水之爲澤也，其沾溉與天地同功。顧乃愚其名而污之，不已過乎？夫仲常，湖海之士也，器度超越，而才識瓌奇。當兹河清海晏之時，豪俊之士，孰不欲乘長風破萬里浪，而以聲光暴於天下哉？仲常則韜其英[8]，闕其光，而晦其迹，其志非真有羡於顓愚之徒也，特托此以自污，而放形江海之上，故强名之曰“愚溪”。仲常蓋自以爲愚耳。夫自以爲愚，然後非愚。彼有自謂非愚，愚群愚而使之愚，是之謂自愚其愚，其真愚之甚者歟！當唐之季，柳宗元之居海上也，亦嘗以是名其釣游處。謂溪之愚不能利大舟，溉五稼，猶人之愚不能澤當時，名後世也。嗚呼！宗元以曲學附權奸而取貴顯，卒至黜於公議而委骨窮荒，宗元誠愚矣，尚何愚是溪以自解耶？仲常盍爲我淈其泥，揚其波，以滌夫士風之污；疏其源，導其流，以歸於江湖之大。則予也，行將與仲常游伊、洛，溯洙、泗，以詣夫高明光大之域，庶其有以祛夫子之愚也哉！子或不信[9]，有如白水。

【校記】

〔1〕流，原本作“涣”，《湖北先正遺書》本、四庫文淵閣本均作“流”，據改。

〔2〕驚，《湖北先正遺書》本、四庫文淵閣本均作“震”。

〔3〕茫，《湖北先正遺書》本、四庫文淵閣本均作“漭”。

〔4〕澗，《湖北先正遺書》本、四庫文淵閣本均作“磵”。

〔5〕夜晝,《湖北先正遺書》本作“晝夜”。

〔6〕亟,《湖北先正遺書》本、四庫文淵閣本均作“棘”。

〔7〕是豈,《湖北先正遺書》本、四庫文淵閣本均作“是豈非”。

〔8〕韜,《湖北先正遺書》本、四庫文淵閣本均作“弢”。

〔9〕子,《湖北先正遺書》本作“予”。

近野説

立名者近於朝,居貨者近於市,栖真匿景者近於山林,蓋各從其類而近之,非强之近也。荆門平君安道,自號“近野”,蓋其天趣不群,雅有自得之樂,故其爲説則然。今夫煌煌國都,文物富殷,氣象弘朗〔1〕,四夷嚮風,人皆以爲可近,而君則曰不可近。泱漭之野,闃其無人,豺狼所宫,蛇虺所窟,人皆以爲不可近,而君則曰可近。果孰是耶?矧安道前代衣冠家,才藻巨麗,光賁士林。屬諸宇縣清夷之時,固宜挾長策,吐奇論,籋足霄衢〔2〕,以近天子之寵光。顧乃懷瑾握瑜,樂夫四野而近之,豈帝閽寥泬,天顔孔昭,九旗焜煌,百靈擁護,震懾而莫敢近耶?豈四岳奉贄,群龍滿朝,玉帛雲委,車騎霆訇,退巽而莫敢近耶?是皆不得而知之。雖然,布褐之夫不近乎紈綺,目未接乎紛奢也;道德之士不近文華,性未淪於浮靡也。此非各從其類而近之歟?若夫生長富貴之家,崛起鄉邦之中,不貴其貴,而臞然如一寒生,不富其富,而粹然若有道者,此其志蓋超乎習尚,出乎等夷,而放乎塵坌之表,豈直近田野、伍樵牧哉?然而摯耕有莘之野,則摯近於野矣〔3〕。説築傅岩之野,則説嘗近於野矣。由是成湯得摯,而擢之保衡之階;武丁得説,而處之爰立之地。其始也,如陰谷之幽,陽光不照,而枯荄凝寒;其終也,如九宇之弘,元運必達,而萬彙皆春。旦而野,夕而朝。旦而匹夫,夕而卿相。其榮悴有自然之天,其顯晦有自然之道。則夫安道之近於野,其自處之重,不亦近於兩賢哉?是故近於野則樂道而忘人之勢,近於朝則行義以適時措之宜。若乃近名以害道,近利而忘義,君子不由也。大抵高明光大之域,雖未至於堂奥,苟日近而不已,斯至矣。囂煩淖濁之壤,雖未達乎畔岸，苟日近而不已，斯達矣。之二者，孰爲可近？孰爲不可近？盍亦慎其所之哉！夫子不云乎："信近義，恭近禮，好學近智，力行近仁，知耻近勇。"此聖學之奥旨，萬世之矩度。安道才識高甚，一日近乎朝廷之上，以行其有用之學，擇其可近而近之，如是而後可以近道。安次李延興撰[4]。

【校記】

〔1〕弘，《湖北先正遺書》本、四庫文淵閣本均作"宏"。下同。

〔2〕霄，四庫文淵閣本作"雲"。

〔3〕於，《湖北先正遺書》本、四庫文淵閣本均作"乎"。

〔4〕原本無此句，據《湖北先正遺書》本、四庫文淵閣本補。

石林説

高昌金先生兵後退休石林之野，清坐一室，以圖史自娱，簡寂而冲虚，無長物以亂心，自號"石林"，著其質也。後十許年，畹雪生李延興過而問之，曰："先生前代勛伐之裔，歷臺閣，荷寵光而著名聲。至其爲號也，無珪衮之慕，無肥堅之羡，無華榱廣厦之嗜，而澹然若忘世，泊乎若無所營。先生殆將隱矣？不然，當兹朝野方晏熙，群材悉展用，固當挾長策，吐崇論，簉武霄衢，叫閶闔而呈琅玕矣。顧乃息影林下，木石與居，豈韓愈氏所謂入林惟恐不密歟[1]？雖然，宇縣之中，何所獨無山林也，而奚取於石林哉？謂爲中流之砥柱歟？石也，非林也。謂爲明堂之梁棟歟？木也，非石也。蓋先生以堅剛茂密之德[2]，脱塵滓，軼煩囂，挺然而不拔，介然而不奪，斯其所謂石林也歟！夫惟石也，故足以騰雲氣，障百川；惟林也，故足以干青雲，芘萬人。陵谷變遷而不爲之灑，冰雪凝沍而不爲之摧。神物爲之呵護，而元氣與之迴薄。河山助其雄麗，而雨露賁其文章。此石林之奇概，非先生孰與同其風格也！或者謂是爲非，然盍亦求之莽蒼之野乎？闃寥之鄉乎？不毛窮髪之壤乎？

先生有大芘寒士之志，有主維名教之力，有長育人材之德，而今旄矣。端居之隙[3]，策石杖，招石友，相羊石林之下，其樂寧有涯涘哉？予先公承旨與先生有同朝之好，故予兩世爲世契。蓋嘗考其世德矣，惟其積累之厚，故其承藉之遠，衍而裕之，以千百世而無窮，庸詎無其人乎？昔謝康樂美其子弟曰：‘芝蘭玉樹，當生階庭。’知其世有令德也。石林之植茂矣，後人於此而培育之，行見由身，而子而孫而雲仍，聯芳襲蔭於累葉者，孰非吾道之南宫雲臺也乎？”

【校記】

〔1〕惟恐不密歟，《湖北先正遺書》本、四庫文淵閣本均作“惟恐其不密歟”。

〔2〕密，《湖北先正遺書》本、四庫文淵閣本均作“盛”。

〔3〕隙，《湖北先正遺書》本作“暇”，四庫文淵閣本作“隟”。

澹然説

恒山張煉師號“澹然”，取賈太傅誼《惜誓》篇中語也。其里人楊子幼父爲余言：“師厲志潔修，寄情高遠，葆真養性於世外者有年[1]。”予聞其言，欣然欲爲之説。適客有笑於座者曰：“昔誼以經世之才，於卒然遇主之頃，謂功業可立就。一見斥，則憂憤抑鬱不自勝。洎乎習於世故之久，遂欲屏去紛華，栖身簡寂[2]。此澹然自樂之語，其誼之所以自解者乎？今師以黄冠羽服之士，泰初之與鄰，而列仙之與游，無功業之慕也，無紛華之習也，無憂憤抑鬱之思也，而乃自比於誼，不亦爽乎？”余解之曰：“何傷也。其在物也，金百煉而始精；其在人也，志百挫而始厲。彼老氏之徒，獨不然耶？方其求諸乎至道也，非可以鋭進而速化也。蓋必苦體絶甘，制精煉魄，沉寂如死灰，拘縮如罝兔，熏塾於歊煩污濁之壤，而後超出乎清净玄漠之墟，中扃靈明，物不能累。凡其珍玩之華，文繡之鮮，滋味之腴，貨利聲色之盛，皆不足以入其目，怵其心，一視之澹然也。故儒家者流，亦曰‘君子之道如菽粟布帛’，言無欲也，無私也。無欲無私，斯澹然矣。宜師之自號，有取於誼之自解者也。然誼之澹出於憂憤抑鬱之餘，師之澹得於葆真養性之中[3]。審而行之，不亦近道矣乎？余因是有見於道矣。廣成子之告黄帝曰：‘至道之精，窅窅冥冥。至道之極，昏昏默默。’張良謝病辟穀，曰：‘願弃人間事，從赤松子游。’夫窅冥昏默與弃絶人間事，非道之澹然者乎？是説也，余聞諸學仙之人，而未之有得。何日從師候安期、羨門於海上，與之扣至道之奥，澹然自樂於天壤間乎！”客遂唯唯而退。余乃摭其言以爲《澹然説》，而復因楊子以貽煉師云。

【校記】

〔1〕〔3〕真，《湖北先正遺書》本、四庫文淵閣本均作“貞”。

〔2〕栖身簡寂，《湖北先正遺書》本、四庫文淵閣本均作“而栖身閑寂”。

耕雲説

古之人遭叔季之世，時不偶，道不行，托迹耕稼，以栖息山澤者多。若伊尹耕莘，嚴光耕富春，諸葛亮耕南陽。之數子，雖閲世滋久，而高風大節，播霄壤，照册書，猶一日也。孫君德恒，以名族負通才，治劇郡，有佳政。當兹四海淆亂，操濟世之具以利天下也，則宜。今焉退藏林莽[1]，韜英斂華，下同田野之甿，何耶？蓋道不行，時不偶[2]，則隱居以求其志焉耳。故自號曰“耕雲”，志乎古也。然余嘗聞於君曰：“耕者之業，或在山，或在野，或在江湖之區。山者勞，野者饒，江湖之區者大旱而不焦。今孫君之耕，匪山匪野，匪江湖之區，而直曰耕雲，殆將厭世途之紛糾，抗霄漢而振踔，躬耕泱漭之野，與雲物爲朋徒耶？”君曰：“吾自謝事以來，居易之佳山水間。畎畝足安其身，聲利不渝其志。春陽啓達，雲氣坱圠。田彼南山，於雲之下。釋耒而休，仗策以游。第見太行諸峰，迴與天際，居庸龍門，蜿蟺秀雄，吐靈景而閟清氣。而流雲萬頃，騰沓上下[3]，如踞虎，如游龍，如奔馬，如長風駕海，而崇濤稽天，可遨可嬉，可嘯可歌，可以狀無涯之世變，而自樂其樂焉。吾之得於耕雲之趣，固在此而不在彼也。不然，何地無山，何山無雲，何所無數畝田，而欲高騖遠蹈，狉狉猶鹿豕然耶[4]！矧雲之卷舒以時，君子之出處似之；耕之爲業以勤，君子之自食其力者似之。方其耕而播，播而耘，耘而穫有秋，不自知其力之勞也。譬之雲焉，滃而簇，簇而雨，雨而澤萬植，不自知其惠之周也。然雨之惠，在天者也。耕之力，在人者也。在人者，吾盡吾力焉耳。在天者，吾惟安於所遇，以順適其天。吾曷敢有幾微責報意也?"予聞而嘆之，曰："余也抗塵而走俗，慚德於君也多。行將屏弃百事，入岩壑，弄泉石，以問山中耕稼處，卜鄰以居，息影林泉之下矣。"君曰："子不觀雲乎？而動而静，而迹靡定。子徒見吾耕於山，不知吾將由山而野，由野而湖江之區，若雲之去而不可留也。"余曰："士抱道而處，若將終身。至其遇也，起而以身任道。皇王當宇，方搜遺才，致太平。一日徵車至止，君必如雲之無心而出籥乎霄衢之上[5]。否則，盭於時矣。故時可出則出。"李延興撰[6]。

【校記】

〔1〕今焉，《湖北先正遺書》本作"今乃"。

〔2〕偶，《湖北先正遺書》本作"遇"。

〔3〕上下，《湖北先正遺書》本、四庫文淵閣本均作"下上"。

〔4〕鹿，《湖北先正遺書》本、四庫文淵閣本均作"熊"。

〔5〕霄衢，《湖北先正遺書》本作"霄"。

〔6〕原本無此句，據《湖北先正遺書》本、四庫文淵閣本補。

卷　九

雜　著

書劉禹卿傳後

昉盗起兩河[1]，四方才武之士倡義討叛者多。其後禍亂以次戡定，朝廷賞功之典亦既行矣。而今之居閫府，總戎麾，縣方寸之璽，提百萬之衆，操生殺誅賞之柄[2]，坐鎮一面，俾烈勛垂聞，蔚然列將臣師臣之任者，當時兩河討叛之士不多見。抑有之，或沉抑下僚，弗獲振奮有爲以功名顯。非他，人固有遇不遇耳。余素聞禹卿名，恨不識其爲人。近游畿東，過三河，始與之定交，乃知其爲才武之士。洎讀夫今中書參政危公所爲傳，見其書禹卿爲通州團練萬夫長時[3]，民有傅十四者[4]，盗殺其里人曹珪。禹卿素與珪善，聞之憤不自勝，即畫計，捕十四與其同惡若干人，誅之。於是知禹卿不特善其職，勇於義也。於乎當中土弗靖時，豈無雄傑生乎其間？誠得若人者數十輩，以討伐之任[5]，元元之害必不至是烈也！惜其才武兼人，而弗獲振奮以有爲[6]。余前所謂不遇者，非耶？抑禹卿之不遇，庸何傷哉？譬之龍泉、大阿，沉輝匿采，使遇神識之士出之塵泥，則燭牛斗，剸犀象，斷蛟龍，無難也。矧參政負知人之明，操人物之柄，惜禹卿之不遇，而傳其行實之詳，意寧無屬乎？禹卿自此升矣。一日事業聲光照當世，燁然如利器之出[7]，非禹卿吾誰望？故喜而書其概，其詳則具於傳中。

【校記】

〔1〕昉,《湖北先正遺書》本作“方”。

〔2〕柄,《湖北先正遺書》本作“枋”。

〔3〕練,《湖北先正遺書》本、四庫文淵閣本均作“結”。

〔4〕十四,《湖北先正遺書》本、四庫文淵閣本均作“四十”，下同。

〔5〕以討伐之任,《湖北先正遺書》本作“授以討伐之任”。

〔6〕以,《湖北先正遺書》本、四庫文淵閣本均作“而”。

〔7〕燁,《湖北先正遺書》本、四庫文淵閣本均作“煥”。

書武備寺知事鄧彦文房陵使還詩卷後

吾元六合一家，幅員廣長，極於海宇，曠代所無也。余嘗覽輿圖而嘆之，以謂雖使壯而至老，而轍迹所及，詎能歷其半哉？當四海晏熙[1]，諮謀度詢之日，使無虚譯，而荒區絶域，罔不知聖天子威惠之布。一旦妖盜構釁，糜爛吾民，通衢大邑，蕩焚尤甚，王命弗通，於兹十稔，矧厄塞險遠之地哉？房陵邈在江、漢之間，晋陽高公首建義旗，募兵屯守，以遏鄰寇。迄於今，拓地方千里，水陸支黨，不敢潜闚邊壤，而民賴以安。至正十九年冬，朝廷以公封守之功，益大以著，乃遣使往布宥命，開以更新之路。於是鄧君彦文，由京東安撫司照磨擢武備寺知事，承命以行。自京師抵房，跋涉萬里，山川阻修，莽焉豺虎之區，而君恬不介懷，休暇如平時[2]。至則敷宣德意，明白洞達，父老子弟，莫不振厲感泣，思見太平之治，厥績偉矣。竣事將歸，高公首爲序引以榮其行，而房之人士復贊咏之，得詩文凡若干篇。君歸，出以示余。余作而喜曰：“古之遣使以將王命，廣聰明也。夫子之言曰：‘使於四方，不辱君命。’非爲使之良法歟？况自兵興來，名藩巨鎮之遠，使臣之將命者，每不能一二至焉。使幸而至之，或恇怯退巽，鮮能弗辱君命也。今君之出使，不獨俾十餘年阻化之衆，知朝廷威惠之及猶一日至，使衣冠文雅之士，歆艷贊揚之恐後。必其才識超絶，有足以動人者矣。其曰不辱君命，亦君之餘事耳。然自房而北而南而東，征討弗及，檄傳不通，尚多有之。安得如君者，遍歷而周至，俾四海九州，罔匪王命之所布哉!"

【校記】

〔1〕海,《湖北先正遺書》本、四庫文淵閣本均作“方”。

〔2〕時,《湖北先正遺書》本、四庫文淵閣本均作“日”。

代跋蕭參政與鄭伯興書後

世有受人之恩而背馳者，烏可縷數？矧能以其善行暴之之人哉〔1〕？曩賊犯閩壤，參政蕭君軍處州、伯興府判守政和，兩君崛焉犄角之，其籌畫措注，多見之書問中。後處陷，而參政死之。今閩人猶能語其事。而伯興之於參政，尤惓惓弗忍忘，每一言之，涕泗被面。間以其遺墨裝潢成卷，因碩夫何先生來京〔2〕，什襲而付之，以求才大夫士之題咏〔3〕。觀其詞語慷慨，肝膽披露，隱然盡瘁許國意。一開卷間，想其英風景烈，凛凛如生。是參政雖死，猶不死也。自非伯興之賢，顧玆遺墨數值亂離，得不與土苴腐敗耶？幸或存之，亦蕪没於塵編蠹楮之中耳。今之寶之於家，而復暴之於世，期以不泯夫人之善焉，崇古道也。然伯興在政和時，特與處爲鄰壤，而有輯睦之好耳，初非受恩於參政者也。其相與之誼，猶死生以之。彼有受人之恩而背馳者，聞其風，獨不顙泚耶？嗚呼！習俗一頹，古道靡矣。若兩君者，其皆一時之才傑，而不爲世變之所移者乎？至其忠誼之節，炳炳如青天白日，群君屢贊之，不重書也。今年夏末，何先生出此卷徵題〔4〕。時大暑如焚，筆硯久廢，諾之再旬未遑作。雨後秋氣滿襟，頗有清趣，乃掇作者弃唾，題其楮尾如此。至正丁未七月望。

【校記】

〔1〕暴之之人,《湖北先正遺書》本作“暴之於人”。

〔2〕碩，《湖北先正遺書》本、四庫文淵閣本均作“顧”。

〔3〕才，《湖北先正遺書》本作“卿”。

〔4〕此，《湖北先正遺書》本、四庫文淵閣本均作“處”。

題鄭彦文所藏墨梅

太素鍾其質，太和全其氣。回生意於萬物之始，涵造化於一陽之際。風霜同其縞潔，江山助其靈異。羅浮庾嶺，乃其寓也；金鼎玉堂，乃其遇也。東封大夫、淇園君子，乃其平生之契也。宋廣平賦、林和靖詩，烏足以彷彿其一二也？獨慕夫昔之人，因此目見太極[1]，謂問諸先天之伏羲氏也。

【校記】

〔1〕“因此”句，《湖北先正遺書》本、四庫文淵閣本均作“因此以見太極”。

題卞庭芳所藏山水畫

右山水小畫一卷，予故人子卞庭芳氏家藏物也。予夙有林壑之癖，而好事者謂天下名山水莫勝於東南，而東南之名山莫勝於吴越。士生海内晏熙之時，不及夫壯齒以覽觀江山人物之盛，則有後之悔而老將至之慨。予用是欲效司馬遷太史萬里游觀[1]，一往以寫其奇。既而牽於形役，不可得也。先是，予先祖平章楚國公仕吴中，先公左丞持地官卿節董漕於閩，其歸也，猶時時喜道吴越間事。用是知惟閩浙之交，可以當江山之勝，登臨之美，游從之樂，外是不一二數也。予近歲如金陵，過京口[2]，登石城，訪鍾山草堂，求舊時名勝，則皆寥闃而無聞已。而夕陽在樹，山青雲白，宛宛可畫。而二三故人之同旅者，取酒過予舟中，相與岸幘放飲，感慨悲歌，指山川人物而論之。謂昔之過此者，有能以事業文章表見於當代乎？今之來此者，有能以清風高節振厲於不朽乎？予今白首，浪迹江湖，又不知後是數十年物論有在[3]，有能儕我於材不材之間乎？矧夫百年之身，其有幾何？顧以非金石之質[4]，而放情山水之間，以永其樂，以盡無涯之世變，亦惑也。惟夫人之不以生存而死亡也，故其所以播霄壤而照册書者，則在此而不在彼也。是故江山非美，以人而美；金石非壽，以人而壽。觀乎九鼎之弗淪，十鼓之弗泐[5]，東山之絲竹猶傳，而平泉之樹石固在，以其人，不以其迹也。其視後人放情山水間，而不能以一藝自名，寓形宇内，而不免於遺譏千古者，亦獨何哉？庭芳之先君子仲和，嘗爲定興邑尹，以病卒於官，邑之人迄於今思其惠愛而不忘也。庭芳與其弟德芳，好學而文，以世其家，尤予所愛重，故書是以識歲月。洪武壬申春三月丁亥，前王宗嗣榜第三甲進士李延興書。是日清明。

【校記】

〔1〕司馬遷太史，《湖北先正遺書》本、四庫文淵閣本均作“司馬太史”。

〔2〕過，四庫文淵閣本作“通”。

〔3〕在，《湖北先正遺書》本、四庫文淵閣本均作“無”。

〔4〕非金石，《湖北先正遺書》本、四庫文淵閣本均作“金石”。

〔5〕弗，《湖北先正遺書》本、四庫文淵閣本均作“不”。

題獨菴外集後

浮屠氏之學，寓乎空寂，泊乎清净[1]，歸乎廣大而不浮，出乎生滅而弗梏，始終乎性善而不事於芟夷，初非假諸言語文字而爲學也。今年夏初，訪獨菴禪師於慶壽丈室。時宿雨方霽，清風自松下來，襟袍爲之澄朗。師出其文一編示予，其言簡淡而高深，讀之神思飄逸，而超然欲飛。蓋綜核古今人之製，刊落其凡近，而轅轢夫冠絶者，非徒作也。予因請於師曰：“浮屠人沖虚而無外，渾涵而無涯，瑩乎其無緇，而迥出其無鄰。一源湛乎中，而放之於無垠；諸有生乎想，而會之於無心；萬變至乎前，而屏之於無聞。師之學，蓋自得其得，而非積盛致然也。師何汲汲於文辭爲哉？古之作者，著之六經，而散之九流百氏，與夫天文、律曆、山經、地志，下至稗官小説，紛紛籍籍，汗牛而充棟，天地一糟粕也。苟或窮日力而繙閲焉，貫穿上下而淬礪焉，鏤肺雕肝，鉥心劌目，以耗其精魄焉，吾懼其淆濁吾性海，冥迷吾法界，非學也。矧吾祖師言，佛非由語言文字，性在是耳。師何汲汲於文辭爲哉？"師囅然而笑曰："世徒知有言之言，著之文辭，而不知無言之言，默契乎道妙；知雕蟲篆刻之爲文之境出，而不知不得已而有言之文之獨得也。故天不言，而日月之照臨，雲漢之昭回，皆文也。聖人不言，而道德之光輝，經緯天地，皆文也。故能言之文[2]，以其不言之言，吐其精華，而炳耀乎篇帙。其始也，運乎冲漠之墟，而窮乎泱漭之野。其終也，超乎筆墨畦徑之外，而貫乎萬象呈露之中。不敷暢而究其旨歸，不階梯而闖乎堂奥，不繪繡而黼黻其文，不宫徵而韶濩其聲。其多也，聯編累牘而莫有紀極；其簡也，一轉語而三千大千盡其模擬。此之謂不言之言也。"予聞其説，則復於師曰："師之文出有而入無，予何庸置喙其間哉？予將訥其舌而絶其言矣。予獨念師不鄙謂予，而能以文事引掖予也。"因觀其《獨菴外集》，題其概而歸之師。今年，實洪武庚午也[3]。是年六月十有六日，李繼本題。

【校記】

〔1〕净，四庫文淵閣本作"寂"。

〔2〕文，《湖北先正遺書》本、四庫文淵閣本均作"士"。

〔3〕實，《湖北先正遺書》本作"是"。

跋學生於徵劉素賦後[1]

古之大夫有九能，能賦一也[2]。夫自聲詩出，而始有賦。屈子之騷，三百篇以還，崛爲詞賦之祖，得乎風雅之意也。司馬相如、揚雄、班固，《上林》《子虛》《甘泉》《羽獵》《東西都》之製作，雖皆流聲無窮，至律以騷之規律，獵乎若後塵矣[3]。然子雲論賦，謂“童子雕蟲篆刻[4]，壯夫不爲。”又曰：“詩人之賦麗以則，詞人之賦麗以淫。”陸機則曰：“賦體物而瀏亮。”雄之言是矣。機雖有雕琢之才，其爲賦，不過體物瀏亮而止矣，豈知古人之賦哉？左思賦《三都》，綈思十年，門庭藩溷，皆著紙筆，苟得一句，即便疏之。禰衡賦《鸚鵡》，攬筆而作，文不加點，則有對客揮毫之捷焉。然則思也作之難，衡也成之易。人皆優衡而劣思。而余於思之賦，每斂衽讀之；於衡之作，有不屑也。余至淶陽親夏楚事，其徒曰於生徵、劉生素，始誦《論》《孟》訓故。漢儒訓故文辭[5]，即訓詁也。而鄄宋先生世貞，乃以聲律之學教之。先生啓迪後學，而必其速化也，蓋有所見矣。豈世之迂儒可與言哉？余觀兩生之賦，雖無學問以大之，然其好語亦時時間出。味其詞意，皆自先生三百首梅花詩中來。遂進二生而告之曰：“是漢之賦，尚矣。生也豈能一蹴而造其堂奥？其經余之點綴者，不過場屋聲律之習耳。二生當積學以大之，其必如屈、宋，如相如、揚雄、班固、左思之雅製，斯善矣。兩生其勉之！”乙卯歲四月維夏日跋。

【校記】

〔1〕後，《湖北先正遺書》本、四庫文淵閣本均作“稿”。

〔2〕能，《湖北先正遺書》本作“作”。

〔3〕獵，《湖北先正遺書》本、四庫文淵閣本均作“瞠”。

〔4〕子，原本作“生”，《湖北先正遺書》本、四庫文淵閣本均作“子”，據改。

〔5〕漢，原本爲空格，據《湖北先正遺書》本、四庫文淵閣本補。

跋仙人吕岩圖像

予往歲樵牧龍門山，結屋萬松之間，岩谷静深，雲物暗藹，而風氣高寒，不知吾身之在人間世。日與山中人采芝术，弄泉石。久之，欲絶穀導引，餌刀圭，煉神魄，以游乎方之外，而未能也。是時，有道士居西山西，鬚髪盡白，而氣骨清健。三數日輒一來，來則歗歌林下，留連竟日而後去。問其姓名，則曰："我無事乎名，我何以姓名爲哉?"其言誕幻而渺茫，説神仙事，甚奇怪。人或讓之曰："世果有神仙，若安期、羡門者耶?"道士嘆曰："邃古之初，未始有物也。有天地而後有萬物，則萬有皆生於無而歸於無。故不物於物，而不爲物有。若然，則吾之所謂有，子安知其無?子之所謂無，吾又安能必其有耶?"予不見道士二十秋，比嘗一到舊時樵牧處〔1〕，問道士何所之，而山中人無一在者，豈其拔宅上仙耶?近過薊門，宛平邑長任侯子勉出示横披一幅，蓋仙人吕岩飛渡洞庭之迹。觀其筆意蒼勁，神思飄逸，風濤渺漭，萬頃一碧，而劍佩焜煌，飛動於雲煙杳靄中。一開卷間，使人翛然有出塵之趣，可謂奇矣。嗟乎！神仙之有無，吾誠不得而致詰已。而考諸《列仙傳》，所紀古仙異人之迹，則知昔之人蓋有煉形而解化者。用是知神仙之可學也。雖然，使神仙而可學，吾固未暇學；使其不可學，吾又何用學仙爲哉?因思往時道士言，則知誕幻渺茫之事，孰有而孰無耶?侯襟靈坦夷，望而知其爲神仙中人。且其政務清簡，一邑號稱無事，蓋所謂神仙官府者。一日考績上上，爲郎官，爲御史，入覲天子之都，人孰不曰此行何異登仙耶?必也飛馭八極，凌厲光景，以候安期、羡門於寥廓，吾恐見笑於列仙之儒。庚申歲冬十一月十又六日〔2〕，漢水李延興跋。

【校記】

〔1〕嘗，原本誤作"常"，據《湖北先正遺書》本、四庫文淵閣本改。

〔2〕又，四庫文淵閣本作"有"。

跋廣平諸君子贈史生公序詩引後〔1〕

予足迹半河朔，所見晚進之士，以學行表著於時者千數人，未見其一二，豈有之而未遑梯接歟？不然，何落寞無聞，爲可慨也。近過雄邑，士子史公序天稟醇粹，而襟靈坦夷，且於聖賢之學，益肆其力，蓋嶄然秀擢乎等夷，而與北平李繼鼎齊驅而并駕者，安得謂之無其人乎？前十五年，予在薊門，嘗識公序，時尚童丱。孰意暌隔之久，而氣質變化如虎躍而鳳翥，炳炳如是哉！公序幼從沙河張庭瞻學，後從保定武先生學，又其後從廣平吴士英學。用是知師友啓迪之功，非一昕夕所可造就，而其學爲有源委矣。予僑宗人好問所，凡十日留。公序時復過從，慰予風雨寂寥中。洎歸，復遮留道左，睠弗忍别。乃喜而告之曰：“士積學勵行，將以壯行於他日，非直弄文墨，摇口吻，釣聲餌利，以矜眩乎庸衆人而已。四代之書，燦如曜緯之麗天。公序其亹亹不畫，以詣夫高明光大之域，俾德業聲聞著當世，予之望也，師友之願也，宗戚閭里之光也。公序其勉之！”歲己未秋八月七日，安次李延興跋。

【校記】

〔1〕史生公序，各本均作“史生公叙”，據正文改。

跋深州學正趙君伯欽先考墓銘後

士之懷瑾握瑜，不幸汩没泉下，與草木同腐敗者，古今人不異也。若夫聖賢君子道德文章之著，豈區區智力之鑿，遂傳不朽耶〔1〕？必其子孫而爲之紹述，師友而爲之發揚，得其人而托之爾。其或道德之可師，而史傳之蕪没也；文章之可貴，而簡編之散軼也。布韋之士，掇什一於千百，又不啻太山一毫芒也，幾何不與草木同腐敗耶？譬之象犀、珠玉，世之所謂珍玩也。使非珍而秘之，不一朝而横弃道側耶？用是知道德文章在得其人而托之者，審矣。故孔子稱泰伯至德，夷、齊求仁得仁，發潜德之幽光也。揚子雲著《太玄》，人皆笑之，惟弟子侯芭謂其師之書勝《周易》。韓愈之文，與孟軻〔2〕、揚雄上下。宋初，天下學者未嘗道之，惟歐陽子首倡其説，謂學者當至於是而止爾。推崇作者之功也。深州學正伯欽趙君，世有令德，家傳正學。至七世祖開，當宋南渡時，以功贈開府。其後，爲州守，爲郡博士，爲縣文學者，代有顯人。故近世論江表望族，必歸之臨海趙氏云。伯欽之學宏深典奥，詩與文視漢、魏諸名家無愧〔3〕。予嘗質諸作者，亦以予言爲然。是歲北平鄉試，伯欽以七月之末赴彌封官之選，道過瓦橋，訪予風雨寂寥中。已而出其先府君墓銘，相示讀之，悚然起敬，乃知衣冠詩禮之家，道德文章播穹壤而照册書，有由然哉！因斂衽書此，或者韓、歐可作，必能張而大之無惑也。

【校記】

〔1〕“遂傳”以下，原本闕，據《湖北先正遺書》本、四庫文淵閣本補。

〔2〕孟軻，《湖北先正遺書》本作“孟軻”，四庫文淵閣本作“孟氏”。

〔3〕“詩與文”句，《湖北先正遺書》本作“詩與文視漢、魏諸名家皆無愧”，四庫文淵閣本作“詩與文視漢、魏名家無愧”。

附　録[1]

《四庫全書》文淵閣本《一山文集》卷首按語

臣等謹按：《一山文集》九卷，元李繼本撰。繼本名延興，以字行，東安人，占籍北平。登至正丁酉進士，授太常奉禮兼翰林檢討。考其代雄縣知縣所作《禱雨文》，内稱洪武二十七年，則其人明初尚存。此集前有李敏序，稱爲其子方曙、方煦所輯，而景泰中黎公穎序則曰其孫容城教諭伸所編，意其父子相繼爲之。朱彝尊《明詩綜》搜羅最備，獨未録是集，殆以未仕於明，故與楊維禎一例不載。顧嗣立《元百家詩選》内亦未收入，則疑流傳頗少，嗣立偶未見也。其詩文俊偉疏達，能不失前人規範，在元末諸家中，尚爲錚錚獨異者。長歌縱横磊落，尤爲擅場。中有學李白不成，流爲盧仝、馬異格調者。好高之弊，固愈於卑靡不振者矣。乾隆四十一年十二月恭校上。

總纂官臣紀昀　臣陸錫熊　臣孫士毅

總校官臣陸費墀

【校記】

〔1〕此附録係點校者輯録。

《四庫全書總目》集部别集類《一山文集》提要

《一山文集》九卷（兩淮馬裕家藏本），元李繼本撰。繼本名延興，以字行，東安人，占籍北平。登至正丁酉進士，授太常奉禮、兼翰林檢討。考其代雄縣知縣所作《禱雨文》，内稱洪武二十七年，則其人明初尚存矣。此集前有李敏序，稱爲其子方曙、方煦所輯，而景泰中黎公穎序則曰其孫容城教諭伸所編，意其父子相繼爲之歟。朱彝尊《明詩綜》搜羅最備，獨未録是集，殆以未仕於明，故與楊維禎一例不載。顧嗣立《元百家詩選》亦未收入，則疑流傳頗少，嗣立偶未見也。其詩文俊偉疏達，能不失前人規範。長歌縱横磊落，尤爲擅場。中有學李白不成，流爲盧仝、馬異格調者。好奇之弊，其失不免獷而野，然愈於翦紅刻翠，以詞爲詩者多矣。

朱彝尊《明詩綜》李延興小傳

延興，字繼本，東安人，占籍北平。至正丁酉進士，授太常奉禮兼翰林檢討。洪武初，屢典邑校。有《一山集》。

《詩話》：一山，北方之學者。其詩文頗拔俗，長歌尤擅場。洪武中雖未仕於朝，集有《與友人書》云："從東安丞李遂招致親夏楚事，未幾，逼爲訓道。"又有《移教房山留别雄縣周尹》詩。又《淶水縣學記》云："延興猥以譾才，代匱學職。"又自叙云："洪武戊午，永清劉宰招致，攝其鄉學。"則其典邑校者屢，故《自贊畫像》有云："雖同乎今之人，而以聖賢爲矩墨；雖食夫今之禄，而視軒冕猶泥塗。"然一山本元進士，而《上總戎詩》則曰："大將軍，出沙漠，萬里河山盡開拓。獲其名王歸，四面凱聲作。功成獻俘蒲萄宫，天清日白開鴻蒙。遂使樓煩之壤，化爲冠帶，衍爲提封。"未免言之太盡，無復一成三户黍離麥秀之思矣。

錢謙益《列朝詩集》李廣文延興小傳

延興，字繼本，東安人。先世河南人，元初占籍北平。父士瞻，前翰林學士承旨，封楚國公。少以詩名。至正丁酉，中王宗嗣榜三甲進士，授太常奉禮兼翰林檢討。中原俶擾，隱居不仕。河朔學者多從之，以師道尊於北方。有《一山文集》，其自叙云："歲壬辰，爲雄邑招致，親夏楚事。"又有《移教房山留别雄縣周尹》詩。繼本辭官設教，士友咸稱廣文先生，不稱故翰林。元季崇師重道，其流風可觀也。又云："洪武乙卯，典邑校於淶，以口耳之學，爲桐子師。丁巳秋，得告還里。戊午夏，永清劉宰招致，攝其鄉學。"國初學官聽郡邑長推擇名碩爲之，故繼本雖元亡不仕，猶出典邑校也。《畿南志》皆未詳，故志之。

後　記

《四庫全書》所收元人别集甚少，而元人别集中屬於湖北籍的作家别集更少之又少，總共纔三四種而已。李繼本《一山文集》乃是其中一種。不過，繼本生活於元末明初，還不能完全算是元人。正因爲他經歷了整個元末戰亂，故其别集中對當時社會有直接的反映，可以作爲了解那段歷史的重要參考。加上他是當時頗有影響的詩人和古文家，别集也就具有較高的文學價值，同樣值得我們重視。本書的校點，湘潭大學文學院講師谷文彬博士承擔了部分工作，最後由我完成並定稿。如有訛誤，責任在我。

本書是國家社科基金重大招標項目《荆楚全書》的編纂成果，正在進行“國家雙一流”建設的華中師範大學文學院中國語言文學一流學科爲本書出版提供了資助。湖北人民出版社文史編輯部祝祚欽主任與各位編輯爲此書出版付出了辛勤勞動，在此謹致謝忱！

王齊洲

己亥立夏記於武昌洪山兩學軒